| 光明社科文库 |

新时代基层党校党性教育教学专题实务

郭志龙 ◎ 编著

光明日报出版社

图书在版编目（CIP）数据

新时代基层党校党性教育教学专题实务／郭志龙编著．－－北京：光明日报出版社，2019.3
ISBN 978－7－5194－5081－6

Ⅰ.①新… Ⅱ.①郭… Ⅲ.①中国共产党—党员—党性—党校—干部教育—教学研究 Ⅳ.①D263.3

中国版本图书馆 CIP 数据核字（2019）第 037908 号

新时代基层党校党性教育教学专题实务
XINSHIDAI JICENG DANGXIAO DANGXING JIAOYU JIAOXUE ZHUANTI SHIWU

编　著：郭志龙	
责任编辑：刘兴华	责任校对：赵鸣鸣
封面设计：中联学林	责任印制：曹　净

出版发行：光明日报出版社
地　　址：北京市西城区永安路 106 号，100050
电　　话：010－63131930（邮购）
传　　真：010－67078227，67078255
网　　址：http://book.gmw.cn
E － mail：gmcbs@gmw.cn
法律顾问：北京德恒律师事务所龚柳方律师
印　　刷：三河市华东印刷有限公司
装　　订：三河市华东印刷有限公司
本书如有破损、缺页、装订错误，请与本社联系调换，电话：010－67019571

开　本：170mm×240mm			
字　数：236 千字		印　张：16	
版　次：2019 年 3 月第 1 版		印　次：2019 年 3 月第 1 次印刷	
书　号：ISBN 978－7－5194－5081－6			
定　价：85.00 元			

版权所有　　翻印必究

前　言

基层党校教学活动受其自身特点和环境决定，其教学只能采取专题式教学，这是其短训教学班次所决定的。但党性教育这一主题主课地位不可变。

坚持党性教育原则，就是党课教育的内容和形式都要符合党章和党内有关规定，突出党性教育，教育引导党员坚定理想信念，坚守共产党人精神追求，自觉用马克思主义的立场、观点、方法武装头脑，指导实践，推动工作，把党课教育同分析解决改革发展中的现实问题，同广大党员关心的热点、难点问题，同完成本单位的工作任务本职工作有机结合起来，推动中国特色社会主义事业发展。

党课讲授者要严格遵守党的政治纪律和组织纪律，自觉做到在思想上政治上行动上同党中央保持高度一致，以生动的理论和事实教育干部，以自己的模范行为和人格魅力影响群众。要通过讨论、交流，实地考察、访问、参观、调研等活动，这样才会收到良好的教学效果，否则会陷入"空对空"的教学尴尬境地。

党性教育内容应包含党务知识、党建、时事政治、形势政策、党章、党的基本理论、基本路线、基本方略。等等。

虽然，学无止境，教无定法。但作为一名基层党校理论教员，本人愿继续努力学习，探索适合干部教育要求的党性教育教学方式方法，提高教学效益，为党的干部教育事业做出自己应有贡献，无愧于党的干部教育事业，无愧于进党校的党员干部，无愧于党校人。

目　录
CONTENTS

第一编　新时代党建党务基本问题 …………………………… 1

第一章　新时代党的建设　3
第一节　要高度重视党的建设工作　3
第二节　新时代党的建设总要求　5
第三节　党的政治建设　8
第四节　党的组织建设　12
第五节　党的思想建设　15
第六节　党的作风建设　18
第七节　党的队伍建设　22

第二章　新时代党务工作　29
第一节　党务工作指导思想、基本原则及特点　29
第二节　党务工作者的基本要求　32
第三节　党务工作的主要内容　34
第四节　党务工作制度　39
第五节　党委、党组、党总支、党支部区别　43

第二编　新时代党的基本理论 ………………………………… 47

第三章　新时代马克思主义发展　49

第一节　马克思主义是什么　49

第二节　马克思主义中国化　50

第三节　马克思主义现实生命力　52

第四节　做新时代坚定的马克思主义理论工作者　57

第四章　新时代新思想　61

第一节　十九大报告主题　62

第二节　新时代新思想的坚实基础　64

第三节　新时代新思想的精髓要义　65

第四节　新时代新思想指引下的工作部署和任务要求　74

第五节　加强党的建设　78

第五章　新《党章》学习　81

第一节　全面认识新《党章》　81

第二节　关于党章修改的历史过程　84

第三节　与时俱进的党的指导思想　87

第四节　党的领导、党的建设成功经验的总结　91

第五节　党的指导思想　96

第六节　新时代中国共产党历史使命　99

第七节　实现"两个一百年"的奋斗目标　101

第八节　"四个自信"的现实重要性　104

第九节　我国社会主要矛盾的转化　108

第十节　坚持党在社会主义初级阶段的基本路线　111

第三编　新时代党性教育　115

第六章　新时代理想信念教育　117

第一节　坚定理想信念是党性教育之魂　117

第二节　坚持党的领导是党性强弱的根本标志　125

第三节　坚持"四个自信"是党性强弱的具体要求　128

第四节　"四个意识"能力是党性的具体表现　135

第七章　新时代党性修养　147
第一节　新时代党性修养内涵及特点　147
第二节　加强党性修养途径　151
第三节　党性修养实践要求　157

第四编　新时代党风建设　163

第八章　作风是先进性的标志　165
第一节　作风建设现实问题　165
第二节　整风肃纪永远在路上　168

第九章　新时代党的先进性教育　173
第一节　党的先进性基本理论　173
第二节　部分党员干部先进性不明显　175
第三节　加强党及党员先进性建设　177

第十章　新时代群众路线教育　184
第一节　群众路线的历史发展　184
第二节　群众路线基本理论　186
第三节　如何做好群众工作　190
第四节　坚持群众路线任重道远　196

第五编　新时代党纪党规教育　201

第十一章　新时代廉政建设　203
第一节　新时代廉政文化　204
第二节　廉洁自律要有硬功夫　206
第三节　廉洁自律把好家庭廉政关　217
第四节　以廉洁修身　220

第十二章　守纪律懂规矩　224
第一节　党员干部必须恪守党纪和党规　224

第二节 懂规矩守底线 227

第三节 习近平谈党的纪律和规矩 236

本书参考资料 ·· 244

编后记 ·· 246

第一编 01
新时代党建党务基本问题

第一章

新时代党的建设

第一节　要高度重视党的建设工作

广义的党的建设，指的是政党为完成自身的使命而进行领导国家、社会和提高自身生机和活力的理论和实践活动。狭义的党的建设，指的是马克思主义政党在马克思主义党的学说指导下进行的领导国家、社会和提高自身生机与活力的理论和实践活动。党的建设是毛泽东总结的中国革命取得胜利的三大法宝之一。党的建设主要包括思想建设、组织建设、作风建设、制度建设和反腐倡廉建设。

党的建设包括党建理论科学、实践活动、纪律规章，是基于毛泽东关于党的建设伟大工程，江泽民党的建设新的伟大工程的基础提出来的，是党建新形势下，完成新任务，解决新问题的需要，是党建新要求的具体标准。

一、保证党执政地位

97年来，中国共产党领导全国人民之所以能够取得举世瞩目的成就，是因为作为执政党的中国共产党始终坚持自身建设，把党的建设工作摆在首位。党的历届领导人对党建工作非常重视，认真抓党的思想建设、组织建设和作风建设，不同时期、针对存在的不同问题，开展党建工作。在新民主主义革命时期，为了确保党的领导权掌握在马克思主义者手中，夺取新民主主义革命的胜利，党开展反对"左"、"右"倾机会主义的斗争，进行延安整风运动。通过延安整风，学习马列主义，党员的马克思主义水平获得普遍提高，全党政治上思想上达到空前团结，毛泽东同志的领导地位得到巩固，为取得新民主主义革命的胜利，建立人民民主专政的中华人民共和国奠定了思想基础。新中国成立后，顺利地完成了社会主义改造，完成了从新民主主义到社会主义的过渡，确立了社会主义基本制度，发展了社会主义经济、政治和文化。

十一届三中全会后，党中央总结了社会主义建设事业正反两方面的经验教训，通过开展"实践是检验真理的唯一标准"的大讨论，提出了建设中国特色社会主义的理论，确立了"一个中心，两个基本点"的基本路线。十三届四中全会以来，在建设中国特色社会主义的实践中，开展"三讲"和"三个代表"重要思想学习教育活动，从而加强党的建设，确保党的领导地位。中国共产党的光辉历史告诉我们：只有不断提高党的建设科学化水平，才能确保执政党的领导地位。十七大以来，全党深入学习贯彻中国特色社会主义理论体系，用马克思主义中国化最新成果武装全党，坚持用发展着的马克思主义指导客观世界和主观世界的改造，进一步把握共产党执政规律、社会主义建设规律、人类社会发展规律，提高运用科学理论分析和解决实际问题能力。

党的十八大提出党的建设总要求，强调新形势下加强和改进党的建设面临"四大考验""四种危险"，强调落实党要管党、从严治党的任务比以往任何时候都更为繁重更为紧迫。全党要增强紧迫感和责任感，牢牢把握党的建设总要求，不断提高党的领导水平和执政水平、提高拒腐防变和抵御风险能力，使我们党在世界形势深刻变化的历史进程中始终走在时代前列，在应对国内外各种风险和考验的历史进程中始终成为全国人民的主心骨，在坚持和发展中国特色社会主义的历史进程中始终成为坚强领导核心。

党的十九大强调"伟大的事业必须有坚强的党来领导"。

二、发挥党的领导核心作用

《党章》中指出：中国共产党是中国工人阶级的先锋队，同时是中国人民和中华民族的先锋队，是中国特色社会主义事业的领导核心。在新的历史时期，党所处的环境和肩负的任务有了很大的变化，面临着许多新情况、新问题，我们必须加强党的建设，努力提高党的执政水平和领导能力，在社会主义现代化建设事业中更好地发挥领导核心的作用。

三、体现党建工作要求

加强党的建设，是搞好党风廉政建设的关键，而党风廉政建设，则是事关党的建设的大事。抓党风廉政建设，关键要建立一套反腐保廉的有效机制，才能减少和消除各种消极腐败现象。在加强党建工作中，必须加强党的宗旨教育，才能树立群众观点，才能廉洁从政，真正成为人民的公仆；必须抓好艰苦奋斗教育，才能不断发扬光荣传统，克服各种困难，奋发努力，早日实现社会主义现代化；必须加强群众路线教育，才能树立群众观点，密切党群关系，接受群众的支持与监督，有利于党风廉政建设和现代化建设。

问题讨论：

1. 如何认识"延安整风"重大意义？
2. 如何认识党执政能力建设问题？
3. 党的优良传统教育现实意义是什么？

第二节 新时代党的建设总要求

新时代党的建设总要求是，坚持和加强党的全面领导，坚持党要管党、全面从严治党，以加强党的长期执政能力建设、先进性和纯洁性建设为主线，以党的政治建设为统领，以坚定理想信念宗旨为根基，以调动全党积极性、主动性、创造性为着力点，全面推进党的政治建设、思想建设、组织建设、作风建设、纪律建设，把制度建设贯穿其中，深入推进反腐败斗争，不断提高党的建设质量，把党建设成为始终走在时代前列、人民衷心拥护、勇于自我革命、经得起各种风浪考验、朝气蓬勃的马克思主义执政党。

党章总纲规定，党的建设必须坚持以下四项基本要求。

第一、坚持党的基本路线。习近平新时代中国特色社会主义思想的指导。

第二、坚持解放思想，实事求是，与时俱进。党的思想路线是一切从实际出发，理论联系实际，实事求是，在实践中检验真理和发展真理。全党必须坚持这条思想路线，积极探索，大胆试验，开拓创新，创造性地开展工作，不断研究新情况，总结新经验，解决新问题，在实践中丰富和发展马克思主义。

第三、坚持全心全意为人民服务。党除了工人阶级和最广大人民群众的利益，没有自己特殊的利益。党在任何时候要把群众利益放在第一位，同群众同甘共苦，保持最密切的联系，不允许任何党员脱离群众，凌驾于群众之上。党在自己的工作中坚持群众路线，一切为了群众，一切依靠群众，从群众中来，到群众中去，把党的正确主张变为群众的自觉行动。我们党的最大政治优势是密切联系群众，党执政后的最大危险是脱离群众。

第四、坚持民主集中制。民主集中制是民主基础上的集中和集中指导下的民主相结合。它既是党的根本组织原则，也是群众路线在党的生活中的运用。必须充分发扬党内民主，发挥各级党组织和广大党员的积极性创造性。必须实行正确的集中，保证全党行动的一致，保证党的决定得到迅速有效的贯彻执行。加强组织性纪律性，在党的纪律面前人人平等。加强对党的领导机关和党员领导干部的监督，不断完善党内监督制度。党在自己的政治生活中正确地开展批评和自我批评，在原则问题上进行思想斗争，坚持真理，修正错误。努力造成又有集中又有民主，又有纪律又有自由，又有统一意志又有个人心情舒畅的生动活泼的政治局面。

十九大后，党的建设思想新方略强调"坚持党对一切工作的领导"和

"坚持全面从严治党"。按照新时代党的建设总要求,如何将坚持党的全面领导、全面从严治党和全面推进党的建设三者有机统一起来,关键是要把新时代党的建设总要求和新部署,变成具体的党建工作和能力建设新要求,切实完成好新时代党的建设八个方面新任务。

一要把党的政治建设摆在首位,旗帜鲜明讲政治,坚决维护以习近平同志为核心的党中央权威,坚决服从党中央集中统一领导。全体党员干部要切实加强党性锻炼,不断提高政治觉悟和政治能力,把对党忠诚、为党分忧、为党尽职、为民造福作为根本政治担当,永葆共产党人政治本色。

二要用习近平新时代中国特色社会主义思想武装全党,强化思想建设,坚定理想信念,牢记党的宗旨,挺起共产党人的精神脊梁,切实解决好世界观、人生观、价值观这个"总开关"问题,自觉做共产主义远大理想和中国特色社会主义共同理想的坚定信仰者和忠实实践者。

三要加快建设高素质专业化干部队伍,把好干部标准落到实处,坚持正确选人用人导向,匡正选人用人风气,突出政治标准。注重培养专业能力、专业精神,增强干部队伍适应新时代中国特色社会主义发展要求的能力。切实改进推荐考察办法,坚持严管和厚爱结合、激励和约束并重。

四要加强基层组织建设,以提升组织力为重点,突出政治功能,坚持"三会一课"制度,充分发挥基层党组织战斗堡垒作用。

五要持之以恒正风肃纪,继续整治"四风"问题,强化监督执纪问责,用好"四种形态",抓早抓小,防微杜渐。

六要夺取反腐败斗争压倒性胜利,坚持无禁区、全覆盖、零容忍,在市县党委建立巡察制度,推进反腐败国家立法。

七要健全党和国家监督体系,建立巡视巡察上下联动的监督网,深化国家监察体制改革。

八要全面增强执政本领,切实增强学习本领、政治领导本领、改革创新本领、科学发展本领、依法执政本领、群众工作本领、狠抓落实本领、驾驭风险本领。在实践基础上,不断推动新时代党的建设实现点、线、面的有机结合,切实把党自身建设好、建设强,确保党始终同人民想在一起、干在一起，从而不断引领承载着中国人民伟大梦想的航船破浪前进，胜利驶向光辉的彼岸。

问题讨论：
1. 如何理解党的建设必须坚持党的基本路线？
2. 如何理解党的建设必须坚持全心全意为人民服务的要求？
3. 如何理解党的建设必须坚持解放思想，实事求是，与时俱进的要求？
4. 如何理解党的建设必须坚持民主集中制原则？

第三节　党的政治建设

党的政治建设是党的根本性建设，坚持全面从严治党，把政治建设摆在首位，作为统领党的建设全局的根本性建设，是党的十九大关于新时代党的建设做出的新论断新要求，是习近平新时代中国特色社会主义思想的重要内容。这一党建理论的重要创新，对于在新的历史条件下全面加强党的领导和党的建设，推动全面从严治党向纵深发展，意义重大。

一、加强党的政治建设的意义

（一）马克思主义政党建设的根本要求和基本原则

旗帜鲜明讲政治是马克思主义政党建设的根本要求和核心内容。党的政治建设，是确保党在任何情况下不忘立党初心，牢记历史使命，有效防止和克服党在革命胜利和执掌政权之后可能出现的政治分裂、官僚主义和腐化变质等危险，永葆共产党人政治本色的根本保证。

注重政治建设是我们党的优良传统和重要优势。中国共产党自创立之日起，就自觉以马克思主义政党的鲜明政治立场，恪守无产阶级政党的性质宗旨，积极探索在中国特殊国情里保持党在政治上的先进性和纯洁性的有效途径。1929年的古田会议初步确立了着重从思想上、政治上建党的重要原则。

延安时期，毛泽东首次强调"党的建设必须密切联系党的政治路线"，要求全党"加紧政治训练，提高全党的政治水平"。进入社会主义建设时期，我们党继续探索执政条件下党的政治建设的有效途径。期间，历经挫折和失误。党的十一届三中全会率先以党在思想路线、政治路线上的拨乱反正、正本清源为突破口，开启了改革开放和中国特色社会主义事业新篇章。在改革开放和发展社会主义市场经济进程中，面对国际国内政治风云的变幻与挑战，我们党始终旗帜鲜明讲政治，高度重视党的政治建设，使党始终坚强有力，经受住了国际国内各种政治风浪的严峻挑战，始终是中国特色社会主义的坚强领导核心。

实践证明，讲政治是党的一切工作的灵魂，政治路线是党的生命线，政治建设是党的生命工程。建党90多年来，我们党为什么总能战胜风险、力挽狂澜，起决定性作用的关键因素，就在于党始终勇于自我革命，与时俱进地推进党的建设伟大工程，尤其是始终重视政治建设，以政治建设为统领，不断加强党的思想建设、组织建设、作风建设、反腐倡廉建设和制度建设，使党的每一个建设都有坚定的政治立场、明确的政治目的和严格的政治要求，都有政治灵魂和"主心骨"，使党的自身建设主旨更加鲜明，浑然一体，有序衔接，不断为党的事业向前发展提供坚强保证。

（二）全面从严治党成功经验的理论升华和现实要求。

党的十八大以来，以习近平同志为核心的党中央高度重视党的建设，针对管党治党不严、党内政治生活"宽松软"等突出问题，坚定不移地实施全面从严治党这一党建新战略，以顽强的意志品质正风肃纪、反腐惩恶，对党内政治生活进行大刀阔斧的调整规范。从开展党的群众路线教育实践活动和"三严三实"专题教育整顿，到推进"两学一做"学习教育常态化制度化，从推动全党尊崇党章，增强"四个意识"，确立和维护以习近平同志为核心的党中央权威和集中统一领导，到严明党的政治纪律和政治规矩，层层落实管党治党政治责任，等等，这些重大政治建设新举措，使党内政治生活气象更新，党内政治生态明显好转，党在革命性锻造中更加坚强，焕发出新的强大生机活力。以政治建设破局开新，带动全面从严治党深入发展，成为新时代党建工作的鲜明特色和重要经验。党的十九大正是在总结历史,特别是实践新经验的基础上,把政治建设纳入党的建设的整体布局,置于首位和统领地位,进一步明确提出提高党的政治领导力、增强政治领导本领等时代新要求,充分体现了以习近平同志为核心的党中央对新时代党的建设现状、问题、形势、任务的清醒认识和准确把握,把我们党对管党治党规律的认识提升到一个新高度。

(三)中国特色社会主义政治建设的根本保证。

党的政治建设是中国特色社会主义政治建设的根本前提和基本条件。党的十九大报告指出,"中国特色社会主义政治发展道路,是近代以来中国人民长期奋斗历史逻辑、理论逻辑、实践逻辑的必然结果,是坚持党的本质属性、践行党的根本宗旨的必然要求""改革开放以来党的全部理论和实践的主题就是坚持和发展中国特色社会主义"。这些重要论述,深刻揭示了党的政治建设与中国特色社会主义政治发展道路密不可分的内在联系。我们党作为执政党,党的政治属性内在地规定了中国特色社会主义政治的本质和发展道路。党的政治建设状况,直接制约和影响着国家其他方面政治建设的方向、进程和效果。我国的政治发展实践证明,无论是巩固和坚持中国特色社会主义基本政治制度,还是长期坚持、不断发展中国特色社会主义政治制度和政治发展道路,都离不开党的领导和党的政治建设,必须首先确保党在政治上的坚定性和先进性。

二、加强党的政治建设,保证党的绝对领导地位

在中国特色社会主义政治建设中,党的领导既是重要内容,又居于核心和枢纽地位。党的领导犹如"定盘星",保证中国特色社会主义民主政治健康发展。党的十八大以来,我们党以高度的政治自觉和责任担当,突出强调坚持和完善党的领导,在推动全面从严治党迈向新的更高境界的同时,极大地推动了中国特色社会主义政治建设的进步与发展。历史和实践充分证明,中国特色社会主义最本质的特征是中国共产党领导,中国特色社会主义制度的最大优势是中国共产党的领导,党是最高政治领导力量。正是在这个意义上，党的十九大报告把坚持党对一切工作的领导，坚持全面从严治党，突出党的政治建设的首位和统领地位，明确作为新时代坚持和发展中国特色社会主义的基本方略。强调必须站在政治的高度，更加自觉地坚持党的领导和我国社会主义制度，坚决反对一切削弱、歪曲、否定党的领导和社会主义制度的言行，为坚定不移地走中国特色社会主义政治发展道路提供根本保证。

（一）牢固树立政治首位意识，提高党的政治领导力。当前，中国特色社会主义进入了新时代，我国发展跃上一个新的历史台阶。新时代新使命，更加迫切地需要把党的政治建设摆在首位，全面加强党的领导和党的建设，对讲政治这个根本性的大问题，任何时候、任何情况下都不能含糊、决不能动摇。

（二）牢固树立"四个意识"，坚定维护以习近平同志为核心的党中央权威和集中统一领导。党员干部要认真学习马克思主义基本原理和党的创新理论，特别是用习近平新时代中国特色社会主义思想统一思想、统一行动，全面贯彻党的基本理论、基本路线和基本方略；坚定执行党的政治路线，严格遵守政治纪律和政治规矩，确保在政治立场、政治方向、政治原则、政治道路上同以习近平同志为核心的党中央保持高度一致；坚持党对一切工作的领导，进一步完善坚持党的领导的体制机制，完善和落实民主集中制的各项制度，确保以习近平同志为核心的党中央权威和集中统一领导。

（三）不断增强党的政治能力，锤炼政治领导本领。讲政治必须具体而实际地落实在政治能力、政治本领上。习主席指出，政治能力就是把握方向、把握大势、把握全局的能力，就是保持政治定力、驾驭政治局面、防范政治风险的能力。党员领导干部必须加强政治能力训练，注重政治历练，积累政治经验，自觉把讲政治贯穿于党性锻炼全过程；深刻领会习主席关于讲政治的重大要求，切实在政治上强起来，推进一切工作从政治上考量、分析和处理，把敢讲政治、善讲政治、讲好政治落实到各项工作和建设中，不断提高把方向、谋大局、定政策、促改革的能力和定力。

（四）发展健康积极的党内政治文化，全面净化党内政治生态。政治文化是政治生活的灵魂，深刻影响着政治建设的成效。要大力倡导和弘扬忠诚老实、公道正派、实事求是、清正廉洁等价值观，坚决防止和反对各种不正之风，防止和反对宗派主义、圈子文化、码头文化；尊崇党章，严格执行新形势下党内政治生活若干准则，增强党内政治生活的政治性、时代性、原则性、战斗性，使之成为一种常态，内化为一种政治自觉，持续巩固政治生态向好的局面。高级干部这个"关键少数"尤其要加强党性锻炼，带头倡导践行党内健康政治文化，把对党忠诚、为党分忧、为党尽职、为民造福作为根本政治担当和基本政德官德，永葆共产党人的政治本色。

问题讨论：
1. 政、党分离是否意味着"政"不需要党的领导？
2. 党的政治领导主要指什么？
3. 党的绝对领导是否与党的民主集中制政治原则相矛盾？

第四节　党的组织建设

党的基层组织是党在社会基层组织中的战斗堡垒，是党的全部工作和战斗力的基础。党的十九大报告明确提出："要以提升组织力为重点，突出政治功能，把企业、农村、机关、学校、科研院所、街道社区、社会组织等基层党组织建设成为宣传党的主张、贯彻党的决定、领导基层治理、团结动员群众、推动改革发展的坚强战斗堡垒。"这是党中央对党的基层组织建设的新部署、新目标、新定位、新举措，为全面加强基层党组织建设指明了方向，我们要认真贯彻落实。

一、战斗堡垒作用的历史传承

1927年，毛泽东同志率领秋收起义部队到达江西省永新县三湾村进行改编，首次提出"支部建在连上"，初步确立了党对军队的绝对领导。"支部建在连上"不仅是建军的一项重要原则，也是我们党基层组织建设的重要制度。我们党历经97年的奋斗历程，现在，全党有8900多万名党员，450多万个基层党组织。我们党也正是通过遍布全国各地、各条战线和各个单位的基层组织，把广大党员组织起来，成为一个有统一意志、统一行动的整体。如果没有党的基层组织，我们的党员就会成为散兵游勇，党就会成为一盘散沙。

无论是在革命战争年代还是在社会主义现代化建设时期，中国共产党历来尊重人民群众的主体地位，强调人民是历史的创造者，历来重视党的基层组织建设，将党的基层组织作为组织群众、宣传群众、凝聚群众、服务群众的重要载体。历史经验表明：党正是通过重视基层、狠抓基础，真正发挥基层党组织的战斗堡垒作用，将广大人民群众紧密地团结在党中央周围，才不断从一个胜利走向另一个胜利。正如习近平总书记所强调："只要每个基层党组织和每个共产党员都有强烈的宗旨意识和责任意识，都能发挥战斗堡垒作用、先锋模范作用，我们党就会很有力量，我们国家就会很有力量，我们人民就会很有力量，党的执政基础就能坚如磐石。"

二、新时代党的组织建设政治功能

党的十九大报告在要求党的基层组织继承传统，发挥战斗堡垒作用的同时，进一步要求突出政治功能。这一要求既是贯彻落实习近平新时代中国特色社会主义思想的重要体现，也是新时代党的建设总要求的题中之义。

习近平新时代中国特色社会主义思想，明确中国特色社会主义最本质的特征是中国共产党领导，中国特色社会主义制度的最大优势是中国共产党领导，党是最高政治领导力量，要坚持党对一切工作的领导。党的领导不是抽象的，而是具体的，既体现在党要根据中国社会发展的现状，带领人民制定正确的路线方针政策，也体现在党要动员人民、组织人民、领导人民，将党的正确主张变为人民的自觉行为，贯彻到实践中去。为此，党在各条战线上的基层组织，都要突出政治功能，按照党章第三十三条的功能定位，切实承担起相应职责，确保党始终成为中国特色社会主义事业的坚强领导核心。

新时代党的建设总要求在过去五大建设的基础上，发展为现在的"全面推进党的政治建设、思想建设、组织建设、作风建设、纪律建设,把制度建设贯穿其中,深入推进反腐败斗争"的"5+2"格局,突出政治建设的重要性,要求以党的政治建设为统领。这一要求具体到党的基层组织,就需要基层组织突出政治功能。党内的所有党员,无论职务高低,都固定地隶属于党的一个支部、小组或其他特定组织,都必须参加党的组织生活,接受党内外群众的监督。只有基层组织突出政治功能,加强对党员的教育、管理和监督,在组织活动中突出党性锻炼,广大党员才能更好地提高政治觉悟和政治能力,在政治立场、政治方向、政治原则、政治道路上自觉同以习近平同志为核心的党中央保持高度一致,永葆共产党人政治本色。

三、实现政治功能的具体路径

一是自觉维护中央权威。当前,我国已进入全面建成小康社会决胜阶段,中华民族正处于走向伟大复兴的关键时期。面对国内外的严峻复杂形势,自觉维护党的领导,关键就在于维护党中央权威,自觉在思想上政治上行动上同以习近平同志为核心的党中央保持高度一致。发挥基层党组织的政治功能,必须牢牢把握这一根本政治方向,教育引导广大党员、干部坚定理想信念,牢固树立"四个意识",切实增强"四个自信",确保在政治上不迷失,自觉抵制西方意识形态的渗透和多元思潮的影响,做政治上的明白人。

二是严肃党内政治生活。有什么样的党内政治生活,就会有什么样的基层组织和党员队伍。如果基层党组织的党内政治生活不经常、不认真、不严肃,批评与自我批评变成表扬与自我表扬,民主生活会只是走过场、搞形式,那么基层党组织的战斗性和凝聚力就难以保证,党员的先进性与纯洁性也难以保持。为此,基层党组织要不断加强和规范党内政治生活,以"两学一做"学习教育活动为载体,将全面从严治党落实到每个支部、每名党员,不断增强党内政治生活的政治性、时代性、原则性、战斗性,真正使党的组织生活、党员教育管理严起来、实起来。

三是坚决贯彻落实党的各项任务。党的基层组织在宣传党的主张、贯彻党的决定、领导基层治理、团结动员群众、推动改革发展等方面,发挥着不可替代的战斗堡垒作用。基层党组织要充分发挥党的理论优势,积极向党员、群众宣传党的路线方针政策,努力提高他们的思想理论素质;充分发挥党的政治优势,扎实做好思想政治工作,教育广大党员、群众坚定中国特色社会主义理想信念;充分发挥党的组织优势,把各条战线、各个领域的广大党员、群众组织起来,通过发挥党员的先锋模范作用,带动更多的群众积极参与进来,落实、完成党的各项任务;充分发挥党的制度优势,把实践中的好做法、好经验及时加以总结,以制度的形式固定下来;充分发挥党密切联系群众的优势,激发群众的主动性和创造性,发现、培养和推荐群众中的优秀人才,引导广大群众在积极投身新时代中国特色社会主义伟大事业建设的同时,实现人生理想与价值追求。

问题讨论:
1. 党的组织建设重要意义
2. 新时代党组织应如何发挥其作用?
3. 如何认识党组织与党员个人的关系?(如何定位个人在党组织中的作用和角色?)

第五节 党的思想建设

一、党的思想建设十分重要

思想建设是共产党区别于其他政党的标志。崇高的历史使命,宏伟的战略目标对中国共产党这一中国人民的"主心骨"、中国特色社会主义事业的"领导核心"提出了更高的要求。如果说党的十八大以来习近平总书记讲"打铁还需自身硬"主要是从道理逻辑的角度告诫中国共产党要"自身硬"的话,十九大报告中改为"打铁必须自身硬"宣示的则是决心、是意志,是更高标准。十九大报告指出:"伟大斗争,伟大工程,伟大事业,伟大梦想,紧密联系、相互贯通、相互作用，其中起决定性作用的是党的建设新的伟大工程。"建设伟大工程的核心是坚持党对一切工作的领导，坚持和加强党的全面领导。一个"一切工作"，一个"全面"都是在重申强调党的领导要贯穿体现于党和国家事业的全过程、各方面，从广度到深度，全方位、全层面无空白、无薄弱，始终总揽全局、协调各方。党的领导是具体的不是抽象的，体现在坚定理想信念宗旨、执行党的路线方针政策上，体现在党管干部、选对人用好人、树立鲜明的价值观和政治导向上。概括起来其实就是建设"两个大"：建设世界上最伟大的政党，建设世界上最强大的政党。但没有理想信念是不行的。

中国共产党是一个政治组织，其政治立场、政治方向、政治原则、政治道路、政治理想、政治纲领等等区别于其他政党，为共产主义事业奋斗是中国共产党先进优秀的根本。如果不信仰共产主义了还能是中国共产党吗？如果不能全心全意为人民服务，也就不是中国共产党了。我们要不断加强党的先进性和纯洁性建设，不忘初心，牢记使命，以坚定理想信念宗旨为根基，把中国共产党建设成为世界上最伟大的政党。伟大的政党最根本的是主义，信仰，宗旨的伟大，是理想信念的伟大，这就要把党的政治建设摆在首位，以政治建设统领其他四大建设，在自我革命中彰显伟大、实践伟大。

二、党的思想建设要求

（一）加强思想建设，从能力建设入手。我们要不断增强党的政治领导力、思想引领力、群众组织力、社会号召力，增强党自我净化、自我完善、自我革新、自我提高的能力，把中国共产党建设成为世界上最强大的政党。强大的政党要有创造力、战斗力、凝聚力，这来自纪律、来自制度、来自规矩，我们要严明纪律、遵守规矩，让制度贯穿党的建设全过程。同时要加强"八大能力建设"，让政治觉悟与工作本领相得益彰，切实提高党长期执政的能力。

中国共产党是高度重视思想建设与理论武装的马克思主义政党。正是依靠科学的理论武装，中国共产党攻坚克难、乘风破浪，不断从胜利走向胜利。党的十九大提出,将在全党开展"不忘初心、牢记使命"主题教育,将是中国共产党在中国特色社会主义进入新时代的背景下进行的又一次思想建设与理论武装的重大举措。

(二)唤醒初心,增强使命意识。初心和使命是一个政党最根本的标志。中国共产党为什么要出发,我们要到哪里去,我们要做什么,集中体现在初心和使命上。习近平总书记指出:"中国共产党人的初心和使命,就是为中国人民谋幸福,为中华民族谋复兴。"这是中国共产党人始终不渝的追求与承诺,是中国共产党人的精神支柱和政治灵魂,也是保持党的团结统一的思想基础。这一思想基础须臾不能动摇。我们要挺起共产党人的精神脊梁,解决好世界观、人生观、价值观这个"总开关"问题,自觉做共产主义远大理想和中国特色社会主义共同理想的坚定信仰者和忠实践行者。

在新时代仍然通过治党来建党,全面从严治党永远在路上。在十九大报告中明确提出"坚决防止党内形成利益集团",这一论断斩钉截铁,同样充分显示了中国共产党的政治新觉醒。习近平总书记在十九大报告开篇就旗帜鲜明指出:"中国共产党人的初心和使命,就是为中国人民谋幸福,为中华民族谋复兴。"不忘初心,牢记使命,当然不应该犯这种颠覆性的错误,也不允许犯这样颠覆性的错误。中国共产党已经在革命性锻造中更加坚强,我们要在全面从严治党这场伟大的自我革命中继续百炼成钢。

问题讨论:
1. 党的思想建设的重要意义集中体现在什么问题上?
2. 党的思想建设相对其他方面的建设地位如何?
3. 党的思想建设与我们党员个体发展是否关系不大?

第六节　党的作风建设

一、作风就是党的形象

习近平总书记就党的作风建设发表过多次讲话，提出许多真知灼见。工作作风上的问题绝对不是小事，如果不坚决纠正不良风气，任其发展下去，就会像一座无形的墙把我们党和人民群众隔开，我们党就会失去根基、失去血脉、失去力量。党的作风就是党的形象，关系人心向背，关系党的生死存亡。执政党如果不注重作风建设，听任不正之风侵蚀党的肌体，就有失去民心、丧失政权的危险。我们党作为一个在中国长期执政的马克思主义政党，对作风问题任何时候都不能掉以轻心。作风问题本质上是党性问题。对我们共产党人来讲，能不能解决好作风问题，是衡量对马克思主义信仰、对社会主义和共产主义信念、对党和人民忠诚的一把十分重要的尺子。党的作风是党的形象，是观察党群干群关系、人心向背的晴雨表。党的作风正，人民的心气顺，党和人民就能同甘共苦。实践证明，只要真管真严、敢管敢严，党风建设就没有什么解决不了的问题。

一段时间，干部作风出现问题，群众反映强烈，对我们党员干部意见大，成见深，干群矛盾大。为解决这一问题，习近平总书记从群众反映最强烈的问题入手，开展纠正"四风"活动。2013年4月19日，习近平《在十八届中央政治局第五次集体学习时的讲话》谈到，中央提出抓作风建设，反对形式主义、官僚主义、享乐主义，反对奢靡之风，就是提出了一个抓反腐倡廉建设的着力点，提出了一个夯实党执政的群众基础的切入点。全党同志一定要从这样的政治高度来认识这个问题，从思想上警醒起来，牢记"两个务必"，坚定不移转变作风，坚定不移反对腐败，切实做到踏石留印、抓铁有痕，不断以反腐倡廉的新进展、新成效取信于民，确保党和国家兴旺发达、长治久安。6月18日，习近平《在党的群众路线教育实践活动工作会议上的讲话》谈道：为什么要聚焦到"四风"上呢？因为"四风"是违背我们党的性质和宗旨的，是当前群众深恶痛绝、反映最强烈的问题，也是损害党群干群关系的重要根源。党内存在的其他问题都与这"四风"有关，或者说是这"四风"衍生出来的。"四风"问题解决好了，党内其他一些问题解决起来也就有了更好条件。9月25日，《在指导河北省委常委班子专题民主生活会时的讲话》强调，一定要认清"四风"的严重性、危害性和顽固性、反复性，锲而不舍、驰而不息抓下去。对此，中央是下了决心的，希望大家也下定决心、毫不动摇。

2014年10月8日，习近平《在党的群众路线教育实践活动总结大会上的讲话》指出，要从解决"四风"问题延伸开去，努力改进思想作风、工作作风、领导作风、干部生活作风，努力改进学风、文风、会风，加强治本工作，使党员、干部不仅不敢沾染歪风邪气，而且不能、不想沾染歪风邪气，使党的作风全面纯洁起来。广大干部群众最担心的是问题反弹、雨过地皮湿、活动一阵风，最盼望的是形成常态化、常抓不懈、保持长效。因此，我们要说，活动收尾绝不是作风建设收场，必须以锲而不舍、驰而不息的决心和毅力，把作风建设不断引向深入，把目前作风转变的好势头保持下去，使作风建设要求真正落地生根。

2015年1月13日习近平《在第十八届中央纪律检查委员会第五次全体会议上的讲话》指出，横下一条心纠正"四风"，常抓抓出习惯、抓出长效。当前，"四风"问题在面上有所收敛，但不良作风积习甚深，树倒根在，稍有松懈，刚刚压下去的问题就可能死灰复燃，防反弹、防回潮任务依然艰巨。2016年10月27日，《在党的十八届六中全会第二次全体会议上的讲话》中强调，必须持之以恒反对"四风"，必须坚决同特权思想、特权现象作斗争，必须注重家风建设、教育管理好亲属和身边工作人员，必须诚恳接受各方面监督。

作风建设永远在路上，永远没有休止符，不可蜻蜓点水，不可虎头蛇尾，不可只是一阵风，否则不仅不可能从根本上解决问题，而且会导致作风问题不断反弹、愈演愈烈，最后失信于民。这方面过去有不少教训，要好好记取。要本着于法有据、于事合理的原则，体现改革精神和法治思维，把中央要求、群众期盼、实际需要、新鲜经验结合起来，努力形成系统完备的制度体系，以刚性的制度规定和严格的制度执行，确保改进作风规范化、常态化、长效化，切实防止"四风"问题反弹。习近平在《形式主义、官僚主义新表现值得警惕》一文中指出，风成于上，俗化于下。党员领导干部工作作风的优劣，直接影响党的形象，影响社会风气的形成。党的十八大以来，经过几年持之以恒纠正"四风"，领导干部作风建设也取得了积极成效，但也必须承认，干部队伍中的思想上求"稳"，观念上求"守"，心理上求"躲"，不求有政绩，但求无过失，得过且过现象仍然存在，精神懈怠、懒政庸政、为官不为、执行不力等问题甚至仍有滋长，成为影响民族振兴发展的"作风之弊"，极大地影响了新时代中国特色社会主义事业的发展进程。

二、求实改革转作风

习近平总书记在十九大报告中也指出："全面从严治党永远在路上。……党内存在的思想不纯、组织不纯、作风不纯等突出问题尚未得到根本解决。"那么，如何破解目前存在的领导干部"作风之弊"呢？

首先，以学习贯彻十九大精神为契机，明晰转变干部作风的主题。学习贯彻十九大精神，要充分发挥教育引导功能。要把学习的普遍性要求与各自的特殊需要相结合，紧密结合各自工作岗位的具体要求，针对"为官不为"等惰政庸政表现，以振奋精神、真抓实干、创新发展、勇于担当为转变作风的主题，明晰转变干部作风的主攻方向，切实把理论学习与转变作风有机结合起来，真正使"推进干部作风转变"取得实效、形成共识、落地生根。要把理论学习与增强党员干部担当精神、服务意识结合起来，坚持执政为民的服务理念，始终牢记全心全意为人民服务的宗旨，自觉树立一心为民的公仆情怀，要肩负使命、尽职履职，践行"为官有为"的担当意识。

其次，改进和完善选人用人机制，创设真抓实干的良好作风氛围。转变作风，领导干部是关键，要按照十九大报告的要求，切实用好选人用人这个政治导向。要按照事业为上、忠诚干净担当的标准，确立以作风素质优先、不论资排辈的考核体系，建立健全干部能上能下、能进能出的用人机制，用实用活各类评先表彰结果，将其作为选人用人的风向标；要切实解决干部管理"失之于宽、失之于松、失之于软"的问题，加大对精神不振、能力不够、服务不好、担当不足等不适宜担任现职干部的调整力度，让那些"只顾保官升官、不想踏实做事""只求过得去、不求过得硬"的人离岗让位；要探索并建立长效、管用制度法规，对为官不为者要依规治理，把治理由行政干预转向法治轨道，照章实行、依法推进。强化选人用人问责制，对用人决策进行责任追究，要严肃认真进行追查。

再次，落实转变干部作风责任制，强化领导干部责任意识。推进领导干部作风的转变，关键在于责任的落实。首先，要认真贯彻落实中央的要求，切实明确作风建设的责任主体。各级党委书记要担负起第一责任人的责任，亲自抓、负总责，党委分管领导要严格履行分管责任，切实抓好分管领域的转作风工作。其次，要实行主体责任问责制。党委书记要担负起责任，其他领导班子成员也要做到知责、明责、履责。要把严格追责作为督促落实主体责任的重要手段，坚持有错必纠、有责必问，对主管工作重视不够、抓得不紧的，要及时约谈提醒、诫勉批评；对不认真履行职责的，该调整的调整、该处理的处理。

最后，建立容错纠错机制，真正保护作风正派、锐意进取的干部。按照十九大报告提出的"建立激励机制和容错纠错机制，旗帜鲜明为那些敢于担当、踏实做事、不谋私利的干部撑腰鼓劲"的要求，应努力营造敢闯敢试、锐意进取的舆论氛围，加快形成允许试错、宽容失败的社会共识，构建无错澄清保护制度。可以按照习近平总书记提出的三区分原则，结合实际情况，明确在改革创新中哪些具体情况可以免责或者减责，最大限度保护和调动广大干部干事创业的积极性、主动性、创造性。在此基础上，要细化鼓励创新、宽容失败、允许试错、责任豁免的制度和办法。与此同时，要同步建立纠错机制，要注意将容错纠错机制与减少决策失误制度结合使用，健全风险评估制、专家论证制、合法性审查制、巡查反馈整改等系列制度，防止类似错误和问题重复出现。

问题讨论：

1. 如何理解作风建设无小事的看法？
2. 有干部上班时间办私事、聊天、会私客等，是否属于作风问题？
3. 一段时间群众反映的机关"门难进，脸难看，事难办"问题，在我们身上是否有？
4. 如何认识一段时间社会上反映党政部门运行存在"旋转门""玻璃墙""弹簧称"问题？

第七节　党的队伍建设

路线确定以后，干部就是决定因素。党的队伍建设应属党组织建设的重要部分和内容。习近平总书记在党的十九大报告中指出，要突出政治标准，提拔重用牢固树立"四个意识"和"四个自信"、坚决维护党中央权威、全面贯彻执行党的理论和路线方针政策、忠诚干净担当的干部。这一要求，体现了组织路线为政治路线服务的根本原则，凸显了干部工作的政治定位，具有鲜明导向性和现实针对性。

一、选拔党的干部，毫无疑义要突出政治标准，这是政党的政治属性决定的，是保证政党团结统一、实现政治主张和政治目标的必然要求。我们党作为马克思主义政党，历来把政治标准作为选人用人的首要标准。毛泽东同志指出，政治是主要的，是第一位的，干部要又红又专。邓小平同志提出干部队伍"四化"方针，强调首先是要革命化。江泽民同志指出，无论从事什么工作的干部，政治上必须合格，要确保各级领导权牢牢掌握在忠于马克思主义、忠于党、忠于人民的人手里。胡锦涛同志强调，选干部要坚持德才兼备、以德为先，把政治标准放在首位，坚决防止和纠正重才轻德现象。党的十八大以来，习近平总书记鲜明提出了新时期好干部标准和忠诚干净担当、"三严三实""四有""四个铁一般"等要求，归结起来就是干部首先要在政治上达标，选人用人首先要看政治素质。所以，突出政治标准是我们党选人用人的一贯方针，也是党的优良传统。

二、突出政治标准，在当前有着特别重要的意义，是进一步树立正确选人用人导向、建设高素质执政骨干队伍、夺取新时代中国特色社会主义伟大胜利的迫切需要。毋庸讳言，一个时期以来，党内忽视政治、淡化政治、削弱政治的现象比较突出，一些同志讲政治的自觉性降低，有的甚至对一些明显的政治问题视而不见、迟钝麻木；更有少数人无视党的政治纪律和政治规矩，大搞拉帮结派、结党营私、任人唯亲、封官许愿等活动，有的已经到了肆无忌惮、胆大妄为的地步。同时，一些党组织政治功能弱化、管党治党责任缺失，在政治上不设防、不把关，让一些政治上有问题的人混进领导班子。近年来，党中央严肃查处了这些有问题的人。他们暴露出来的问题深刻警示我们，干部政治上出问题，对党的危害绝不亚于腐败问题，其职务越高、平台越大，给党造成的损失越大。当前，我们正处于全面建成小康社会决胜阶段、中国特色社会主义进入新时代的关键时期，在新的历史起点上进行伟大斗争、建设伟大工程、推进伟大事业、实现伟大梦想，更需要全党旗帜鲜明讲政治，强化党的政治建设的统领地位，把党的政治建设作为党的根本性建设来抓，更需要建设一支政治过硬、堪当重任的优秀干部队伍。做到这一点，关键是抓好选人用人这个源头和风向标，把紧把严政治标准这个硬杠杠，真正把党和人民需要的好干部选出来、用起来。

三、突出政治标准选拔干部，总的要求是贯彻习近平新时代中国特色社会主义思想，贯彻党的十九大对干部队伍建设提出的新要求，以党章为根本遵循，用《关于新形势下党内政治生活的若干准则》来衡量，具体应把握以下5个方面。

一看政治忠诚，是否牢固树立"四个意识"。"天下至德，莫过于忠。"对党忠诚，是党员干部的首要政治品质和政治生命线。如果这一条不过关，其他都不过关。对党忠诚，不是有条件的而是无条件的，不是抽象的而是具体的，必须体现到对党的信仰、党的组织、党的事业的忠诚上。最重要的就是要把党放在心中最高位置，牢固树立党的领导是中国特色社会主义最本质特征和中国特色社会主义制度最大优势、党是最高政治领导力量的观点，坚持党对一切工作的领导；就是要牢固树立政治意识、大局意识、核心意识、看齐意识，自觉在思想上政治上行动上同以习近平同志为核心的党中央保持高度一致，坚决维护习近平总书记的核心地位，坚持党中央权威和集中统一领导。"四个意识"是意蕴深刻、相互联系的有机整体，集中体现了根本的政治立场、政治方向、政治原则。突出政治标准选拔干部，就要把是否对党忠诚、牢固树立"四个意识"作为首要标尺，选拔那些全面贯彻执行党的理论和路线方针政策，坚决贯彻党中央决策部署，坚持"四个服从"，始终与以习近平同志为核心的党中央对标看齐、保持高度一致的干部。对那些同党中央唱对台戏的人，那些对党中央大政方针态度暧昧甚至心怀不满的人，那些背离党中央决策部署阳奉阴违、另搞一套的人，那些心术不正、有政治野心的人，那些"身在曹营心在汉"、同党离心离德的人，绝对不能用，已在领导岗位的要坚决调整，情节严重的要严肃处理。

　　二看政治定力，是否坚定"四个自信"。政治定力，最根本、最紧要的是理想信念的坚定性。对马克思主义的信仰，对社会主义和共产主义的信念，是共产党人的政治灵魂，是共产党人经受住任何考验的精神支柱。习近平总书记形象地指出，理想信念就是共产党人精神上的"钙"，精神上"缺钙"就会得"软骨病"。大量事实表明，一些领导干部政治上变质、经济上贪婪、道德上堕落、生活上腐化，说到底都是因为理想信念宗旨这个根基发生了动摇，世界观、人生观、价值观这个"总开关"出现了问题。有的不信马列信鬼神，不信理想信方术，不敬人民敬"大师"，精神极度空虚；有的把共产主义看成虚无缥缈的海市蜃楼，对社会主义前途命运丧失信心，思想消极颓废；有的把西方三权分立、多党制那一套奉为圭臬，价值观发生偏差；等等。思想滑坡是最危险的滑坡，信念动摇是最危险的动摇。选拔干部，必须深层次考察干部理想信念是否坚定，绝不能把那些没信仰或是具有伪信仰的人选进来。这方面，最主要的现实判断标准就是看干部能否坚定中国特色社会主义道路自信、理论自信、制度自信、文化自信。"四个自信"，源于党带领人民进行革命、建设、改革的伟大实践，体现了科学社会主义理论逻辑和中国社会发展历史逻辑的辩证统一,反映了当代中国发展进步的根本方向,是检验干部理想信念的"试金石"。在当今世界风云变幻、当代中国深刻变革、社会思想多元多变的背景下,党员干部只有坚定"四个自信",才能不为任何风险所惧,不为任何干扰所惑,保持战略定力和前进动力,自觉成为共产主义远大理想和中国特色社会主义共同理想的坚定信仰者和忠实践行者。

三看政治担当,是否坚持原则、敢于斗争。政治上敢不敢担当、能不能担当、有没有担当,最能检验党员干部的政治操守、政治品格。现实中,有些党员干部好像表现得政治上很成熟,但深入分析起来,其实是一种不问政治是非、不讲政治原则的圆滑。他们有的明哲保身、"爱惜羽毛",在大是大非面前当所谓"开明绅士",甚至在涉及党的领导和中国特色社会主义道路等原则问题的政治挑衅面前无动于衷、置身事外;有的见风使舵、投机钻营,对自己政治前途有利的就上,没利的就躲,遇到重大政治事件和敏感问题没有态度,甚至故意耍滑头、当"墙头草"。这些人表面上很风光,但骨头不硬,关键时刻靠不住。如果干部队伍中这样的人多了,就会贻害党和人民事业。今天,我们比历史上任何时期都更接近、更有信心和能力实现中华民族伟大复兴的目标,这既意味着我们已经积累起促成质变的历史性成果,也意味着我们到了最艰巨的攻坚阶段,不可避免地会遇到许多重大挑战、重大风险、重大阻力、重大矛盾。面对敌对势力加紧对我国实施西化、分化战略,面对意识形态领域的尖锐较量,面对激烈的国际政治斗争,面对艰巨繁重的改革发展稳定任务,等等,都需要广大党员干部强化政治担当、增强斗争精神,敢于亮剑、敢于碰硬、敢于攻坚、敢战能胜。各级党组织要在选人用人上树立鲜明导向,大力选拔使用那些敢担当、善作为,尤其是关键时刻站得出来、顶得上去的干部,坚决不用那些畏首畏尾、患得患失、溜肩耍滑的"骑墙派""官油子",大力营造为敢担当的干部担当、为敢负责的干部负责的浓厚氛围。

四看政治能力,是否善于从政治上观察和处理问题。德为才之帅,才为德之资。党员干部特别是领导干部要履行好责任,必须有很强的能力作支撑。在所有能力中，第一位的是政治能力。习近平总书记多次强调，领导干部要注意加强政治历练，积累政治经验，使自己的政治能力与担任的领导职责相匹配。政治能力的内涵很丰富，最核心的是把握方向、把握大势、把握全局的能力，保持政治定力、驾驭政治局面、防范政治风险的能力。应当看到，不少领导干部在这些方面还有许多不适应、不符合的地方。比如，有的马克思主义理论功底不深，不善于从政治上看问题，把政治和经济、政治和技术、政治和业务割裂开来甚至对立起来；有的政治站位不高，全局观念不强，不能自觉做到在大局下思考和行动；有的缺乏政治敏锐性和政治鉴别力，对政治上的苗头性倾向性问题不能见微知著、防患未然，甚至对挑战政治底线的错误言论和不良风气听之任之、逃避责任、失职渎职，衡阳破坏选举案和南充、辽宁拉票贿选案就是例证。因此，政治能力绝不是可有可无的软性指标，而是对领导干部的刚性要求。突出政治标准选拔干部，必须把好这一关，对政治能力不足的不能轻易放行，否则就可能耽误党和人民事业发展。

五看政治自律，是否严格遵守党的政治纪律和政治规矩。严明纪律，是维护党的团结和集中统一的根本保证。在所有党的纪律中，政治纪律和政治规矩是最重要、最根本的。党员干部必须把严格遵守政治纪律和政治规矩作为安身立命的"压舱石"，在守纪律、讲规矩上做表率，自觉做政治上的明白人、老实人。就选拔使用干部而言，必须把政治纪律和政治规矩作为底线和红线，对那些视政治纪律和政治规矩为儿戏，我行我素、无所顾忌，违反"五个必须"要求、搞"七个有之"等活动的干部，实行"一票否决"，不但不能提拔还要严肃处理，使政治纪律和政治规矩真正成为"带电的高压线"。

四、突出政治标准选拔干部，前提和基础是把干部的政治表现考准考实。在新的社会环境中，干部活动空间越来越广，活动方式日趋多样，再加上政治素质属于人的内在品质，是思想深处的东西，具有一定的隐蔽性和复杂性，要准确识别和评价并不容易。必须针对这些情况，改进完善考察工作的理念思路、程序步骤、方式方法，确保精准科学选人用人。要经常性、近距离、有原则地接触干部，全方位、多角度、立体式考察干部，通过与干部谈心谈话，走进干部的工作圈、生活圈、社交圈，听取多方面意见特别是知情人意见等各种方式，把"听其言"和"观其行"结合起来，多方印证、全面掌握干部的真实表现，观察干部对重大问题的思考以看其见识见解，观察干部对群众的感情以看其禀性情怀，观察干部对待名利的态度以看其境界格局，观察干部的为人处世方式以看其道德品质，观察干部处理复杂问题的能力以看其综合素质，从中考察识别其政治品德和政治素养。要抓住重要行为特征加强分析研判，注重干部的一贯表现和全部工作，既从履行岗位职责中，又从完成急难险重任务中，特别是从关键时刻、重大关头的表现中，考察识别干部的政治品质和政治能力。要全面辩证、客观准确评价干部，对干部政治表现既要有定性判断，更要用事实说话，通过具体事例来体现，防止抽象的概念组合，避免模糊表述、千篇一律。特别是对个性鲜明、有魄力、能干事，但也容易得罪人的干部，一定要为他们说公道话，最大限度调动干部的积极性、主动性、创造性。

问题讨论：

1. 十九大提出的党的干部队伍建设新要求是什么？什么样的干部才是有着专业能力、专业精神、专业素养的高素质干部？

2. 如何选人用人才能体现"高素质"与"专业化"的充分结合？

3. 有人提出要以三个"专不专"作为使用选拔干部标准，你认为科学否？

4. 如何理解"党管人才"问题？

5. 党员干部数量是否应为队伍建设指标？有人提出党员队伍中只要有"江姐、焦裕禄、孔繁森、牛生儒、郭小明"等就行，不一定强调党员人数的党员发展方针，对此，你的观点是什么？

6. 党员队伍应该起码体现先进性、纯洁性、责任性？你的看法是什么？

推荐阅读书目：

1.《十九大代表风采录》/本书编写组编。

2.《把人民装在心中》/薛俊生主编。

3.《伟大的复兴：新时代中国特色社会主义总任务》/中国特色社会主义发展史课题组编写。

4. 信仰的力量》/马代绍俊著。

5.《时代大潮和中国共产党》/李君如著。

6.《百炼成钢：中国共产党应对重大困难与风险的历史经验》/建辉等著。

7.《制度自信：在习近平总书记系列重要讲话精神指引下推进民主政治建设》/徐鸿武等著。

8.《一分部署 九分落实》/张明聪著。

9.《把责任举过头顶》/苏玉主编。

第二章

新时代党务工作

党务工作,就是管理党的事务的工作,特指我们党在领导中国革命和建设事业的活动中,对自身建设的管理,是党的工作和党的事务的总称。从党务工作的范围上分,包括党的宣传工作、组织工作、干部工作、纪检工作、群众工作等。党建理论、原则的实践,党的领导活动,都离不开党务工作。党务工作是党的领导活动和党的建设正确有效进行的保证,贯穿于党的一切活动中,做好党务工作至关重要。

第一节　党务工作指导思想、基本原则及特点

一、指导思想

党务工作要以马克思主义政党学说作为指导。要求党务工作者要认真学习和运用党的建设的基本理论和基本知识,要熟悉党规党章党纪,要学习和执行党的路线、方针和政策。具体说:

(一)坚持以马克思主义党的学说为指导(历史唯物主义、唯物辩证法、科学社会主义);

(二)坚持以党章和党的各项规定为依据;(党章是党的纲领性文件,规定了党的性质、宗旨、路线、方针、党的建设、党员的权利和义务、党的纪

律等）

（三）坚持以实现党的纲领、路线为目标（最高纲领、最低纲领，实现中华民族的伟大复兴）；

（四）必须密切联系党的基本路线。十九大将党的基本路线修改为：领导和团结全国各族人民，以经济建设为中心，坚持四项基本原则，坚持改革开放，自力更生，艰苦创业，为把我国建设成为富强、民主、文明、和谐的社会主义现代化强国而奋斗。加强党务工作必须做到（1）用基本路线统一思想；（2）抓好组织工作的管理；（3）重视和加强制度建设；（4）注重党风建设；（5）实现党务管理工作规范化、科学化。

二、基本原则

（一）党性原则。各项党务工作都必须在党性和党的政策指导下进行。

（二）实事求是原则。用科学的立场、观点、方法，深入实际、联系群众，克服形式主义、官僚主义。

（三）党要管党的原则。从严治党，党要管党。管好党员、干部，要做到①明确各级组织职能；②转变方式；③配备干部；④总结经验。

（四）宽严适度原则。宽严适度是党务工作必须遵循的原则。所谓"严"，是指贯彻执行党务工作的各种规则，不能有随意性。"宽"是指根据规定，结合实际，同一事可以出现不同处理方案，不能机械操作，生搬硬套。做到宽严相济。

（五）规范性原则。党务工作实践性很强，要遵循规范运作，不能随性而为。

（六）公开性原则。公开性原则，就是将党的活动向全党公开，让党员对党内事务有更多的了解和直接参与的机会，以形成党内健全的民主机制。

（七）集体领导和分工负责相结合原则。集体领导是党的领导最高原则之一。凡是涉及党的路线、方针、政策的大事，重大工作任务的部署，重要的干部任免、调动和处理、群众利益方面的重要问题，以及上级领导机关规定应当由党委集体决定的问题，应该根据情况分别提交党的委员会、常委会、党组织集体讨论决定，少数服从多数。

（八）服务原则。为党的领导和决策服务是党务部门的职责。

（九）精干高效原则。党务工作机构设置及人员的配备合理、科学，实行目标管理办法，实现党务工作的科学化、现代化。

（十）检查督促原则。抓党务工作，重在检查督促，确保工作落到实处。

三、特点

（一）原则性。党务工作原则性很强，要求坚持党的优良传统、克服各种不良倾向；刚正不阿、秉公办事；实事求是、扶正去邪、维护党和人民的利益，维护党的团结；在大是大非面前，立场坚定、坚持原则，善于斗争、团结同志。

（二）实践性。党务工作是非常具体的实际工作，要求党务工作者尽量做到客观与客观一致，言行一致，知行统一。

（三）系统性。党务工作，从纵向结构看，有中央、地方、基层组织不同层次的党务工作；从横向看，有组织工作、宣传工作、纪检工作、统战工作、群团工作等不同系列的党务工作，构成了一个有机的整体。它们都服从于中央关于党务工作总体目标和总体要求。但各个层次，各个系列的党务工作又有其相对的独立性。

（四）统一性。党务工作对党的领导机关负责和对人民群众负责是一致的。因为党的宗旨是全心全意为人民服务。我们党的利益和人民群众的总体利益是一致的，党除了人民群众的利益，没有任何自己的利益……党务工作如果只对领导机关负责，忽略群众的意志和要求，甚至脱离群众，党的任何工作都不可能落实；相反，如果只强调群众的眼前利益和要求，群众的活动就会迷失方向。

（五）创新性。不同的历史时期，党务工作的任务、工作方法不同。需要与时俱进，不断创新工作方法以解决新问题。

问题讨论：

1. 有人认为党务工作是务虚工作，其错误在哪里？

2. 如何理解党务工作的实践性？

3. 党务与行业业务工作是否存在矛盾？

4. 日常工作中如何处理党务工作的统一性问题？

第二节 党务工作者的基本要求

一、优秀的工作能力

（一）觉悟高。政治思想素质是党务工作者应首先具备的素质，它要求党务工作者有坚定正确的政治方向，有较高的理论觉悟和政策水平，坚持党的路线方针政策，有较强的党性和法纪观念，要有全心全意为人民服务的精神。具体要求：一要有坚定的政治立场。二要有较高的理论素养。三要有高度的事业心和责任感。四要有民主意识。五要有大局意识。可概括为"二十字"要求，即政治坚定、业务精通、作风优良、纪律严明、勇于担当。

（二）品德优。除了具有一般社会成员应有的普遍社会道德、职业道德外，要有更高道德修养、奉献精神、敬业精神。可概括为"爱国守法、明礼诚信、团结友善、勤俭自强、敬业奉献"20字。

（三）能力强。随着信息化、网络化、高科技化等手段在工作中的不断运用，仅仅有对工作的热心付出和奉献精神是远远不够的。应包括：要有广博的知识面、要有信息管理能力、要积累工作经验。十六届四中全会通过的《中共中央关于加强党的执政能力建设的决定》提出，党员干部要有驾驭社会主义市场经济的能力，发展社会主义民主政治的能力，发展社会主义先进文化的能力，处理复杂问题和化解矛盾的能力，要有世界眼光、战略思维，要学习当代政治、经济、科技、军事、法律等，党的十九大对干部能力建设提出了更高要求，新时代干部20字标准，即"信念坚定，为民服务，勤政务实，敢于担当，清正廉洁"。

（四）业务精。党务工作者是党务工作的组织者和管理者，因此，必须具备：筹划和决断能力、组织协调能力、人际交往能力、随机应变能力、开拓创新能力。等等。

二、良好的心理身体素质。心理身体素质是党务工作者不可忽视的素质，它要求党务工作者具有：积极的心态、自信的性格、宽宏的度量、健康的体魄。

三、党务工作者的职责。坚决维护党和人民的利益；坚持从实际出发，宣传执行党的路线、方针、政策；执行党的决定、严守党的纪律；开展思想政治工作；

维护党和国家的团结统一；严格保守党和国家的秘密；发挥先锋模范作用。

四、党务工作基本方法

党务工作基本方法有六条：

1. 坚持实事求是、注重调查研究；

2. 群众路线；

3. 抓住中心环节、带动其他工作（抓主要矛盾、处理好次要矛盾，及时做好工作中心的转移）；

4. 强化管理目标、确定管理目标、遵循管理原则（先进性、可行性、系统性、重要性、适应性、一致性和连续性）；

5. 充分运用现代管理技术和经验；

（1）系统论（对管理系统分析）；

（2）信息论（对信息流程分析处理、形成认识）；

（3）控制论（决策以后运用反馈、调节保证实现既定目标和计划）；

（4）网络。

6. 健全党务管理机制

（1）改进和创建新的管理方式和管理体制；

（2）坚持党务管理制度化。

问题讨论：

1. 党务工作者如何履行基本业务要求

2. 谈谈自己从事党务工作的经验。

第三节 党务工作的主要内容

党务工作包括组织、思想、纪检、宣传、统战、文秘、政法、群众路线、联络、学习等。

一、党的组织工作

进入新时代，党的组织工作必须为中国特色社会主义现代化建设服务，为实现中华民族伟大复兴梦服务，为深化改革发展服务。

党的组织工作原则有5条，必须密切联系党的政治路线，为党的政治路线服务；必须坚持和健全党的民主集中制原则；必须坚持德才兼备的干部标准和唯人唯是的干部路线，建立一支坚持贯彻执行党的政治路线的干部队伍；必须建设好党员队伍；必须正确认识党内矛盾的性质，实事求是的估量党内矛盾，并采取正确的方法予以解决。

党的组织工作的内容包括：①调查研究有关党的组织工作的方针政策；②检查督促下级党委贯彻执行党的民主集中制原则和正确开展党的组织生活；③贯彻落实党的干部路线和干部政策，搞好干部工作；④改进思想作风，完善班子结构，加强各级领导班子建设；⑤加强和改进党的基层组织建设；不断提高对党员队伍教育、管理和监督的水平；⑥落实党的知识分子政策，搞好离退休干部的管理。

党的组织工作基本任务是正确贯彻执行党的组织路线，加强党的思想建设、组织建设、执政能力建设、作风建设和制度建设，坚持和完善党的领导，提高党的凝聚力、战斗力、创造力，使党成为中国特色社会主义事业的坚强领导核心，从组织上保证党的政治路线的实现。

党员工作与党员队伍建设是党务工作重头戏。加强党员队伍建设，关键是坚持党的干部路线与干部标准。改革开放初，提出干部革命化、年轻化、专业化、知识化的"四化要求"。十八大提出：要建设一支政治坚定、能力过硬、作风优良、奋发有为的执政骨干队伍。要按照党管干部原则，坚持五湖四海、任人唯贤，坚持德才兼备、以德为先，坚持注重实绩、群众公认，逐步形成广纳群贤、人尽其才、能上能下、公平公正、充满活力的中国特色社会主义干部人事制度，使各方面优秀干部充分涌现，各尽其能，才尽其用。党的十九大提出建设高素质专业化干部队伍。习近平总书记明确提出"信念坚定、为民服务、勤政务实、敢于担当、清正廉洁"的好干部标准。党和人民需要的好干部必须坚定共产主义远大理想、真诚信仰马克思主义、矢志不渝为中国特色社会主义而奋斗，全心全意为人民服务，求真务实、坚持原则、勇于担当，敬畏权力、慎用权力，保持拒腐蚀、永不沾的政治本色，创造出经得起实践、人民、历史检验的实绩。党管干部，就是要坚持好干部标准，坚持党委选拔任用、教育培训、培养锻炼、监督管理干部。"管"要体现在日常，掌握干部思想工作生活状况，发现苗头性问题及时扯扯袖子、批评教育，校正干部成长的方向。要改进干部考察考核工作，掌握干部的日常表现，看组织交给每项工作的完成质量、遇到急难险重任务能否顶得上去，不能等到选任干部时考察一次，也不能到年终考核一回。要在坚持"三会一课"制度基础上，创新党组织活动方式，让党员干部在政治生活大熔炉中经受锤炼。

党员工作基本要求有8条：（1）坚持党员标准；（2）认真履行义务，正确行使权力；（3）加强党员教育；（4）严格党员管理；（5）发展好党员队伍；（6）党籍管理；（7）党费管理；（8）党性修养。

二、党的纪检工作

党的纪律检查工作是党的工作重要组成部分，是坚持政治路线，实现政治任务的切实保证。它一方面进行党规党法、党性、党风、党纪的宣传教育、提高党员的思想觉悟，增强党员的纪律；一方面是对违反纪律的党员和党组织进行检查和处理以维护党的纪律的严肃性。所以，纪检工作是制定监督纪律、教育党员和党组织遵守纪律，对违纪行为执行纪律的工作。

加强党的纪检工作有着十分重要的意义。有助于保持党的先进性和纯洁性；有助于巩固党的组织和维护秩序；有助于保证党的路线、方针、政策贯彻执行。对政治建设、组织建设、思想建设、能力建设、作风建设、制度建设和党群关系以及国家财产保护、民主法制、保障社会主义市场经济，构建和谐社会起积极的保证作用。

党的纪检工作方针是预防为主，教育为主；先立法、先教育，有法必依、违法必究；坚决、稳妥、持久。

党纪检工作原则有："①严格区分、正确处理两类不同性质的矛盾；②反腐败斗争，必须从实际出发；③重证据，重调查研究，严禁逼供信；④对人的处理要持十分慎重的态度；⑤坚持实事求是，有错必纠，敢于斗争，刚直不阿；⑥认真走群众路线；⑦实行集体领导和个人分工相结合的制度。"

纪检工作方式方法有：①检查监督、巡视；②查处案件；③抓典型；④反映报告情况；⑤党纪教育；⑥与有关部门配合协调；⑦科学化、民主化；⑧群众路线。

三、党的宣传工作

党的宣传工作是党的工作重要组成部分，与党的组织工作有着密切的联系。宣传工作为党的组织工作开辟道路，组织工作也为宣传工作扩大和巩固阵地。宣传工作可分为四种基本类型，即政治宣传、经济宣传、文化宣传、社会宣传。

党的宣传工作贯穿和渗透于党的各项工作之中，是实施党的政治思想领导，宣传党的路线、方针政策的基本途径；是鼓舞、动员、教育和引导人民群众前进的重要工具；是密切党群关系、调节社会关系的重要手段；是正确引导舆论、批评错误的有力武器。有四个突出特点，思想性；群众性；真实性；针对性。其功能是达到灌输、导向、介绍、解疑、信息、舆论引导教育群众，弘扬正能量，唱响主旋律的作用。

新时代党宣传工作的主要内容包括，理论宣传教育；基本路线教育；党的方针政策教育；任务形势教育；爱国主义教育；集体主义教育；社会主义教育；共产主义教育；民主、法制、道德、公德教育；优良传统作风；马克思主义人生观；习近平新时代中国特色社会主义思想教育；社会主义核心价值观教育；革命传统教育；改革开放时代精神教育；对外宣传（讲好党的故事、中国故事、人民故事）等等。

党的宣传形式、方法多少式样，形式上有：口头、演讲、报告会、座谈会、个别谈话、文字宣传、报纸、刊物、书籍、墙报、形象化、音乐、广播、电视、电影、文学作品、示范性（展览现场会等）。方法有：系统、阶段、典型、比较、灌输、情感、激励、寓教于乐、超前、民主讨论、阵地。

党的宣传工作必须有纪律守底线防红线（五）纪律要求：（1）政治纪律；（2）组织纪律；（3）外宣纪律；（4）保密纪律。

四、党的统一战线工作

统战工作，实际上就是指党在一定历史条件下，为完成自己的战略任务而领导其他阶级阶层、政治团体以及一切可以团结的力量组成的政治联盟的工作。党的十九大表述为"统一战线是夺取革命、建设、改革事业胜利的重要法宝，是增强党的阶级基础、扩大党的群众基础、巩固党的执政地位的重要法宝，是全面建成小康社会、加快推进社会主义现代化、实现中华民族伟大复兴中国梦的重要法宝"。

新时代统战工作基本任务是高举爱国主义、社会主义旗帜，团结一切可以团结的力量，调动一切积极因素，努力化解消极因素，同心同德，群策群力、全力维护和发展安定团结的政治局面，促进社会主义民主和法制建设，为把我国建设成为社会主义现代化国家，为促进"一国两制"的实施，实现祖国统一大业而共同奋斗。

统战工作的基本方针，即党的统战工作十六字方针，"长期共存、互相监督、肝胆相照、荣辱与共"。

新时代党的统战工作必须以下原则：①坚持平等相待，充分尊重统一战线中各党派、各民族、各团体及其广大成员；②坚持民主协商，在协商中加强党的领导；③求同存异，正确对待统一战线中的各种差异和分歧；④坚持自我教育，不断提高统一战线成员的思想素质；⑤坚持真诚服务，切实帮助党外人士解决实际问题；⑥坚持广交朋友、注重做好党外代表人物工作；⑦坚持群众路线，依靠社会各方面力量做好统战工作；⑧坚持抓紧抓细，把各项统战工作落到实处。

统战对象范围不同时期也各不相同，新时代主要对象为党外知识分子；海外工作者；民族、宗教工作者；工商界人士；其他人员。

五、党的文秘工作

党的文秘工作是党的文书工作和秘书工作的总称，是党的工作重要组成部分。它直接为领导者、管理者或为领导机关、管理部门服务，承办文书事务，具有两大职能，一是参谋，二是办事。

党的文秘工作的功用有四项：

（1）枢纽作用：党办文秘协助领导处理全面工作，与上下、左右各部门取得联系，传达党的路线、方针、政策。贯彻上级党委的文件，下达党委的决策，了解基层党支部的工作情况，交流经验、听取各个方面的承上启下的总枢纽。成为文件吞吐、信息集散、决策下达、内外联系的总渠道，成为保证党委工作正常进行的重要环节。

（2）参谋、助手作用：党委的各项工作最初或最后大都是由党办去完成。办文、办事、办会、办信、接访；文件撰写、核校、信息的筛选综合，协助党委制定政策、法令，以及处理各种问题和进行日常事务的工作等，给党委出主意，想办法等。文秘工作人员的调查研究、搜集资料情况、掌握信息、所见所闻及时反映给党委领导人，便于决策。

（3）协调作用：党办在党委内部各职能部门之间起着平衡、协调作用。

（4）窗口作用：党办的文秘工作所表现的精神面貌、作风给党委及其领导人带来不同的声誉和影响。

党办文秘工作的基本任务包括（1）文书管理；（2）撰拟文稿；（3）档案管理和保密工作；（4）调查研究工作；（5）督促检查；（6）协调工作；（7）信息工作（收集、甄别、筛选、整理、反馈、追踪等）；（8）会务工作；(9) 信访；(10) 印信管理；(11) 值班；(12) 接待；(13) 保密工作；(14) 其他事务。等等。

问题讨论：

1. 如何理解党的宣传工作关键是把好政治关？

2. 如何理解新时代党的统一战线工作重要性？

3. 新时代为什么要加强党的纪检监察工作？一段时间，有人认为单位的纪检机构及人员设置是多余的，或者是"聋人的耳朵"，你是如何认识的？

4. 如何认识一个单位班子建设的重要性？

5. 如何理解"班长是班子的标杆"的提法？

第四节　党务工作制度

一、"三会一课"

1. 支部党员大会。每三个月召开一次。主要传达、学习党的路线方针政策和上级党组织的决议、指示，制定本支部贯彻落实的措施；听取、讨论支部委员会的工作报告，对其工作进行审查、监督；讨论接收新党员和预备党员转正；讨论决定对党员的表彰和处分；选举支部委员会和出席上级党代会的代表；讨论决定其他重要问题。

2. 党支部委员会。每月召开一次。主要研究贯彻执行上级党组织和支部党员大会决议的意见、支部工作计划、民主生活会等。

3. 党小组会。每月召开一次。主要组织党员学习政策理论，研究执行党支部的决议，汇报个人思想工作情况，开展批评与自我批评，研究如何做好群众的思想政治工作。

4. 党课。至少每季度一次，一般每月一次为好，也可根据党员干部思想状况、作风等适当进行。主要联系实际，抓好系统性的理论学习、辅导。

二、民主评议党员干部

1. 民主评议党员、干部工作，在乡党委领导下，由党支部具体组织，每年进行一次。

2. 民主评议党员，由全体党员和群众代表参加；民主评议干部，由全体党员、群众代表和党委派员参加，对全体村干部进行评议。

3. 民主评议党员、干部，根据年度工作总结、党员年度目标管理和党支部任期目标考核情况等，采取自评与互评、群众评议与组织审评、定量分析与定性分析相结合的办法进行。

4. 评议结果要公开，并作为评先树优、妥善处置不合格党员和上级党组织考察使用干部的重要依据。

5. 对不合格党员，限期整改（时间一般不超过一年），到期仍不改正的，予以劝退或除名。

三、民主生活会

1. 党内民主生活会，每半年召开 1 次，由书记主持。

2. 每次民主生活会，要根据上级组织要求和委员思想、工作等方面的情况，进行检查总结，开展批评与自我批评，统一认识，解决矛盾。

3. 民主生活会的日期和议程，要提前通知委员做好准备。同时，要采取多种形式，广泛听取党内外群众意见。

4. 民主生活会要充分发扬民主，畅所欲言，充分体现党内生活的思想性、原则性。

5. 因故缺席的委员可以提交书面发言，会议的情况和批评意见在会后由支部负责人转告缺席人员。

6. 会前要报请乡党委派人参加，以便了解情况，进行指导。会后，要向乡党委写出书面报告。

7. 民主生活会上检查和反映出的问题，要认真加以解决。

8. 各委员平时要经常开展谈心活动，交流思想，相互谅解和支持，努力维护班子的团结和统一。

四、党员联户

1. 按照"五好党员"的要求，根据居住相邻、产业相近、专业相同、利益共享的原则，采取党员自报、支部议定、被联系户认可，或支部直接确定、党员和群众协商同意的办法，一人联一户，一户联几户，或几人联一户，组建各种帮带组织。

2. 签订"三帮一保"（帮思想、帮钱物、帮技术，保证按期脱贫致富）责任书，领着群众学、做给群众看、带着群众干、帮着群众富。

3. 党支部每年一次对联户情况进行检查、考核和奖惩。对成绩突出的，报请上级党委授予"五好党员"称号。

五、党内选举

1. 进行选举时，有选举权的到会人数超过应到会人数的五分之四，会议有效。选举中，收回的选票等于或少于投票人数的选举为有效选举。进行选举时，有选举权的到会人数未超过应到会人数的五分之四，不得进行选举。选举中，收回的选票多于投票人数的选举为无效选举。

2. 根据党章和有关文件规定，中共正式党员（包括受警告、严重警告、撤销党内外职务处分的党员）都享有选举权和被选举权。预备党员、正在接受留党察看处分的党员，没有选举权和被选举权。被选举权，是指党员在党内选举中有被选举为党的各级组织和领导成员和出席上级党员代表大会代表的权利。

3. 党内选举和基本程序主要包括：选举名额的确定、候选人的酝酿提名、候选人的产生、选举领导机构的产生、候选情况介绍、规定投票方式和当选计票方法、进行选举、公布选举结果和确定当选人。

六、发展党员

1. 坚持入党自愿和个别吸收的原则，认真贯彻"坚持标准、改善结构、保证质量、慎重发展"的方针。

2. 严格程序。（1）在申请入党人向党组织提出正式申请后及时派人同申请人谈话。（2）由党小组从申请入党人中推荐（是团员的还要经团组织推荐），经支委会研究确定入党积极分子名单。（3）向全体党员公布入党积极分子名单，指定两名正式党员跟踪培养，吸收入党积极分子参加党内有关活动，半年一次考察，填写《培养考察写实簿》。（4）对入党积极分子进行1—2年培养后，进行全面考察和政审，对符合党员条件的，由支委会研究确定为发展对象。（5）基层党委对发展对象进行短期集中培训，时间一般5—7天（或不少于40个学时）。（6）指导发展对象填写《入党志愿书》。（7）召开支部党员大会，采取无记名投票的方式，对是否接收为预备党员进行表决。（8）上级党委派专人同申请人谈话，做进一步考察，在综合全面情况的基础上，党委集体研究做出审批意见。（9）组织被批准的预备党员进行入党宣誓，并编入党支部和党小组参加组织生活。（10）预备党员预备期满后，向党组织提出书面转正申请，经支部党员大会通过，转为正式党员。

七、党费收缴和管理

1. 农民党员每月交纳党费2角。在乡镇企业工作的农民党员和退离休在农村定居的党员干部、职工，参照有固定收入的党员党费收缴比例交纳。

2. 党费由本人按月足额交纳，一般情况下不允许代交、提前交纳或一次性集中补交。如暂时离开原支部按时交纳有困难，提前交纳或补交的时间不得超过6个月。无正当理由，连续6个月不交纳党费，视为自行脱党。

3. 党费应指定专人管理、专册记录、专立账目、定期上缴（党支部每半年上交基层党委一次）、定期公布（党支部每年向党员公布党费收缴情况）。任何人都不准以任何理由借支、扣压或侵占党费。

问题讨论

1. 谈谈你单位"三会一课"活动开展情况及收效。

2. 你的所在单位民主评议会议上批评与自我批评工作是如何进行的？

3. 党员大会上你能行使那些权利？
4. 发展新党员的标准、程序、要求是什么？
5. 你单位党日活动开展那些具体工作？
6. 党费上缴新要求是什么？

第五节　党委、党组、党总支、党支部区别

一、职能和隶属关系不同

1. 党委是由党员大会或党代表大会选举产生的，而党组的成员、书记、副书记都是由批准成立党组的党组织决定。

2. 党委可以直接接收或批准接收党员，而党组则不能。

3. 党委可以直接决定或批准对党员的纪律处分，党组一般不能直接决定或批准对党员的纪律处分。

4. 党委可以召开党代表大会（党员大会）或党代表会议，选举出席上级党代表大会的代表，而党组不能召开这些会议和选举出席党代表大会的代表。

5. 党委向同级代表大会负责并报告工作，并接受党的上级组织的领导，而党组则不是一级党委，必须在批准它成立的党组织领导下工作。

6. 党的委员会与下属单位党组织是领导关系，党组与下属单位党组织是指导关系。

党章规定，党的中央和地方各级委员会可以派出代表机构。这主要是为了加强对某一地区或某个行业、系统的领导而成立的一个领导机构，派出机关的职权由其派出的党的委员会根据工作需要确定。根据这一规定和目前的实际做法，派出机关主要有这四种类型：

1. 党的地区委员会或相当于地区委员会的组织。这是由党的省、自治区委员会在几个县、自治县、市范围内派出的代表机关。如中共某某省某某地

区工作委员会。

2. 党的机关工作委员会。这是由党的中央或地方委员会在同级党和国家机关派出的代表机关，如中共中央直属机关工作委员会。

3. 党的某行业、系统工作委员会。这是党的中央或地方委员会在某行业、系统派出的代表机关，如中共江苏省教育工作委员会。

4. 城市街道工作委员会。这是由党的地方委员会在城市街道派出的代表机关，如中共南京市鼓楼区宁海路街道工作委员会。党工委（全称：中国共产党XXX工作委员会）是一级党组织的委员会的派出机构，是指党的中央和地方各级委员会为了加强对同级党和国家机关或某行业（系统）、某地区的领导而派出的领导机构。

其类型：（1）由党中央和省、自治区、直辖市以及部分省辖市党的委员会在同级党和国家机关或某行业（系统）派出的工作委员会等；（2）由省、自治区党的委员会在几个县、市范围内派出的地方委员会；（3）少数县党的委员会在几个乡镇范围内派出的区委员会。

党的派出代表机关在派出它的党的委员会领导下开展工作，其职权由派出它的党的委员会根据需要确定。不同类型的派出代表机关的职权可以不同，如地区委员会领导本地区的全面工作，而机关工作委员会主要是负责本机关党的工作。

党的派出代表机关一般不能召开党的代表大会或党的代表会议，其领导成员由派出它的党的委员会任命。党委是党的各级委员会的简称。在我国，是指中国共产党的各级委员会，特指中国共产党的地方各级委员会和基层委员会。正式名称是"中国共产党XXX（某具体区域或单位）委员会"

二、组织机构不同

党组不是一级党组织，而是党在国家机关、人民团体、经济文化组织和其他非党组织的领导机关中设立的派出性机构，在上述组织中发挥着领导核心作用。党组的成员，由批准成立党组的党组织决定。党组必须服从批准它成立的党组织领导。

（一）党工委：是党的派出代表机关，是指党的中央和地方各级委员会为了加强对同级党和国家机关或某行业（系统）、某地区的领导而派出的领导机构。

（二）党委：一般情况下，党员人数超过100名的基层单位，经上级党组织批准，可成立党的基层委员会。有的基层单位党员人数虽然不足100名，但因特殊情况和工作需要，经上级党组织批准，也可以成立党的基层委员会。

（三）党总支：党员人数超过50名的基层单位，经上级党组织批准，可成立党的总支部委员会。有的基层单位党员人数虽然不足50名，但因特殊情况和工作需要，经上级党组织批准，也可以成立党总支委员会。

（四）党支部：正式党员人数超过3名、不足50名的基层单位，经上级党组织批准，可成立党支部。其中，党员人数超过7名的，应设支部委员会；党员人数不足7名的，只设书记1人，必要时可设副书记1名。正式党员人数虽然不足3名的，可以和临近单位的党员成立联合党支部。党的基层委员会由党员大会或党员代表大会选举产生，党的总支部委员会由党员大会选举产生。为完成某项临时性任务而成立的临时单位、临时机构、短期学习班等，经批准可以成立党的临时委员会、总支部委员会或支部委员会。临时党组织的书记、副书记和委员会委员由上级党组织指定。

问题讨论：

你能准确对全县党的组织机构进行分类吗？

推荐阅读书目（文件）

1.《抓党建促脱贫攻坚案例选·第一书记》（作者：中共中央组织部组织二局，党建读物出版社，2017年7月）

2.《"三会一课"案例选》（作者：本书编写组，党建读物出版社，2017年5月）

3.《新时期基层党务工作规程方法与案例启示丛书》共12册（作者：

欧阳奇，李庄等，人民出版社，2016最新修订）

4.《基层党务工作通用规程与实务精编丛书》共8册（作者：林汐，人民出版社，2016最新修订）

5.《机关党建工作辅导读本》（作者：本书编委会，人民日报出版社，2015年3月）

6.《图解基层党务工作一本通》（作者：石国亮，人民日报出版社，2015年6月）

7.《图解党支部工作一本通》（作者：石国亮，人民日报出版社，2015年3月）

8.《最新党务工作实务小百科全书》（作者：石磊，人民出版社，2014年1月）

9.《中国共产党发展党员工作辅导读本》（作者：欧阳旭辉，国家行政学院出版社，2014年7月）

10.《入党积极分子培训教材》（2016年最新修订版）中组部推荐（编者：本书编写组，人民出版社，2016年3月）

11.《党务通：新时期党务工作手册》（2016）（编者：本书编写组，中央文献出版社，2016年3月）

第二编 02
新时代党的基本理论

第三章

新时代马克思主义发展

第一节 马克思主义是什么

马克思主义是马克思、恩格斯在 19 世纪工人运动实践基础上而创立的理论体系。马克思主义理论体系包括三部分，即马克思主义哲学、马克思主义政治经济学、科学社会主义，分别是马克思、恩格斯受德国古典哲学、英国古典政治经济学、法国空想社会主义影响，并在此基础上创立的。马克思主义是关于全世界无产阶级和全人类彻底解放的学说，是马克思、恩格斯在批判地继承和吸收人类关于自然科学、思维科学、社会科学优秀成果的基础上于 19 世纪 40 年代创立的，并在实践中不断地丰富、发展和完善的无产阶级的思想体系。

马克思主义的诞生是为无产阶级革命斗争提供理论指导；简单来说，马克思主义是关于无产阶级和人类解放的学说，即人的解放学。是无产阶级及其政党十分严整而彻底的世界观，是无产阶级解放运动的理论，是无产阶级根本利益的科学表现。他们阐明了自然、社会和思维的发展规律，揭示了资本主义生产方式的固有的矛盾和资本主义社会的特殊运动规律等等。由于马克思学说涉及领域之广，使得社会学、政治学等学科分别都在自己的领域内对其进行阐释，因此还可以根据学科分工考察其内容。

马克思主义从狭义上讲是指马克思、恩格斯的观点、理论和学说的体系。具体地讲是指马克思、恩格斯关于哲学的观点、社会学理论和政治学说。从广义上讲，马克思主义不仅指马克思恩格斯创立的基本理论、基本观点和学说的体系，也包括继承者对它的发展，即在实践中不断发展的马克思主义。

马克思主义主要内容有三个方面：

如列宁主义、毛泽东思想、邓小平理论、习近平新时代中国特色社会主义思想。

问题讨论：

1. 为什么说物质是马克思主义哲学大厦基石？
2. 马克思主义唯物辩证法的三大原理是什么？
3. 价值规律与社会主义市场经济的关系是什么？
4. 人类社会发展的三大规律是否适合中国特色社会主义？为什么？
5. 科学社会主义的时代价值是什么？

第二节　马克思主义中国化

马克思主义中国化，一言以蔽之，就是将马克思主义的基本原理和中国革命与建设的实际情况相结合，从而得出适合中国国情的社会主义革命和建设道路。

在我们党内，毛泽东同志最早提出了马克思主义中国化的思想。1938年10月，毛泽东在中共六届六中全会的政治报告《论新阶段》中指出："离开中国特点来谈马克思主义，只是抽象的空洞的马克思主义。因此，马克思主义的中国化，使之在每一表现中带着必须有的中国的特性，即是说，按照中国的特点去应用它，成为全党亟待了解并亟待解决的问题。"

一、马克思主义中国化历史进程

马克思主义中国化是一个历史进程，即马克思主义的基本原理同中国的具体实际日益结合的过程。在一定意义上，中国共产党的历史就是一部提出和探索马克思主义中国化，并在实践中不断推进马克思主义中国化的历史。

党在幼年时期，由于理论准备和实践经验都不足，对于中国的历史和社会状况、中国革命的特点和规律不甚了解，还不善于将马克思列宁主义的理论同中国革命的实践相结合，使中国革命走了一些弯路，出现了严重的曲折。遵义会议以后，党的理论和实践逐步走上了正确的轨道。

在领导中国革命和建设的过程中，以毛泽东为主要代表的中国共产党人，把马克思列宁主义的基本原理同中国革命的具体实际结合起来，创立了毛泽东思想，第一次实现了马克思主义的中国化。在毛泽东思想指引下，中国共产党领导全国各族人民，取得了新民主主义革命的胜利，建立了人民民主专政的中华人民共和国；顺利地进行了社会主义改造，确立了社会主义基本制度；发展了社会主义的经济、政治和文化，初步探索了社会主义建设道路。

党的十一届三中全会以来，以邓小平为主要代表的中国共产党人，在总结国内外社会主义建设的历史经验特别是改革开放以来经验的基础上，初步回答了"什么是社会主义、怎样建设社会主义"这个首要的基本的理论问题，逐步形成了建设中国特色社会主义的路线、方针、政策，阐明了在中国建设社会主义、巩固和发展社会主义的基本问题，创立了邓小平理论，开辟了建设中国特色社会主义的正确道路，推进了马克思主义的中国化。

党的十三届四中全会以来，以江泽民为主要代表的中国共产党人，根据国内外形势和党的历史方位的新变化，进一步回答了什么是社会主义、怎样建设社会主义和建设什么样的党、怎样建设党的问题，深化了对中国特色社会主义的认识，形成了"三个代表"重要思想，实现了党的指导思想的又一次与时俱进，进一步推进了马克思主义的中国化。

党的十六大以来，以胡锦涛为总书记的党中央立足社会主义初级阶段基本国情，总结我国发展实践，借鉴国外发展经验，适应新的发展要求提出了"科学发展观"等重大战略思想，进一步回答了实现什么样的发展、怎样发展这一关系到中国未来前途和命运的重大问题，深化了党对共产党执政规律、社会主义建设规律、人类社会发展规律的认识，继续推进着马克思主义中国化的发展进程。

新时代中国特色社会主义思想，作为马克思主义中国化的最新理论成果、作为中国特色社会主义理论体系探索的最新理论成果，凝结了几代中国共产党人带领人民不懈探索实践的智慧和心血，是我们党集体智慧的结晶，是党和人民实践经验和集体智慧的结晶，是全党全国人民为实现中华民族伟大复兴而奋斗的行动指南。新时代中国特色社会主义思想的高度概括和明确提出，把我们党对共产党执政规律、社会主义建设规律、人类社会发展规律的认识提高到新的水平，开辟了当代中国马克思主义发展新境界。

问题讨论：

1. 如何理解习近平新时代中国特色社会主义思想是马克思主义的新发展论断？

2. 近代中国社会变革与马克思主义思想的关系？

3. 思考中国共产党的诞生、新民主主义革命、社会主义建设、改革开放、进入新时代实现伟大强国梦，与马克思主义中国化关系问题

第三节 马克思主义现实生命力

一、马克思主义的实践品格和理论品格

时代是思想之母，实践是理论之源。马克思、恩格斯指出，一切划时代的体系的真正的内容都是由于产生这些体系的那个时期的需要而形成起来的。从根本意义上说，马克思主义的生命力和当代价值就在于鲜明的实践品

格和与时俱进的理论品格，在于其立足实践，面向时代，关注和创造性地回答时代和实践提出的重大课题。

马克思主义是关于无产阶级和人类解放的学说，它的产生源于无产阶级斗争和解决无产阶级肩负的伟大历史使命这一实践和现实的需要，其认识和解释世界的目的在于改造世界。马克思主义之所以有着强大生命力，就在于它深刻揭示了自然界、人类社会、人类思维发展的普遍规律，为人类社会发展进步指明了方向；就在于它坚持实现人民解放、维护人民利益的立场，以实现人的自由而全面的发展和全人类解放为己任，反映了人类对理想社会的美好憧憬；就在于它揭示了事物的本质、内在联系及发展规律，是"伟大的认识工具"，是人们观察世界、分析问题的有力思想武器；就在于它具有鲜明的实践品格，不仅致力于科学"解释世界"，而且致力于积极"改变世界"。

马克思主义根植于实践中，创造性是马克思主义的根本特征。马克思、恩格斯不仅是学者而且是革命家，他们一生活动的核心就是为无产阶级和人类的解放而斗争。恩格斯1845年1月20日致马克思的信对这一点说得非常清楚。他对马克思说，"目前首先需要我们做的，就是写出几本较大的著作，以便给许许多多非常愿意干但自己又干不好的一知半解的人以一个必要的支点。"恩格斯曾说，"因为马克思首先是一个革命家。他毕生的真正使命，就是以这种或那种方式参加推翻资本主义社会及其所建立的国家设施的事业，参加现代无产阶级的解放事业，正是他第一次使现代无产阶级意识到自身的地位和需要，意识到自身解放的条件。斗争是他的生命要素。很少有人像他那样满腔热情、坚忍不拔和卓有成效地进行斗争。"

马克思主义作为科学的理论体系，作为文本，它不是教条不是公式，而是行动的指南，是一个创造性的、开放的、与时俱进的思想体系，作为一种实践一种运动，它必须创造性地与各国的实际情况相结合，体现时代性和民族性。

二、马克思主义的当代价值

一种学说的价值和作用取决于它所包含的真理性内容或它所提供的知识

和智慧。马克思主义诞生近170年来，经受住了社会实践的检验和各种非马克思主义思潮的挑战，以强大的生机和活力影响着世界，在世界范围掀起一次次"马克思热"。

当代世界需要马克思主义提供基本理论和方法。英国学者乔纳森·沃尔夫在《当今为什么还要研读马克思》中说，"无论从理论还是从实践方面来看，马克思的影响都是无法估量的，没有至少是对马克思思想的粗线条的评价，我们将根本无法把握当今世界，以及当今思想界的很多方面。光这一点就足以证明应当对马克思的思想予以密切关注。"当代世界向何处去？如何认识当代资本主义？如何认识当代社会主义？特别在经济全球化背景下，如何处理当代资本主义尤其是发达资本主义与新兴社会主义之间的关系？如何解决人类面临的生态文明问题、贫富对立问题、公平正义问题？可以说，对这些问题的科学认识和合理解决都离不开马克思主义的指导。马克思主义最善于从纷繁复杂的现象中抓住问题的本质，最善于从错综复杂的关系中理清关节点，最善于从聚讼纷纭的思潮中获得科学的真知。

党的十九大前夕，探索频道出品的三集电视纪录片"China：Time of Xi"（《中国：习近平时代》）10月14日起一连三天在探索频道亚太电视网首播，覆盖日本、韩国、澳大利亚、新西兰、印度、泰国、马来西亚等37个国家和地区的逾2亿收视户。16日晚美国探索频道完成首播，这是国际主流媒体首次播出全面、系统解读习近平总书记治国理政思想的节目。一本中国著作在不长的时间里，以22个语种、25个版本、625万余册的发行量风靡世界，因其蕴藏当代中国发展之道和解决世界难题的"中国方案"，被乌兹别克斯坦总统米尔济约耶夫视为"重要的思想源泉和实用的指导手册"，被柬埔寨首相洪森列入反复阅读书单。这本著作，就是《习近平谈治国理政》。这都说明，马克思主义的科学性和真理性及当代中国发展之道和解决世界难题的"中国方案"得到世界上越来越多人的认同。

三、发展马克思主义任重道远

当前中国马克思主义面临的迫切问题，仍然是如何将科学社会主义的基本原则与中国实际结合起来,深化关于社会主义本质的认识,在新的时代特点下统筹解决现实中的矛盾,推动中国特色社会主义发展。这也是马克思主义理论本身在当代创新的必由之路。

要解决实际中出现的矛盾和问题,首先需要在科学社会主义基本原则的指导下进行。如果背离了社会主义的一般原则和一般价值,我们的行动就可能出丑,社会矛盾的解决就可能发生偏差或无所作为。例如,现时被热议的收入差距、贪腐案件、食品安全、住房价格等,症结何在?研究文章写得不少,实证性对策也很深入,但如果看不到问题的实质,现象上的研究可能只是解决眼前问题而不解决根本问题。设想,如果撇开工人群众的利益和他们的参与,把董事长拍板当作企业"改制"的依据,这种改革还能进行下去吗?再试想,针对"看病难、看病贵"而实施的医疗体制改革,在"一切向钱看"的变形的医疗体制下,能得到老百姓的认可吗?

面对大大小小的矛盾和问题,需要具体对待、一一解决,需要设立和支持许多实证研究和应急课题。在我们事业的物质基础和理论准备都更加充分的今天,站在时代潮流前头的马克思主义者,应当从科学社会主义基本原则上来看待当前中国面对的矛盾的实质,高瞻远瞩,从容应对,把中国共产党人立足于中华民族现状对社会主义一般原则的理解、对当前纲领与一般纲领的辩证结合贯彻到中国特色社会主义实践中去。

当前实践中提出的问题要求我们应更深入地理解科学社会主义的基本原则,这样,我们解决问题的能力就更强,办法就更多,看待问题的眼光也才会更深远。例如,构建和谐劳动关系需要从多方面着手:健全和激活工会职能、加强对雇主的法制与政治教育、强化雇主组织的自律意识、形成有效的集体工资协商制度等,以形成符合社会主义原则的和谐劳资关系。再如,加强和创新社会管理,除了体制机制的、法律政策的途径,通过协调社会关系、规范社会行为、化解社会矛盾,深入细致的群众工作以及保持社会秩序、降低社会风险之外,更主要的是要明确执政为民宗旨、维护人民群众权益、促进社会公平正义、营造良好社会环境。

经验表明,如果不能深入探讨社会主义一般原则在中国的实践问题,往往会致使某种西方思潮每每在国内产生影响。如,有学者主张,我国社会也应像西方学者所推崇的那样建成所谓"橄榄形社会"(两头小中间大),甚至有主流媒体也将其称之为"理想的"社会结构。这实在是把西方社会现实复制到当代中国社会的误导。中国共产党人和中国特色社会主义代表的是绝大多数中国人民的根本利益,而不是社会民主党自我标榜的代表"中产阶级"。把民主社会主义的主张,当作中国特色社会主义的主张,把社会民主党的实践当作共产党人的目标,岂不是放弃科学社会主义的基本原则?"橄榄形社会结构"论在中国的"受欢迎",既说明把照搬西方思潮当作创新的研究方法在作怪,也说明我国理论建设上对于科学社会主义基本原则研究的不足。

历史经验告诉我们:对于马克思主义我们不能搞教条,谁搞洋教条,谁就会付出惨重的代价。以菲律宾为例,大概没有一个发展中国家的西化能比菲律宾更彻底。菲律宾选择的是一条全盘西化、用一个亲西方的政府取而代之的西化模式,菲律宾的政治体系和制度照搬美国、三权分立、政教分离,很长时间内被视为亚洲的"民主橱窗"。但是,"民主橱窗"的美誉之下是政府和人民的需求严重脱节,人民迟迟摆脱不了贫困,国家长期处于动荡之中。世界许多国家和地区在发展中由于美国模式的影响,出现了光怪陆离的反民主现象。台湾地区的政党恶斗、贪腐盛行、经济下滑、族群对立就是一个明证。"欧洲社会主义"目前最大的困难是发展动力不足,增长缓慢,高税赋、高福利造成繁重的发展负担。科学社会主义的理想是实现共产主义,形成以每个人的自由发展为一切人自由发展条件的"自由人的联合体",而不是社会民主主义或民主社会主义。福利制度和社会保障制度,并不是瑞典模式最根本的东西。福利制度和社会保障制度是我们可以学习和借鉴的东西,我国目前也正在加大对社会保障的投入,正在加快推进建设一个覆盖城乡居民的社会保障体系。

现时社会问题确实不少,中国马克思主义的理论准则要将所有这些直接的具体的矛盾集中为如何看待和解决这些问题的立场观点方法,根据科学社会主义的基本原则,在中国特色社会主义道路上、在科学发展中来解决。在中国总体上进入小康水平的现时,有可能也有必要深入领会社会主义的一般价值，来匡正和重塑社会前行的足迹，坚定不移地坚持和发展中国特色社会主义。

现在，社会主义核心价值体系正在被广泛讨论，说明人们对中国马克思主义的关注。实际上，社会主义核心价值问题与我们所论"科学社会主义基本原则"是同一问题的正反两面，社会主义基本原则是从客观规律上来说的，"社会主义核心价值"是从主观认同上说的。社会主义的价值和原则是矫正社会弊端的一个纲。众望所归，纲举目张。一个个具体的矛盾需要解决，人民群众的呼声和期盼需要正视，但解决问题的指导思想既要顾及眼前，又要思考长久，不是就事论事，而是由社会主义原则一以贯之。这就是科学社会主义在现时代的历史使命，是当前中国马克思主义的现实作为。

问题讨论：

1. 马克思主义是否过时？
2. 如何认识马克思主义理论现实发展问题？
3. 如何理解"中国模式"是对马克思主义的最好证明的论断？
4. 朝鲜年轻的领导人2018年提出进行经济体制改革，加强经济建设，改善人民生活的设想，说明了什么？

第四节　做新时代坚定的马克思主义理论工作者

2018年4月23日下午，中共中央政治局就《共产党宣言》及其时代意义举行第五次集体学习。习近平在主持学习时强调，学习马克思主义基本理论是共产党人的必修课。我们重温《共产党宣言》，就是要深刻感悟和把握马克思主义真理力量，坚定马克思主义信仰，追溯马克思主义政党保持先进性和纯洁性的理论源头，提高全党运用马克思主义基本原理解决当代中国实际问题的能力和水平，把《共产党宣言》蕴含的科学原理和科学精神运用到统揽伟大斗争、伟大工程、伟大事业、伟大梦想的实践中去，不断谱写新时代坚持和发展中国特色社会主义新篇章。

《共产党宣言》是一部科学洞见人类社会发展规律的经典著作，是一部充满斗争精神、批判精神、革命精神的经典著作，是一部秉持人民立场、为人民大众谋利益、为全人类谋解放的经典著作。马克思主义理论的科学性和革命性源于辩证唯物主义和历史唯物主义的科学世界观和方法论，为我们认识世界、改造世界提供了强大思想武器，为世界社会主义指明了正确前进方向。《共产党宣言》是一个内容丰富的理论宝库，值得我们反复学习、深入研究，不断从中汲取思想营养。

习近平指出，学习运用《共产党宣言》，就要不忘初心、牢记使命，始终把人民放在心中最高位置，更好增进人民福祉，推动人的全面发展、社会全面进步。要着眼于满足人民日益增长的美好生活需要，贯彻新发展理念，着力解决发展不平衡不充分的问题，提高发展质量，不断提高人民生活品质、生活品位，让发展成果更多更公平惠及全体人民，既尽力而为又量力而行，促进社会公平正义，在幼有所育、学有所教、劳有所得、病有所医、老有所养、住有所居、弱有所扶上不断取得新进展，不断朝着全体人民共同富裕迈进。

广大党员、干部特别是高级干部要学好用好《共产党宣言》等马克思主义经典著作，坚持学以致用、用以促学，原原本本学，熟读精思、学深悟透，熟练掌握马克思主义立场、观点、方法，不断提高马克思主义理论素养。

一、坚定"四个自信"，不仅姓"马"，而且信"马"

一个国家马克思主义者的自信力和理论研究成果的可信度，从根本上取决于马克思主义在该国实践中所取得的成就。中国特色社会主义道路的伟大实践，在价值上坚守了世界社会主义500年蕴含的价值理想，在理论上继承了科学社会主义170年所坚持的科学原则，在实践上吸取了社会主义国家发展过程中的有益经验和教训，是在改革开放30多年的伟大实践中走出来的，是在中华人民共和国成立60多年的持续探索中走出来的，是在对近代以来

170多年中华民族发展历程的深刻总结中走出来的,是在对中华民族5000多年悠久文明的传承中走出来的。中国特色社会主义的力量,就是马克思主义中国化的力量,就是马克思主义真理的力量。站在新的历史起点上,我们有理由更加坚定"四个自信",不仅姓"马",而且信"马",马克思主义不仅是一种学说,而且是一种信仰。

二、面向时代,面向现实,履行时代使命与担当

马克思主义中国化取得了重大成果,但还远未结束。中国特色社会主义实践,就是当代中国马克思主义的源头活水。马克思主义真正发挥作用必须有一大批矢志不渝为之奋斗的忠诚信仰者和实践者,努力推进实践基础上的理论创新。习近平总书记在哲学社会科学工作座谈会上指出:"这是一个需要理论而且一定能够产生理论的时代,这是一个需要思想而且一定能够产生思想的时代。我们不能辜负了这个时代。"一个坚定的马克思主义理论工作者,要面向时代,面向现实,坚持问题意识、关注实践前沿,有为人类幸福而奋斗的激情和热情,立时代之潮头、通古今之变化、发思想之先声,以饱满昂扬的精神状态推进实践基础上的理论创新,积极为党和人民述学立论、建言献策,履行时代赋予的光荣使命和责任担当。

三、超越个体生命长度,放眼马克思主义理论的厚度和深度

马克思17岁时在《青年在选择职业时的考虑》一文中写道:"如果我们选择了最能为人类福利而劳动的职业,那么,重担就不能把我们压倒,因为这是为大家而献身;那时我们所感到的就不是可怜的、有限的、自私的乐趣,我们的幸福将属于千百万人"。这段话揭示了一个真正的马克思主义理论工作者的初心和使命。的确,我们每个人的生命是有限的,但我们不能以个体生命的长度衡量马克思主义理论的厚度和深度。着眼于无产阶级和人类解放事业,我们深感,今天作为个体坚定的新时代马克思主义理论工作者的意义是何等深远和重大。

一要深入学习领会马克思主义理论体系。要大力弘扬理论联系实际的马

克思主义学风，引导广大党员、干部紧密结合改革开放和现代化建设的实际，紧密结合自己的思想和工作实际学习运用马克思主义理论体系，努力掌握贯穿其中的马克思主义立场、观点、方法，做到真学、真懂、真信、真用，不断提高理论素质、党性修养、实际能力，更好地为坚持和发展中国特色社会主义服务。

二要大力加强马克思主义理论体系研究。实践是不断发展的，理论创新也必须不断推进。这就要求我们在建设和发展中国特色社会主义的伟大实践中，善于不断总结新鲜经验，以新的重大理论观点和重大战略思想不断充实、丰富和发展中国特色社会主义理论体系。

问题讨论：

1. 如何认识发展马克思主义是时代要求？
2. 如何理解马克思主义大众化是一个长期过程，艰巨任务？

推荐阅读书目

1. 《马列主义经典著作选编（党员干部读物）》；
2. 《马列主义经典著作选编学习导读》（编者：中共中央组织部、中共中央宣传部、中共中央编译局，党建读物出版社、学习出版社，2011年6月）
3. 《共产党宣言》（作者：马克思、恩格斯，人民出版社）

第四章

新时代新思想

新时代新思想集中体现于党的十九大报告中。报告主题为《决胜全面建成小康社会 夺取新时代中国特色社会主义伟大胜利》。报告以"不忘初心,牢记使命"开头,以"大道之行、天下为公"结尾,提出了新时代、新使命、新思想、新篇章、新征程,进一步指明了党和国家事业的前进方向,是我们党团结带领全国各族人民在新时代坚持和发展中国特色社会主义的政治宣言和行动纲领,是我们党必须长期坚持的指导思想。十九大报告的总体思路,很具文学性,是按照"具体(讲了五年干了什么,干成了什么,有数字,有比较,非常具体)——抽象(上升到理论层面,讲明了新时代新思想的内涵、结构、定位、意义等)——再具体(我们究竟用新时代新思想如何推动工作)"三部分来谋篇布局的。

十九大报告最大的核心内容是什么?就是新时代新思想。

十九大报告全文32000多字,十三个部分组成。

一、过去五年的工作和历史性变革;

二、新时代中国共产党的历史使命;

三、新时代中国特色社会主义思想和基本方略;

四、决胜全面建成小康社会,开启全面建设社会主义现代化国家新征程;

五、贯彻新发展理念,建设现代化经济体系;

六、健全人民当家作主制度体系,发展社会主义民主政治;

七、坚定文化自信，推动社会主义文化繁荣兴盛；

八、提高保障和改善民生水平，加强和创新社会治理；

九、加快生态文明体制改革，建设美丽中国；

十、坚持走中国特色强军之路，全面推进国防和军队现代化；

十一、坚持"一国两制"，推进祖国统一；

十二、坚持和平发展道路，推动构建人类命运共同体；

十三、坚定不移全面从严治党，不断提高党的执政能力和领导水平。

第一节 十九大报告主题

党的十九大主题是，不忘初心，牢记使命，高举中国特色社会主义伟大旗帜，夺取新时代中国特色社会主义伟大胜利，为实现中华民族伟大复兴的中国梦不懈奋斗。

十九大主题，鲜明回答了我们党举什么旗、走什么路、以什么样的精神状态、担负什么样的历史使命、实现什么样的奋斗目标等重大问题，对我们党带领人民奋发图强、开拓进取具有十分重大的意义。

不忘初心，牢记使命，郑重宣示，中国共产党人的初心和使命，就是为中国人民谋幸福，为中华民族谋复兴。这个初心和使命是激励中国共产党人不断前进的根本动力。

高举中国特色社会主义伟大旗帜，郑重宣示，在未来的征程上，我们既不走封闭僵化的老路，也不走改旗易帜的邪路，而是坚定不移走中国特色社会主义道路。中国特色社会主义是改革开放以来党的全部理论和实践的主题，是党和人民历尽千辛万苦、付出巨大代价取得的根本成就。全党要更加自觉地增强道路自信、理论自信、制度自信、文化自信，保持政治定力，坚持实干兴邦，始终坚持和发展中国特色社会主义。

决胜全面建成小康社会，这是到2020年必须完成的奋斗目标，完成这个目标还有不少难关要过。决胜就是冲锋号，就是总动员，必须举全党全国之力，实现第一个百年奋斗目标。

夺取新时代中国特色社会主义伟大胜利，为实现中华民族伟大复兴的中国梦不懈奋斗，是要表明，全面建成小康社会是党和国家事业发展的一个阶段性目标，这个目标实现之后，要乘势而上，以永不懈怠的精神状态和一往无前的奋斗姿态，继续朝着实现中华民族伟大复兴的中国梦的宏伟目标奋勇前进。

旗帜引领方向，道路决定命运。在中国革命、建设、改革各个历史时期，我们党都鲜明地举起了代表时代进步潮流、符合人民根本利益的旗帜，动员和鼓舞人民为创造中国人民的幸福生活和中华民族的伟大复兴而奋斗。中国特色社会主义伟大旗帜，是当代中国发展进步的旗帜，是全党全国各族人民团结奋斗的旗帜；中国特色社会主义道路是实现我国社会主义现代化的必由之路，是创造人民美好生活的必由之路。党要团结带领全国各族人民夺取新时代中国特色社会主义伟大胜利，就必须坚定不移地高举中国特色社会主义伟大旗帜，坚定不移地走中国特色社会主义道路。习近平总书记指出："中国是一个大国，决不能在根本性问题上出现颠覆性错误，一旦出现就无法挽回、无法弥补。"

"经过长期努力，中国特色社会主义进入了新时代"，这是十九大对我国发展新的历史方位做出的重大政治判断。把习近平新时代中国特色社会主义思想作为党必须长期坚持的指导思想，是党的十九大最大的亮点，是对党的发展的历史性贡献。准确理解和把握十九大主题，必须深刻认识中国特色社会主义进入新的发展阶段，党和国家事业站到了新的历史起点上；深刻认识习近平新时代中国特色社会主义思想是马克思主义中国化最新成果，是我们进行伟大斗争、建设伟大工程、推进伟大事业、实现伟大梦想的科学指南。所以，整个十九大报告就是围绕习近平新时代中国特色社会主义思想来安排和部署未来一个时期。

主题是报告的灵魂。学习贯彻党的十九大精神，首先要深刻领会报告阐明的大会主题。这是全面准确把握党的十九大精神的前提，也是我们迈向新时代、开启新征程、续写新篇章的基本要求。

问题讨论：

1. 十九大报告主题内容之间的内在关系是什么？

2. 十九大主题强调我们要走什么路？举什么旗？目标任务是什么以及怎么干？结合实际工作谈谈自己思想。

第二节　新时代新思想的坚实基础

十八大以来的 5 年，是党和国家发展进程中极不平凡的 5 年。面对世界经济复苏乏力、局部冲突和动荡频发、全球性问题加剧的外部环境，面对我国经济发展进入新常态等一系列深刻变化，我们坚持稳中求进工作总基调，迎难而上，开拓进取，取得了改革开放和社会主义现代化建设的历史性成就。解决了许多长期想解决而没有解决的难题，办成了许多过去想办而没有办成的大事，为新思想的孕育诞生做了充分准备。

这 5 年的改革是全方位的、开创性的，5 年来的变革是深层次的、根本性的。新时代新思想的坚实基础，除以上内容外，更为突出的是，5 年来，我们党以巨大的政治勇气和强烈的责任担当，提出一系列新理念新思想新战略，出台一系列重大方针政策。一是提出了五大发展新理念：创新、协调、绿色、开放、共享。"五大发展理念"的每一个方面在继承基础上都体现了时代特征和新内容。二是形成治国理政新理论。习近平同志曾经在 2014 年出版了一本专著，书名叫作《习近平谈治国理政》，不但有中文版还出版了 21 个语种、24 个版本在全球发行。《习近平谈治国理政》围绕治国理政发表了大量讲话，提出了许多新思想、新观点、新论断，深刻回答了新的历史条件下党和国家发展的重大理论和现实问题，集中展示了中国共产党新一届中央领导集体的治国理念和执政方略。三是形成"四个全面"新战略。习近平同志 2014 年 12 月 13、14 日在江苏考察调研时明确提出"四个全面"战略布局，"全面建成小康社会、全面深化改革、全面依法治国、全面从严治党"，具有战略性、纲领性和宏观布局和顶层设计的气势。四是形成"两个布局"的方针举措。2016年党的十八届六中全会指出："团结带领全党全国各族人民同心协力、苦干实干，统筹推进'五位一体'总体布局和协调推进'四个全面'战略布局"。"两个布局"构成所有工作的重大方针政策。

经过长期努力和近5年突飞猛进，中国特色社会主义进入了新时代奠定了坚实的基础。

问题讨论：

1. 为什么说十八大以来的5年的成就是全方位的、开创性的？

2. 为什么说十八大以来的变化是历史性的变革？

3. 谈谈你对十八大以来反腐工作进行的"打虎""拍蝇""猎狐"的感受。

4. 十九大报告中提到的"解决了许多长期想解决而没有解决的难题，办成了许多过去想办而没有办成的大事"，你是如何理解这里说的"难题""大事"的？你的感受是什么？

5. 谈谈你对"新时代"的理解？

第三节　新时代新思想的精髓要义

一、两个重要判断

重要判断之一——中国特色社会主义进入了新时代

（一）新时代的历史意义（三个意味着）

1. 意味着近代以来久经磨难的中华民族迎来了从站起来、富起来到强起来的伟大飞跃，迎来了实现中华民族伟大复兴的光明前景。解决了挨打、挨饿、挨骂的问题，第一次飞跃是"站起来"，1949年中华人民共和国成立，毛泽东同志宣布中国人民站起来了。新中国成立之前，中国人民饱受屈辱；

新中国成立之后，我们挺直了腰杆做主人。这就叫"站起来"。第二次飞跃是"富起来"，新中国成立之初，我们国家还比较穷。1978年改革开放之后，我国经济社会迅猛发展。第三次飞跃是"强起来"，也就是全面建设社会主义现代化强国。这个强，体现在什么方面？比如，在经济总量上，我国稳居世界第二。再比如，国际上有了话语权，此外，我国不仅经济实力要强起来，在军事、文化等方面也要成为世界强国。

2. 意味着科学社会主义在21世纪的中国焕发出强大生机活力，在世界上高高举起了中国特色社会主义伟大旗帜；

3. 意味着中国特色社会主义道路、理论、制度、文化不断发展，拓展了发展中国家走向现代化的途径，给世界上那些既希望加快发展又希望保持自身独立性的国家和民族提供了全新选择，为解决人类问题贡献了中国智慧和中国方案。什么是中国智慧和中国方案？比如当今世界存在很多难题、困境，中国特色社会主义不仅解决了中国自身的问题，也为世界解决了共同性的问题，这就形成"中国智慧""中国方案"。例如，中国的精准脱贫，消灭贫困。消除贫困，自古以来就是人类梦寐以求的理想。今天，全球范围仍有7亿极端贫困人口，其中一半生活在撒哈拉以南非洲地区，1/3在南亚。如何找到一条适合自身、富有有效的减贫道路，许多发展中国家正在艰难探索。正如非盟委员会主席法基所说，中国发展经验值得整个世界借鉴，特别是对于非洲这样渴望推进经济和社会发展的地区。联合国秘书长古特雷斯则相信，中国在减贫方面的成就对全球产生了积极的"溢出效应"。

（二）新时代的内涵

1. 是承前启后、继往开来、在新的历史条件下继续夺取中国特色社会主义伟大胜利的时代。

2. 是决胜全面建成小康社会、进而全面建设社会主义现代化强国的时代。

3. 是全国各族人民团结奋斗、不断创造美好生活、逐步实现全体人民共同富裕的时代。

4. 是全体中华儿女勠力同心、奋力实现中华民族伟大复兴中国梦的时代。

5. 是我国日益走近世界舞台中央、不断为人类做出更大贡献的时代。

十九大报告中提到的"五个时代",就是新时代的五个方面含义,可归纳为,伟大胜利的时代、现代化强国的时代、共同富裕的时代、中华民族伟大复兴中国梦的时代、为人类做出更大贡献的时代。我们走近了世界舞台中央,不单要为我们自己的国家做出贡献,也要不断地为人类做出更大贡献。

(三)新时代的历史使命

实现中华民族伟大复兴是我们的宏伟目标,我们称之为中国梦,也就是伟大梦想,更是新时代的历史使命。我们要实现伟大梦想,必须进行伟大斗争、建设伟大工程、推进伟大事业。十九大报告用伟大梦想将其他三个伟大串在一起,进行分析阐述。

实现伟大梦想,必须进行伟大斗争。讲到斗争,不是所有的斗争都是伟大的,之所以称其为伟大斗争,就是因为我们要应对重大挑战、抵御重大风险、克服重大阻力、解决重大矛盾,这些斗争具有长期性、复杂性、艰巨性。

实现伟大梦想,必须建设伟大工程。这个伟大工程就是我们党正在深入推进的党的建设新的伟大工程。

实现伟大梦想,必须推进伟大事业。这个伟大事业就是中国特色社会主义事业,我们只有推进这个伟大事业,才能够实现我们的伟大梦想。

在十八大当选为中共中央总书记后,习近平同志率中央政治局常委全体到国家博物馆参观《复兴之路》,在发表讲话时提出,"实现中华民族伟大复兴,就是中华民族近代以来最伟大的梦想"。十九大报告指出,我们比历史上任何时期都更接近、更有信心和能力实现中华民族伟大复兴的目标。这句话就告诉我们,我们一是更接近了这个目标,再一个是更有信心和能力实现这个目标。

对于"四个伟大"应该把它们当作一个统一的整体来看待,伟大斗争,伟大工程,伟大事业,伟大梦想,紧密联系、相互贯通、相互作用,其中起决定性作用的是党的建设新的伟大工程。这是对伟大斗争、伟大工程、伟大事业、伟大梦想内在联系和逻辑关系的清晰阐释。办好中国的事情，关键在党。我们党作为一个有8900多万名党员、450多万个党组织的党，作为一个在有着13亿多人口的大国长期执政的党，党的建设关系重大、牵动全局。党和人民事业发展到什么阶段，党的建设就要推进到什么阶段。中国特色社会主义进入新时代，党要团结带领人民进行伟大斗争、推进伟大事业、实现伟大梦想，必须毫不动摇坚持和完善党的领导，毫不动摇把党建设得更加坚强有力。推进伟大工程，要结合伟大斗争、伟大事业、伟大梦想的实践来进行，确保党在世界形势深刻变化的历史进程中始终走在时代前列，在应对国内外各种风险和考验的历史进程中始终成为全国人民的主心骨，在坚持和发展中国特色社会主义的历史进程中始终成为坚强领导核心。

（四）新时代中国特色社会主义思想（八个明确）

第一，明确坚持和发展中国特色社会主义，总任务是实现社会主义现代化和中华民族伟大复兴，在全面建成小康社会的基础上，分两步走在21世纪中叶建成富强民主文明和谐美丽的社会主义现代化强国；

第二，明确新时代我国社会主要矛盾是人民日益增长的美好生活需要和不平衡不充分的发展之间的矛盾，必须坚持以人民为中心的发展思想，不断促进人的全面发展、全体人民共同富裕；

第三，明确中国特色社会主义事业总体布局是"五位一体"、战略布局是"四个全面"，强调坚定道路自信、理论自信、制度自信、文化自信；

第四，明确全面深化改革总目标是完善和发展中国特色社会主义制度、推进国家治理体系和治理能力现代化；

第五，明确全面推进依法治国总目标是建设中国特色社会主义法治体系、建设社会主义法治国家；

第六，明确党在新时代的强军目标是建设一支听党指挥、能打胜仗、作风优良的人民军队，把人民军队建设成为世界一流军队；

第七，明确中国特色大国外交要推动构建新型国际关系，推动构建人类命运共同体；

第八，明确中国特色社会主义最本质的特征是中国共产党领导，中国特色社会主义制度的最大优势是中国共产党领导，党是最高政治领导力量，提出新时代党的建设总要求，突出政治建设在党的建设中的重要地位。

党的十九大鲜明提出并系统阐发了习近平新时代中国特色社会主义思想，在党章中把习近平新时代中国特色社会主义思想同马克思列宁主义、毛泽东思想、邓小平理论、"三个代表"重要思想、科学发展观一道确立为党的行动指南，这是党的十九大的一个突出亮点和重大的历史贡献。党的十八大以来，以习近平同志为主要代表的中国共产党人，顺应时代发展，从理论和实践结合上系统回答了新时代坚持和发展什么样的中国特色社会主义、怎样坚持和发展中国特色社会主义这个重大时代课题，创立了习近平新时代中国特色社会主义思想。这一思想，深刻回答了新时代坚持和发展中国特色社会主义的总目标、总任务、总体布局、战略布局和发展方向、发展方式、发展动力、战略步骤、外部条件、政治保证等基本问题，为中国特色社会主义注入了新的科学内涵，丰富发展了中国特色社会主义理论体系，以全新的视野深化了对共产党执政规律、社会主义建设规律、人类社会发展规律的认识。党的十九大报告概括的"八个明确"，构成了习近平新时代中国特色社会主义思想的主要内容。

（五）新时代中国特色社会主义思想的历史定位（五点）

一是对马克思列宁主义、毛泽东思想、邓小平理论、'三个代表'重要思想、科学发展观的继承和发展，二是马克思主义中国化最新成果，三是党和人民实践经验和集体智慧的结晶，四是中国特色社会主义理论体系的重要组成部分，五是全党全国人民为实现中华民族伟大复兴而奋斗的行动指南，必须长期坚持并不断发展。

这"五个是"，明确了习近平新时代中国特色社会主义思想的历史地位，深刻揭示了习近平新时代中国特色社会主义思想的重大理论和实践意义。一是继承性，阐明习近平新时代中国特色社会主义思想与马克思主义及其中国化成果既一脉相承又与时俱进。二是创新性，阐明习近平新时代中国特色社会主义思想开辟了马克思主义新境界、中国特色社会主义新境界、治国理政新境界、管党治党新境界。三是时代性，阐明习近平新时代中国特色社会主义思想在马克思主义中国化进程中的时代意义和时代特色。

（六）新时代的基本方略

1. 坚持党对一切工作的领导；2. 坚持以人民为中心；3. 坚持全面深化改革；4. 坚持新发展理念；5. 坚持人民当家做主；6. 坚持全面依法治国；7. 坚持社会主义核心价值体系；8. 坚持在发展中保障和改善民生；9. 坚持人与自然和谐共生；10. 坚持总体国家安全观；11. 坚持党对人民军队的绝对领导；12. 坚持"一国两制"和推进祖国统一；13. 坚持推动构建人类命运共同体；14. 坚持全面从严治党。

这14条，涵盖党的领导和全面从严治党，涵盖统筹推进"五位一体"总体布局和协调推进"四个全面"战略布局，涵盖国防和军队建设、维护国家安全、"一两国制"和祖国统一、对外战略，体现了党的基本纲领、基本经验、基本要求的内涵，构成了新时代坚持和发展中国特色社会主义的基本方略。必须全面贯彻党的基本理论、基本路线、基本方略，更好引领党和人民事业发展。

（七）新思想的主旨核心是"四个自信"

道路自信就是坚信中国特色社会主义这条道路能够走下去，并最终能够取得胜利。这个自信是非常重要的，为什么呢？因为我们现在碰到很多问题，有的人要我们走封闭僵化的老路，有的人鼓吹改旗易帜的邪路。因此，我们要做到道路自信，排除"左"和右的干扰，坚定不移地走我们自己的路。

理论自信就是对马克思主义的信仰、对社会主义和共产主义的信念要有自信。习近平同志很形象地说，"理想信念就是共产党人精神上的'钙'，没有理想信念，理想信念不坚定，精神上就会'缺钙'，就会得'软骨病'"。因此，我们必须强调理论自信。

制度自信，中国特色社会主义最重要的是要建立一整套的制度。对于这个制度，邓小平同志在1992年曾经做了一个分析，"恐怕再有30年的时间，我们才会在各方面形成一整套更加成熟、更加定型的制度"。我们现在进行的制度建设是按照邓小平同志1992年提出来的时间表进行的，也就是在

2020年前后我们要形成一整套更加成熟、更加定型的制度。我们要有这样的制度自信。

文化自信，在习近平同志看来可以说是最重要的。因为文化是更基础更广泛更深厚的一种自信。中华民族有5000年多文明发展历史，孕育了灿烂的中华文化。在中华优秀文化中，我们讲的是"大同世界""大道之行，天下为公"，这是中国文化的基因。我们建设社会主义如果不讲文化传统，离开了深厚积淀，就没有土壤，那只能沦为肤浅。

重要判断之二——社会主要矛盾

我国社会主要矛盾已经转化为人民日益增长的美好生活需要和不平衡不充分的发展之间的矛盾。对社会主要矛盾的判断历来具有根本性关键性。关于我国社会主要矛盾，发生了四次变化。

"社会主要矛盾"的四次变化

第一次变化，1956年我国建立了社会主义制度，进入了社会主义社会。因此，党的八大对社会主要矛盾进行分析，并提出"人民对于经济文化迅速发展的需要同当前经济文化不能满足人民需要的状况之间的矛盾"。可以说，党的八大对当时的社会主要矛盾的分析是非常正确的。

第二次变化，1969年党的九大提出，社会主义社会是一个相当长的历史阶段。在这个历史阶段中，始终存在着阶级、阶级矛盾和阶级斗争，存在着社会主义同资本主义两条道路的斗争。这就使阶级斗争成为社会主要矛盾。

第三次变化，1981年党的十一届六中全会审议和通过的《关于建国以来党的若干历史问题的决议》提出，"我国所要解决的主要矛盾，是人民日益增长的物质文化需要同落后的社会生产之间的矛盾"。

第四次变化，十九大报告指出，中国特色社会主义进入新时代，我国社会主要矛盾已经转化为人民日益增长的美好生活需要和不平衡不充分的发展之间的矛盾。从党的八大算起已经过去60多年，改革开放也已经近40年，我国社会主要矛盾在社会需求和社会生产这两个方面都发生了变化。党的十九大做出这一重大政治论断，是有充分根据的。从社会需求看，我们不久将全面建成小康社会，人民美好生活需要日益广泛，呈现出多样化多层次多方面的特点。只讲"物质文化需要",已经不能真实反映人民群众变化了的需求。从社会生产看,我国社会生产力水平总体上显著提高,社会生产能力在很多方面进入世界前列,经济总量稳居世界第二。再讲"落后的社会生产",也已经不符合实际了。影响满足人民美好生活需要的因素有很多,但主要是发展不平衡不充分问题,其他问题归根结底都是由这个问题造成或派生的。从原来讲的"物质文化需要"到"美好生活需要",从解决"落后的社会生产"问题到解决"不平衡不充分的发展"问题,这反映了我国社会发展的巨大进步,反映了发展的阶段性要求,也反映了党和国家事业发展的重点要求。尽管我国社会主要矛盾已经转化为人民日益增长的美好生活需要和不平衡不充分的发展之间的矛盾,但有两个方面情况没有变,一是我国仍处于并将长期处于社会主义初级阶段的基本国情没有变,二是我国是世界最大发展中国家的国际地位没有变。也叫"一变两不变"。

二、两个重要时期

之一,从现在起到 2020 年:全面建成小康社会决胜期。抓重点、补短板、强弱项,特别是要坚决打好防范化解重大风险、精准脱贫、污染防治的攻坚战,使全面建成小康社会得到人民认可、经得起历史检验。

之二、从十九大到二十大:(2017－2022)两个一百年奋斗目标的历史交汇期。我们既要全面建成小康社会、实现第一个百年奋斗目标,又要乘势而上开启全面建设社会主义现代化国家新征程。

三、两个阶段("两步走")

第一阶段,从 2020 年到 2035 年,在全面建成小康社会的基础上,再奋斗十五年,基本实现社会主义现代化。

到那时,我国经济实力、科技实力将大幅跃升,跻身创新型国家前列;人民平等参与、平等发展权利得到充分保障,法治国家、法治政府、法治社会基本建成,各方面制度更加完善,国家治理体系和治理能力现代化基本实现;社会文明程度达到新的高度,国家文化软实力显著增强,中华文化影响更加广泛深入；人民生活更为宽裕，中等收入群体比例明显提高，城乡区域发展差距和居民生活水平差距显著缩小，基本公共服务均等化基本实现，全体人民共同富裕迈出坚实步伐；现代社会治理格局基本形成，社会充满活力又和谐有序；生态环境根本好转，美丽中国目标基本实现。

第二阶段，从2035年到21世纪中叶，在基本实现现代化的基础上，再奋斗十五年，把我国建成富强民主文明和谐美丽的社会主义现代化强国。

到那时，我国物质文明、政治文明、精神文明、社会文明、生态文明将全面提升，实现国家治理体系和治理能力现代化，成为综合国力和国际影响力领先的国家，全体人民共同富裕基本实现，我国人民将享有更加幸福安康的生活，中华民族将以更加昂扬的姿态屹立于世界民族之林。

综上，这两个阶段是一个整体，中心内容都是实现现代化，第一阶段是要"基本实现社会主义现代化"，第二阶段是要"把我国建成富强民主文明和谐美丽的社会主义现代化强国"，两者在成熟程度上所有区别。

问题讨论：

1. 如何理解"三个意味着"？
2. 结合现实谈谈新时代我国社会基本矛盾特点？
3. 如何理解"两个没有变的基本国情"？
4. "四个伟大"关系是什么？
5. 新时代课题研究内容是什么？
6. 新时代中国特色社会主义思想精神实质是什么？
7. 新时代中国特色社会主义基本方略是什么？
8. 实现中华民族伟大复兴的"三个必须"是什么？
9. 进行伟大斗争的"五个更加自觉、五个坚决"是什么？
10. 如何理解习近平新时代中国特色社会主义思想？

第四节　新时代新思想指引下的工作部署和任务要求

一、经济：贯彻新发展理念，建设现代化经济体系

也就是说，建设现代化经济体系是要以新发展理念引领。发展是解决我国一切问题的基础和关键。如何发展经济？

1. 深化供给侧结构性改革。其目的就是把提高发展质量作为主攻方向，坚持质量第一、效益优先，以提高供给体系质量，推动经济发展质量变革、效率变革、动力变革，使我国经济由高速增长阶段转向高质量发展阶段。

2. 建设创新型国家。创新是引领发展的第一动力，是建设现代化经济体系的战略支撑。创新驱动发展（马桶盖），要瞄准世界科技前沿，为建设科技强国、质量强国、航天强国、网络强国、交通强国、数字中国、智慧社会提供有力支撑。

3. 实施乡村振兴战略。最大亮点就是第二轮土地承包到期后再延长三十年，保持土地承包关系稳定并长久不变。我国农村第一轮土地承包是指从家庭联产承包责任制算起，一般来说大部分地区都是从1983年到1997年，期限为15年；第二轮土地承包是从1997年到2027年，期限为30年；第二轮土地承包到期后再延长三十年就到了2057年。在这个过程中，由于种种原因，就有很多农村家庭一开始就没有获得土地，还有些家庭存在承包人去世，土地给谁的问题？我想这才是农民最关心的。在这个问题上，我们坚持承包土地"大稳定，小调整"的原则，也就是说，根据实际需要，个别农户之间可以适当地小范围调整，但需要满足以下条件：一是只能调整人地矛盾特别突出的个别农户，不能所有农户全部调整；二是调整执行需要村民大会或是村民代表大会三分之一以上的成员同意，并获得乡（镇）人民政府和县（市、区）人民政府审批。

4. 实施区域协调发展战略。也就是重点对老少边穷、中西部和东北等老工业基地加大支持，加快发展，同时，以创新引领率先实现东部地区优化发展。

5. 加快完善社会主义市场经济体制。全面实施市场准入负面清单制度，清理废除妨碍统一市场和公平竞争的各种规定和做法，支持民营企业发展，激发各类市场主体活力。放宽服务业准入限制。

6. 推动形成全面开放新格局。开放要以"一带一路"建设为重点，坚持引进来和走出去并重，实行高水平的贸易和投资自由化便利化政策，大幅度放宽市场准入。凡是在我国境内注册的企业，都一视同仁、平等对待。

二、政治：健全人民当家做主制度体系

政治制度不能定于一尊，不能生搬硬套外国模式。"鞋子合不合脚，自己穿了才知道"。一个国家实行什么样的政治制度，走什么样的政治发展道路，必须与这个国家的国情和性质相适应。2014年4月1日，习近平总书记在欧洲学院发表演讲，再贴切不过地道明了这种逻辑。他说：1911年，孙中山先生领导的辛亥革命，推翻了统治中国几千年的君主专制制度。旧的制度推翻了，中国向何处去？中国人苦苦寻找适合中国国情的道路。君主立宪制、复辟帝制、议会制、多党制、总统制都想过了、试过了，结果都行不通。最后，中国选择了社会主义道路。

那么，我们要推进什么样的政治制度呢？健全人民当家做主制度体系，发展社会主义民主政治。

在我国，党的领导、人民当家做主、依法治国是有机统一的。协商民主是实现党的领导的重要方式，是我国社会主义民主政治的特有形式和独特优势，众人的事情由众人商量，这是人民民主的真谛。

要实现社会主义民主，就要全面依法治国。全面依法治国是国家治理的一场深刻革命，加强宪法实施和监督，建设法治政府，深化司法体制综合配套改革，努力让人民群众在每一个司法案件中感受到公平正义。任何组织和个人都不得有超越宪法法律的特权，绝不允许以言代法、以权压法、逐利违法、徇私枉法。中央决定成立中央全面依法治国领导小组，加强对法治中国建设的统一领导。

要实现社会主义民主，就要深化机构和行政体制改革，在省市县对职能相近的党政机关探索合并设立或合署办公。

要实现社会主义民主，就要巩固和发展爱国统一战线。找到最大公约数，画出最大同心圆。

中国特色社会主义政治制度是中国共产党和中国人民的伟大创造。我们完全有信心、有能力把我国社会主义民主政治的优势和特点充分发挥出来，为人类政治文明进步做出充满中国智慧的贡献！

三、文化：推动社会主义文化繁荣兴盛

文化是一个国家、一个民族的灵魂。文化兴国运兴，文化强民族强。没有高度的文化自信，没有文化的繁荣兴盛，就没有中华民族伟大复兴。

因此，我们必须牢牢掌握意识形态工作领导权，因为意识形态决定文化前进方向和发展道路。意识形态工作的重要任务之一，是要加强理论武装，推动新时代中国特色社会主义思想深入人心。

另外，发挥社会主义核心价值观的引领作用，转化为人们的情感认同和行为习惯。要广泛开展理想信念教育，中国梦宣传教育，激励人们向上向善。

要繁荣文艺创作，标准是德艺双馨。文艺必须坚持以人民为中心的创作导向，坚持思想精深、艺术精湛、制作精良相统一，加强现实题材创作，倡导讲品位、讲格调、讲责任，抵制低俗、庸俗、媚俗。人民就有信仰，国家就有力量，民族就有希望。

四、社会：提高保障和改善民生水平

保障和改善民生的关键就是要抓住人民最关心最直接最现实的利益问题，既尽力而为，又量力而行，一件事情接着一件事情办，一年接着一年干，不断满足人民日益增长的美好生活需要。

党的一切工作必须以最广大人民根本利益为最高标准。我们要坚持把

人民群众的小事当作自己的大事，从人民群众关心的事情做起，从让人民群众满意的事情做起，带领人民不断创造美好生活，重点解决好教育、就业、社会保障问题。

五、生态：建设美丽中国

人与自然是生命共同体，人类必须尊重自然、顺应自然、保护自然。人类只有遵循自然规律才能有效防止在开发利用自然上走弯路，人类对大自然的伤害最终会伤及人类自身，这是无法抗拒的规律。我们饱尝了这种伤害之苦。树立两山理论。

1. 推进绿色发展，建立健全绿色低碳循环发展的经济体系。反对奢侈浪费和不合理消费，创建节约型机关、绿色家庭、绿色学校、绿色社区和绿色出行。（打印机不关、水龙头、出行等）

2. 着力解决突出环境问题。水污染、大气污染、土壤污染、农业面源污染防治等。造纸厂排污水，焚烧秸秆，过度使用农药，垃圾污染（全域无垃圾行动、垃圾裂解发电项目）

3. 加大生态系统保护力度。实施重要生态系统保护和修复重大工程。

4. 改革生态环境监管体制。加强对生态文明建设的总体设计和组织领导。

生态文明建设功在当代、利在千秋。我们要牢固树立社会主义生态文明观，推动形成人与自然和谐发展现代化建设新格局，为保护生态环境做出我们这代人的努力！

六、新时代的国防和军队、港澳台和国际问题

1. 国防和军队：中国特色社会主义进入了新时代，国防和军队建设也进入了新时代。党的十九大指出，军队是准备要打仗的，强军目标是建设一支听党指挥（党的绝对领导）、能打胜仗（全面建成世界一流军队）、作风优良（有灵魂、有本事、有血性、有品德的新时代革命军人）的人民军队。

2. 港澳台问题：坚持"一国两制"，要推进祖国统一，我们绝不允许任何人、任何组织、任何政党、在任何时候、以任何形式、把任何一块中国领土从中国分裂出去！这"六个任何"，彰显了坚决反对"台独"的坚定意志、充分信心和足够能力，划出了不可触碰的底线红线。

3. 国际问题：和平发展，推动构建人类命运共同体。中国决不会以牺牲别国利益为代价来发展自己，也决不放弃自己的正当权益，任何人不要幻想让中国吞下损害自身利益的苦果。硬气、霸气、对世界亮剑发声。

问题讨论：

1. 十九大报告中提出的社会主义现代化奋斗目标是什么，有哪些变化？
2. 新时代中国特色社会主义发展的战略安排是什么？
3. 当前我国经济正处于一个什么阶段？
4. 贯彻新发展理念，建设现代化经济体系要做到哪"六个方面"要求？
5. 新时代如何贯彻党的基本理论、基本路线、基本方略。
6. 七大战略（科教兴国战略、人才强国战略、创新驱动发展战略、乡村振兴战略、区域协调发展战略、可持续发展战略、军民融合发展战略）将解决什么问题？
7. 三大攻坚战（好防范化解重大风险、精准脱贫、污染防治）将解决什么问题？
8. 以你个人角度（对美好生活的向往），设想到2035年，我国实现基本现代化后我们的生活情况，国家地位。
9. 以你个人角度（对美好生活的向往），设想到2050年，我国实现全面现代化后我们的生活，国家地位。

第五节　加强党的建设

全面从严治党已经取得重大成绩，但全面从严治党永远在路上。一个政党，一个政权，其前途命运取决于人心向背。人民群众反对什么、痛恨什么，我们就要坚决防范和纠正什么。所以我们必须保持三个"清晰认识"，清晰认识我们党面临的执政环境是复杂的，影响党的先进性、弱化党的纯洁性的因素也是复杂的，党内存在的思想不纯、组织不纯、作风不纯等突出问题未得到根本解决；清晰认识党面临的执政考验、改革开放考验、市场经济考验、外部环境考验的长期性和复杂性；清晰认识党面临的精神懈怠危险、能力不足危险、脱离群众危险、消极腐败危险。

所以我们必须全面推进党的政治建设（旗帜鲜明讲政治）、思想建设（坚定理想信念，牢记宗旨，以县处级以上领导干部为重点，在全党开展"不忘初心、牢记使命"主题教育）、组织建设（培养专业能力、专业精神、敢于担当、踏实做事、不谋私利的干部）、作风建设、纪律建设（习惯在受监督和约束的环境中工作生活），把制度建设贯穿其中（组建国家、省、市、县监察委员会，同党的纪律检察机关合署办公，实现对所有行使公权力的公职人员监察全覆盖，用留置取代"两规"措施），深入推进反腐败斗争（由压倒性态势变压倒性胜利，强化不敢腐的震慑，扎牢不能腐的笼子，增强不想腐的自觉，通过不懈努力换来海晏河清、朗朗乾坤），不断提高党的建设质量，把党建设成为始终走在时代前列、人民衷心拥护、勇于自我革命、经得起各种风浪考验、朝气蓬勃的马克思主义执政党。

全体党员、各级领导干部都应当勠力同心，充满自信。以这样的境界贯彻党的十九大精神、做好各项工作，就一定能如期实现中国特色社会主义新时代的宏伟目标。

问题讨论：

1. 党团结带领人民进行伟大斗争、推进伟大事业、实现伟大梦想的"两个毫不动摇"是什么？
2. 全党要清醒认识到的"两个复杂"是什么？
3. 党内存在的"三个不纯"是什么？
4. 十九大报告强调的"四个考验""四个危险"是什么？
5. 新时代党的建设总要求是什么？

6..坚定不移全面从严治党,不断提高党的执政能力和领导水平要做到哪"八个方面"?

7..如何才能跳出历史周期律,确保党和国家长治久安?

8.夺取反腐败斗争压倒性胜利的"三个坚持、一个坚决"是什么?

9.全面增强执政本领的"八项本领"是什么?

10.把党的政治建设摆在首位,必须做到"三个坚决反对",其内容是什么?

11.报告强调提拔重用什么样的干部?

12.报告强调在人才建设上形成什么样的局面?

13.报告中强调持之以恒正风肃纪的"两个凡是"是什么?

14.我们党的"三大历史任务"是什么?

15.如何理解我们要保持三个"清晰认识"

推荐阅读书目

1. 党的十九大报告
2. 《党的十九大报告辅导读本》,人民出版社出版发行。

第五章

新《党章》学习

第一节 全面认识新《党章》

我们从《中国共产党章程》（以下简称党章）的内容构架来看，一个政党的党章可以说是这个政党的百科全书，它规定了党的性质、宗旨、指导思想和奋斗目标。比如说中国共产党的性质，党章第一句话就开宗明义讲党的性质："中国共产党是中国工人阶级的先锋队，同时是中国人民和中华民族的先锋队，是中国特色社会主义事业的领导核心，代表中国先进生产力的发展要求，代表中国先进文化的前进方向，代表中国最广大人民的根本利益。党的最高理想和最终目标是实现共产主义。"

党章包含两个部分，第一个部分是总纲，第二个部分是章程。党章的字数很有讲究，一般认为1.5万字左右比较合适。

章程部分，党章一共11章，53条。第一章就是党员。对政党的党章来说，一般第一章都是党员，因为政党是由党员组成的，党员是党的细胞。第二章是组织制度，中国共产党是以民主集中制的原则组织起来的。然后是组织机构，我们中国共产党有三个组织层级，这三个组织层级就是党章第三、四、五章规定的。比如第三章，党的中央组织对党的全国代表大会、党的中央委员会、中央政治局常务委员会、中央纪律检查委员会、中央军事委员会、中央书记处等都做了规定。第六章是党的干部，第七章是党的纪律，第八章是党的纪律检察机关。党的各级纪律检查委员会的主要任务是：维护党的章程和其他党内法规，检查党的路线、方针、政策和决议的执行情况，协助党的委员会加强党风建设和组织协调反腐败工作。第九章是党组，党组是中国共产党处理和非党组织关系的原则。中国共产党执政之后，我们在国家机关中间，在一些大型的经济组织中间，在一些非党组织中间，可以成立党组。第十章是党和共产主义青年团的关系，一个政党一定要对青年有一定吸引力，因为一个对青年没有吸引力的政党迟早会退出历史的舞台，所以我们非常重视青年的工作。第十一章是党徽党旗。

中国共产党的党章，是我们共产党人要照的第一面镜子。在党的群众路线教育实践活动中，习近平同志强调的"照镜子、正衣冠、洗洗澡、治治病"，这要照的第一面镜子就是党章。我们要对照党章中的关于党的干部必须具备的六项基本条件，分别是思想政治、工作实绩、开拓创新的精神、具备领导干部基本的素质、正确行使人民赋予的权力、坚持民主集中制的基本原则。关于党员最主要的就是八项义务。党员的第一项义务就是认真学习素质好；第二，贯彻执行党的基本路线和各项方针、政策；第三，吃苦在前，享受在后；第四，自觉遵守党的纪律和国家的法律；第五，维护党的团结和统一；第六，切实开展批评和自我批评；第七，密切联系群众；第八，发扬社会主义新风尚。

【记诵重点】

《党章》：坚持全心全意为人民服务。党除了工人阶级和最广大人民群众的利益，没有自己特殊的利益。党在任何时候都把群众利益放在第一位，同群众同甘共苦，保持最密切的联系，坚持权为民所用、情为民所系、利为民所谋，不允许任何党员脱离群众，凌驾于群众之上。

《党章》：中国共产党党员必须全心全意为人民服务，不惜牺牲个人的一切，为实现共产主义奋斗终生。

《党章》：党和人民的利益高于一切，个人利益服从党和人民的利益，吃苦在前，享受在后，克己奉公，多做贡献。

《党章》：自觉遵守党的纪律，模范遵守国家的法律法规，严格保守党和国家的秘密，执行党的决定，服从组织分配，积极完成党的任务。

《党章》：发扬社会主义新风尚，带头实践社会主义荣辱观，提倡共产主义道德，为了保护国家和人民的利益，在一切困难和危险的时刻挺身而出，英勇斗争，不怕牺牲。

《党章》：预备党员必须面向党旗进行入党宣誓。誓词如下：我志愿加入中国共产党，拥护党的纲领，遵守党的章程，履行党员义务，执行党的决定，严守党的纪律，保守党的秘密，对党忠诚，积极工作，为共产主义奋斗终身，随时准备为党和人民牺牲一切，永不叛党。

《党章》：密切联系群众，向群众宣传党的主张，遇事同群众商量，及时向党反映群众的意见和要求，维护群众的正当利益。

《党章》：中国共产党是中国工人阶级的先锋队，同时是中国人民和中华民族的先锋队，是中国特色社会主义事业的领导核心，代表中国先进生产力的发展要求，代表中国先进文化的前进方向，代表中国最广大人民的根本利益。党的最高理想和最终目标是实现共产主义。

《党章》：党的干部是党的事业的骨干，是人民的公仆。党按照德才兼备、以德为先的原则选拔干部，坚持五湖四海、任人唯贤，反对任人唯亲，努力实现干部队伍的革命化、年轻化、知识化、专业化。

《党章》：党的各级领导干部必须具备共产主义远大理想和中国特色社会主义坚定信念，坚决执行党的基本路线和各项方针、政策，立志改革开放，献身现代化事业，在社会主义建设中艰苦创业，树立正确政绩观，做出经得起实践、人民、历史检验的实绩。

《党章》：中国共产党党员永远是劳动人民的普通一员。除了法律和政策规定范围内的个人利益和工作职权以外，所有共产党员都不得谋求任何私利和特权。

党的十九大将 10 个问题写入党章，习近平新时代中国特色社会主义思想；中国特色社会主义文化；实现中华民族伟大复兴的中国梦；党章根据我国社会主要矛盾的转化做出相应修改：推进国家治理体系和治理能力现代化；供给侧结构性改革、"绿水青山就是金山银山"；人类命运共同体、"一带一路"；全面从严治党、四个意识；"党是领导一切的"；实现巡视全覆盖、推进"两学一做"。等等。

第二节 关于党章修改的历史过程

党章是党的总章程，是党的总规范，是党的根本大法。它体现党的性质和宗旨，体现党的理论和重大方针政策，体现党的重大主张，规定党的重要制度和体制机制，所以党章是全党同志必须共同遵守的根本性规范。因为党章这样的定位，我们党非常重视党章的制定和完善。在党的历史上，党的全国代表大会一共开了十九次。党章的制定和修改过程，反映了党章不断完善的过程，也反映了我们党的指导思想的与时俱进，反映了我们党的建设不断加强。

党成立初期，党章的制定修改非常不容易，比如说党的一大是在1921年召开，通过的中国共产党第一个纲领是在嘉兴南湖游船上。这个纲领确定了党的名称，规定了党的纲领，虽然说党章的一些要素有了，但是还远远不够，所以这不是一个完全规范意义上的党章。

党的二大正式通过了中国共产党章程，这是一个完整意义上的党章。党章的基本要素在二大党章中都有体现，这个党章第一次明确把反帝反封建革命纲领规定下来，这被我们称为"最低纲领"，因为"最低"是相对"最高"而言，最高纲领是"实现共产主义"，一大党纲就确定了。二大党章还规定了党员的条件和入党的程序，规定了党员入党要有介绍人。

党的三大修改的党章，规定了党员的预备期，当年的说法不叫预备期叫候补期。

党的四大修改通过的党章，第一次明确规定党员三人以上的成立党的支部，明确把党的支部作为党的基层组织规定下来。

党的五大是大革命面临失败的紧急关头召开的，所以它没有能够从容讨论修改党章的问题，但是五大之后党的中央政治局通过了党章修正案，第一次非常正式地规定我们党必须实行民主集中制。

党的六大是在莫斯科召开的。六大党章强调中国共产党接受共产国际的领导。

党的七大是在延安召开的，有充足的时间充分修改讨论党章，所以这次党章比较完善。七大修改通过的党章是一部很好的党章，它不仅第一次正式把毛泽东思想确定为党的指导思想，而且七大党章还增加了总纲部分。今天我们看到总纲的部分比较长，同时总纲部分比较重要，因为党的性质宗旨，党的重要理论，党的指导思想，党的重大主张，党的重要的路线方针政策都是在这些地方讲的。党章是如何具体规定的，让我们看一段党章的原文。

【视频】朗读党章《总纲》（节选）

中国共产党是中国工人阶级的先锋队，同时是中国人民和中华民族的先锋队，是中国特色社会主义事业的领导核心，代表中国先进生产力的发展要求，代表中国先进文化的前进方向，代表中国最广大人民的根本利益。党的最高理想和最终目标是实现共产主义。

新中国成立以后召开的第一次党的全国代表大会是党的八大。党的八大对党章也做了多方面的修改和完善。比如说八大党章规定，党代会每5年召开一次；党的代表大会要选举党的中央委员会，中央委员会不光要选举党的中央政治局，还要选举党的中央政治局常务委员会。

改革开放以来，党的十二大对党章做了多方面的重要修改。我们现行的党章就是以十二大党章为基础陆陆续续做的一些修改。十二大党章规定，党的代表大会在选举中央委员会时，还要选举中央纪律检查委员会。党的十二大党章第一次明确把入党誓词写进去。

党的十三大对党章又做了修改，主要是对党的选举制度进行完善，明确规定党的代表大会的选举实行差额选举。

从党的十四大开始，每一次党代会都要对党章做出修改，历次修改主要是两个方面的内容。

一个方面是对我党的指导思想,党的重大路线方针政策做出一些新的规定。比如说十四大把以经济建设为中心,坚持四项基本原则,坚持改革开放,我们党的基本路线写入了党章。党的十五大把邓小平理论写入了党章,把我们党在社会主义初级阶段的基本经济制度,那就是以公有制为主体、多种所有制经济共同发展写入了党章。十六大把"三个代表"重要思想写入了党章。党的十七大修改党章,把中国特色社会主义道路,中国特色社会主义理论体系,中国特色社会主义制度,把我们党的奋斗目标,要建设富强、民主、文明、和谐的现代化国家也写进了党章,这是很重要的修改。党的十八大把科学发展观写入了党章,把我们党要进行经济建设、政治建设、文化建设、社会建设和生态文明建设这五位一体也写进了党章。

另一个方面的修改,是不断总结我们党的建设的经验,对党章进行丰富和完善,在这方面内容非常多。十九大对党章所做的重要修改就是完善党的建设的制度和纪律规定,包括党的纪律检查体制的改革,包括十八大以来,我们总结全面从严治党的经验,包括巡视制度等等,很多内容都进入我们的党章。十八大以来以习近平同志为核心的党中央,全面从严治党,积累了丰富的经验,在这次党章修改当中得到了充分的体现。下面请看报道短片。

【视频】中央电视台《新闻联播》关于十九大党章修改的报道

【解说】大会同意,把党的十九大确立的坚持党要管党、全面从严治党,以加强党的长期执政能力建设、先进性和纯洁性建设为主线,以党的政治建设为统领,全面推进党的政治建设、思想建设、组织建设、作风建设、纪律建设,把制度建设贯穿其中,深入推进反腐败斗争等内容写入党章。

我们从党章的修订和完善的过程来看,党章的丰富和完善,反映了我们党的指导思想的与时俱进,反映了我们党作为中国人民的领导核心不同时期是用什么样的路线方针政策引领国家发展、团结凝聚全国人民的,也反映出我们党的建设不断进步和加强。

党章的丰富和完善,确实反映出中国共产党是一个成熟的政党,是一个伟大的政党。而我们这个党随着党章不断地修订，会更加成熟，会更好地发挥领导核心的作用。

第三节 与时俱进的党的指导思想

新《党章》将习近平新时代中国特色社会主义思想写入了党章，同马列主义、毛泽东思想、邓小平理论、"三个代表"重要思想、科学发展观一道确立为党的指导思想，确立为我们党的行动指南。

中国共产党以马克思列宁主义、毛泽东思想、邓小平理论、"三个代表"重要思想、科学发展观、习近平新时代中国特色社会主义思想作为自己的行动指南。

中国共产党是非常重视理论创新和理论武装的。为什么重视？我们的理论就是要对我们党面对着什么样的问题，处于什么样的阶段，我们面临着什么样的国际形势，我们党该怎么干、干什么，就这一系列的重大问题讲清楚，然后确立为党的指导思想，然后再通过理论学习、理论教育，让它成为我们全党乃至全国人民的共识，所以，指导思想的问题非常重要。

习近平新时代中国特色社会主义思想，就是围绕着"新时代我们要坚持和发展什么样的中国特色社会主义，该怎么坚持和发展中国特色社会主义"这样的重大问题展开，内容非常丰富，涵盖改革发展稳定、内政外交国防、治党治国治军等各领域。

过去5年，我们大家都亲身感受到，我们在各方面都取得了重大成就。十九大报告用了"历史性变革"这样的表述来讲我们这5年的成就。

过去5年多方面的巨大成绩是怎么来的？毫无疑问是以习近平同志为核心的党中央坚强领导的结果，是习近平新时代中国特色社会主义思想指导的结果。

十九大对习近平新时代中国特色社会主义思想进行了权威地、准确地概括。在这之前我们说得比较多的是习近平总书记系列重要讲话精神，或者说习近平治国理政新理念、新思想、新战略。十九大正式地概括出来，而且写入党章，我觉得对党和国家各项事业发展一定有着长远的、重要的指导意义。

这次修改党章，不仅把习近平新时代中国特色社会主义思想写进了党章，明确当作党的行动指南，而且与此相关，把这个思想当中的很多重要内容、与思想密切相关的很多重大的战略部署也都体现在党章当中。

首先，比如说伟大复兴的中国梦。十八大之后习近平总书记很快就提出了中国梦，他强调中国梦归根到底是人民的梦，我们要实现国家富强，民族复兴，人民幸福，这是近代以来中华民族最伟大的梦想，现在我们比历史上任何时期都更接近实现这个梦想。

其次，确定了"两个一百年"的奋斗目标。过去也说"两个一百年"，但是这次具体的说法不一样。过去说，到 21 世纪中叶第二个一百年的时候我们要基本实现社会主义现代化，这次改成了建成社会主义现代化强国。在完成全面建成小康社会任务之后，我们第一个十五年到 2035 年要基本实现社会主义现代化；到 21 世纪中叶建成富强民主文明和谐美丽的社会主义现代化强国。也就是说，我们基本实现现代化这个要求的时间提前了十五年之多。为什么能够提前？就是因为过去这些年，尤其是过去这 5 年，我们干得非常好。我们有信心，我们有能力提前实现本来到 21 世纪中叶才能实现的目标，而 21 世纪中叶，我们的目标就变成社会主义现代化强国。

第三，新时代一个很重要的内容，那就是我们的社会主要矛盾发生了变化。过去我们长期讲，主要矛盾是什么呢？人民日益增长的物质文化需要同落后的社会生产之间的矛盾。那么现在变成了什么呢？人民日益增长的美好生活需要和不平衡不充分的发展之间的矛盾。我们看，经过新中国成立以来特别是改革开放以来近 40 年的发展，我们综合国力大大提升，人民生活水平也大大提高，现在正在全面建成小康社会决胜阶段，老百姓要求也随之提高了。不仅吃饱穿暖喝足，而且还希望有越来越多的民主，有越来越健全的法制，有比较多的或者各方面体现出来的公平正义。显然，我们党注意到了老百姓需求的变化，注意到了应该根据老百姓需求的具体变化来不断地调整、完善我们的政策，来满足老百姓这些需求。

第四，这次党章当中，明确写入了中国特色社会主义事业的"五位一体"总体布局。大家知道，"五位一体"是十八大确定的。在这之前我们讲经济建设，讲政治建设，讲文化建设，讲社会建设，十八大明确把生态文明建设也写进去了。我们看总书记一再强调全面建设小康社会，这个"全面"那就是"五位一体"的全面，哪一个方面都少不了。比如说党的十九大确定的奋斗目标，过去我们讲建设富强民主文明和谐的社会主义国家，我们这次加了什么？加了一个"美丽"。美丽什么意思？美丽显然是跟我们生态文明建设要求相一致。

第五，还有"四个全面"战略布局也明确写进去了，也非常重要。我们看，全面建成小康社会就是我们一个阶段的目标。什么意思？我理解这个"全面"，除了刚才讲到的"五位一体"的全面之外，还有一个覆盖地区人口的全面，谁也不能落下，哪个地区也不能落下，哪一个少数民族也不能落下。我们看全面建成小康社会给我们老百姓带来了什么？我们老百姓都有切身的感受。再看全面深化改革，为什么要全面深化改革？因我们的改革是问题倒逼的。很多深层次的问题恐怕没有一个是不通过深化改革能解决得的了，事实也证明了这一点。我们要通过改革，实现国家治理体系、治理能力的现代化，我们要建成一套好的制度，好的机制。这几年出台了1500多项改革举措，改革真的让我们广大的人民群众有了获得感。再比如，全面依法治国，道理也不深奥，也是为了解决一系列的问题提出来的。老百姓对公平正义的要求越来越高，而公平正义对于法律来说是最后一道防线。习近平总书记强调努力让人民群众在每一个司法案件中感受到公平正义。过去我们有过司法不公甚至司法腐败的现象，因为这些原因出现了一些冤假错案，这几年纠正了很多，社会效果是非常好的。我们就得通过深化司法体制的改革，通过健全法制，通过科学立法，严格执法，公平司法，全民守法等等方面，全面提高我们社会的法治水平，这几年应该说有了巨大的深刻的变化。还有全面从严治党。有的外国学者都明白它的道理，说"四个全面"，虽然全面从严治党排在最后，但是重要性绝对第一。如果这个"全面"抓得不好，那几个"全面"无从说起。

第六，还有像文化自信，这一次也写进去了。十八大的时候强调的是三个自信：道路自信，理论自信，制度自信，而这次变成了"四个自信"。习近平总书记特别强调文化自信。我们看文化，确确实实有着重要的力量，像我们中华民族优秀传统文化，我们社会主义的先进文化，我们的革命文化，这是支撑我们的道路、理论、制度的最深刻的力量。总书记讲中国故事，往往从中国文化讲起，尤其是跟西方人讲，讲我们有5000年的文明史。文化就决定了我们走的路，我们的很多做法，包括我们的制度、我们的价值观，跟西方国家不一样。这些年来，我们在文化方面越来越自信，我们看清楚了支撑我们各方面文化的力量。包括自觉地继承弘扬我们优秀的传统文化，这次都写进来了。

第七，还有一些重要理念，比如说五大发展理念也写进来了。五大发展理念，大家知道，位居之首的是创新。创新这几年我们特别重视，十九大报告中总书记点出了若干个我们重大科技创新的成就。我们这些年科技创新的速度让很多外国人震惊。科技创新给我们国民经济的发展，给我们人民生活带来了多大的推动改进。有的同志讲，我们现在有"新四大发明"（高铁、杂交水稻、电商、快递），显然是科技创新的结果。再比如绿色发展，共享发展。不难理解。我们的发展一定要跟环境友好相处，一定不能破坏环境，一定要使我们生存的环境，我们的家园变得越来越美丽，越来越宜居。还有共享，我们的发展是为了人民，要以人民为中心，发展成果就要让全体人民共享。

另外，还有其他的一些重大的决策，也在党章中得到体现。比如说构建人类命运共同体，这是习近平总书记提出的崭新的理念。这个理念虽然提出的时间不长，但是全世界范围内已经产生了极大的影响。联合国的文件都正式写进来了。我们中国共产党不仅为中国人民谋福祉，我们还会为全世界人民谋福祉。我们的发展是要跟人家的发展表现为互利共赢，我们的发展绝不会站在或者基于损害别人利益的基础上。

还有"一带一路"的倡议，在世界范围内影响越来越大。

习近平新时代中国特色社会主义思想，包含如此丰富的内容，这个思想在过去的实践中已经证明是正确的，已经取得了巨大的成功，我们当然需要把这些思想写到我们的党章中，确定为我们的指导思想。然后通过我们的理论学习，通过我们的理论宣传，让我们党内的同志，尤其是党员领导干部自觉地接受，自觉地认同，自觉地按照新思想的要求，去做好我们各方面的工作。也还要通过理论宣传教育，让我们的人民也自觉地理解认同这样的思想，让他们意识到这个新思想，尽管讲的是理论，其实离我们普通老百姓非常近，跟我们每一个普通老百姓都有关系。我们的理论，我们的指导思想如果在我们各方面的工作中得到了很好的体现，一定会做得越来越好，一定会惠及13亿多中国人民。所以我们要按照党章的要求，按照十九大报告的要求，认真地学习贯彻落实习近平新时代中国特色社会主义思想。

党章的修改本身就反映了中国共产党的与时俱进，党章修改的、新加入的内容都是我们党理论创新、实践创新、制度创新的成果，或者说我们党的重大路线方针政策，或者说是我们党加强改进党的建设的成功经验总结提炼或者制度化。显然十九大党章修改，就体现了这方面的内容，我觉得体现得非常好！

第四节 党的领导、党的建设成功经验的总结

党的十九大对党章的修改有一个很重要的内容，那就是总结过去5年党的建设的成功经验，在党的领导、党的建设方面增加了一些重要的内容。

【视频】朗读党章（节选）
中国共产党的领导是中国特色社会主义最本质的特征，是中国特色社会主义制度的最大优势。党政军民学，东西南北中，党是领导一切的。

这次修改党章，把"党政军民学，东西南北中，党是领导一切的"这样的重要政治判断写进去了。这可以说是总结了我们过去加强党的领导的成功

经验。我们今天看得越来越清楚，党的领导、党的全面领导对于我们党，对于我们国家太重要了，只有党坚强有力，只有党的领导落实到各方面，我们国家才能团结统一，我们的人民才能高度凝聚起来，我们才能取得一个又一个重大成就。

为什么我们这个国家民族能够实现从站起来、富起来到强起来的转变？毫无疑问，都是中国共产党坚强领导的结果。

中国共产党给我们国家、民族带来了翻天覆地的变化，而且这个巨变还在进行中。现在就连有些外国人都明白，我们的政党制度具有极大的优势。

我们的政党制度是中国共产党领导的多党合作和政治协商制度。中国共产党和各民主党派为了国家发展、为了人民福祉，共同协商，大家一起商量事情，一起来做决策。决策做出之后，因为有高度的共识，执行起来一定是高效的。但是反过来，我们看有些国家的两党制、多党制，没完没了地政党乱斗。为斗而斗，为反对而反对。只要是你提出的，我本能地就反对，我决不会说你好，我决不会支持你。他们这个斗是出于政党的私利。

而我们在长期革命斗争中形成了这样的政党制度。各民主党派接受中国共产党领导，是我们国家、民族之福。所以，习近平总书记强调，中国共产党的领导是中国特色社会主义最本质的特征，是中国特色社会主义制度的最大优势。我觉得这两句话说透了。

过去当然也强调党的领导，但是主要是讲政治、思想和组织的领导。我们看"党是领导一切的"，范围明显扩大，各项工作都要靠我们党去领导、去推动。领导的方式也不仅仅体现在政治上、思想上、组织上，而是方方面面。应该说这一次的强调非常重要，一定会在未来得到更多更好的体现。

再一点，就是对全面从严治党做了很多相关规定。我们看过去的5年中，全面从严治党，尤其是党风廉政建设和反腐败斗争，取得了巨大的成就。十九大报告讲我们解决了许多长期想解决而没有解决的难题，办成了许多过去想办而没有办成的大事。我想其中很重要的就是体现在全面从严治党上，比如说过去的"四风"问题，包括其他不良风气，在这之前可以说做了多方面的努力；还比如说制止公款大吃大喝，我们通过了几十个文件，有的同志讲，几十个文件管不住一张嘴，大家甚至觉得没招了，但是我们看十八大以来大大改观，不就管住了吗？不就治住了吗？

再比如反腐败，我们真是无禁区，全覆盖，零容忍。十九大前夕，公布了这几年反腐败查处的省部级干部、军级干部和其他中管干部的数量，公布了查处的厅局级干部的数量，县处级干部的数量和乡科级干部的数量，那是惊人的。这都说明了我们在这方面的努力。所以广大人民群众对我们党充满了信心，国际社会也给予了广泛的好评。

我们想一想，过去这几年的全面从严治党之所以取得很多的成绩，就是跟我们党特别重视全面从严治党，包括各方面采取的很多成功的举措有关系。对各级党组织而言，把抓好党建作为最大的政绩。总书记强调到这样的程度，他说"如果党弱了、散了、垮了，其他政绩又有什么意义呢"？

还比如过去习近平总书记强调"打铁还需自身硬"，而十九大改成了"打铁必须自身硬"。自身不硬，打铁是打不了的；自身不硬，我们的各方面的工作都是很难做好的。

我们看，十八大以来我们抓作风建设有什么抓手？用具体的规定，比如说中央八项规定及其他相关规定，哪些事不能做，规定得清清楚楚，告诉党员领导干部，告诉普通党员，告诉老百姓，如果有人做了，违反了，那就让他付出代价，就让他受到惩处。我们看因为违反中央八项规定精神受惩处的领导干部达25万人。

再比如思想建设。这几年总书记特别强调"补钙"，他看清楚了有些人为什么出问题，就是因为丧失了理想信念，没有了正确的世界观、人生观、价值观。所以"补钙"的问题这几年受到特别重视，通过我们多方面的努力，这方面的状况也有了明显的改观。

再比如制度建设。制度建设可以说是十八大以来全面从严治党的一个突出亮点。我们制定和修订了很多党内法规。据统计，过去这5年，新制定的、新修订的党内法规90多部。把我们党章的要求，我们党的建设各方面的要求都通过党内法规给它明确定下来。然后我们各级纪委监督执纪问责，这就是依据。我们落实管党治党的主体责任，管党治党也就是按照这些要求去管、去治，效果是非常好的。

我们专门制定了《中国共产党党内监督条例》，强调坚持党内监督与人民群众监督相结合。我们把这些要求公之于众，就让人民群众按照这些要求去监督我们的领导干部，如果发现谁有"四风"问题，我们欢迎举报，举报之后纪检机关马上就调查就处理。实名举报的老百姓比例越来越高。如果党内监督与人民群众监督实现了很好地结合，我们的监督就无处不在了。有的人在机关单位食堂里超标准公务接待，不是被举报了吗？不是被查处了？什么人举报，显然是机关内部的工作人员，否则别人可能不知道，无从去举报。这个监督就是高效的。我们的制度建设的确取得了很大的进步。党的十九大修改党章，总结了这些方面的成功经验。

【视频】朗读党章（节选）

中国共产党要领导全国各族人民实现"两个一百年"奋斗目标、实现中华民族伟大复兴的中国梦，必须紧密围绕党的基本路线，坚持党要管党、全面从严治党，加强党的长期执政能力建设、先进性和纯洁性建设，以改革创新精神全面推进党的建设新的伟大工程，以党的政治建设为统领，全面推进党的政治建设、思想建设、组织建设、作风建设、纪律建设，把制度建设贯穿其中，深入推进反腐败斗争，全面提高党的建设科学化水平。

党的建设的总要求，党的建设的总体布局跟过去的说法不一样了，过去我们很多同志可能记得很熟，思想建设、组织建设、作风建设、反腐倡廉建设、制度建设，我们是讲了这五个方面的建设。但这次改成了什么？政治建设、思想建设、组织建设、作风建设、纪律建设。政治建设、纪律建设都是新加上的，过去没有这个说法。讲了这新的五个建设以后，还强调把制度建设贯穿其中，各个方面的建设都要用制度来保障，要通过制度来体现。

"把制度建设贯穿其中"后面还有句话"深入推进反腐败斗争"。而且党的建设新的总体布局当中，特别强调政治建设，要把党的政治建设摆在首位。政治建设是什么意思？就是要坚持党的团结统一，要维护以习近平同志为核心的党中央的权威，党做出的决策要不折不扣地执行。我们这几年一再强调要严肃、要规范党内政治生活，这就是具体的要求。

我们设想一下，党是一个政治组织，而我们这个政治组织党员人数有8900多万人，如果党不能做到令行禁止，不能做到团结统一；如果中央的决策得不到应有的贯彻执行，那不就是软弱涣散吗？我们党就起不到它应有的作用。这次我觉得特别强调政治建设，可以说抓住了要害、抓住了根本。只有这方面的建设我们真正搞好了，其他的建设才可能搞得更好，才可能有用。

新的布局，新的要求，是我们建党90多年来首次这样的表述，我觉得表述得很周全，表述得很准确。可以说是对我们党的建设成功经验的总结，是对我们党的建设规律认识的深化。按照这样的要求去加强党的领导，全面从严治党，我们党的领导能够得到进一步的增强，并且是全面的增强，党的建设也能够取得更大的成绩。

另外，除了强调党的领导，除了提出党的建设新要求或者新布局之外，在具体的组织上党章也还增加了一些新的条文。比如说，党的中央和省、自治区、直辖市委员会实行巡视制度，在一届任期内，对所管理的地方、部门、企事业单位党组织实现巡视全覆盖，在党的市（地、州、盟）和县（市、区、旗）委员会建立巡察制度等等都写进来了。再比如运用监督执纪"四种形态"也写进来了。还有强调党坚持对人民解放军和其他人民武装力量的绝对领导，前面加上了"绝对"两个字。再比如基层党组织的任期也根据实际情况比过去延长了。还有对党员的义务也做出了新的规定。

这次党章可以说在党的建设方面，修订的内容很多，很好，很重要。这个修改一定对于全面加强党的领导、全面从严治党，有着重要指导和规范意义。

第五节　党的指导思想

【视频】朗读党章（节选）

习近平新时代中国特色社会主义思想是对马克思列宁主义、毛泽东思想、邓小平理论、"三个代表"重要思想、科学发展观的继承和发展，是马克思主义中国化最新成果，是党和人民实践经验和集体智慧的结晶，是中国特色社会主义理论体系的重要组成部分，是全党全国人民为实现中华民族伟大复兴而奋斗的行动指南，必须长期坚持并不断发展。

中国共产党在不同时期为什么确定这些指导思想？

中国共产党是在马克思列宁主义的指导下成立的。在中国共产党成立之前，先进的中国人为了救国救民，可以说苦苦地寻求。以毛泽东为代表的那些先进中国人，接触了很多当时西方的思潮，比如新村主义、基尔特社会主义、无政府主义等等，但都解决不了中国的问题。"十月革命"之后，他们接受了马克思列宁主义。因为马克思列宁主义揭示了人类社会发展的规律，为中国人民包括全世界受压迫的人民指明了一条正确的道路。所以说中国共产党是在马列主义指导下创立的。

从那时候到现在，快100年了，但我们依然把马列主义当作指导思想，为什么？就因为它是真理。马列主义，起码有三个方面的基本特征，我认为是永远不会过时。第一，科学的世界观方法论。我们学会了一定有用。第二，根本的价值观。要实现人的共同富裕，实现人的完全平等，实现每个人自由全面的发展，连老百姓都认同这个价值观。第三，根本政治立场。共产党人始终得为绝大多数人谋福利。

我们再看看毛泽东思想。毛泽东思想是马克思列宁主义在中国的运用和发展。马克思列宁主义是普遍真理，但是中国革命要靠中国人根据马列主义的基本道理走出一条自己的路。以毛泽东同志为主要代表的中国共产党人，把马克思列宁主义的基本原理同中国革命的具体实践结合起来，创立了毛泽东思想。毛泽东思想指导了中国革命取得了巨大成功，也指导了社会主义改造取得了巨大成功，社会主义建设在毛泽东思想指导下也取得了很多成就。

改革开放以来，以邓小平同志为主要代表的共产党人，进一步探讨什么是社会主义、在中国如何进行社会主义建设的问题，创立了邓小平理论，开辟了一条中国特色社会主义的道路。从1978年到现在，最重要的特征是改革开放。改革开放极大地解放了生产力，使我们学到了先进的技术、先进的管理经验等等，中国发展得更快更好了。

以江泽民同志为主要代表的共产党人，进一步加深对什么是社会主义、怎样建设社会主义和建设什么样的党、怎样建设党的认识，提出了"三个代表"重要思想。中国共产党要代表中国先进生产力的发展要求、代表中国先进文化的前进方向、代表中国最广大人民的根本利益。

以胡锦涛同志为主要代表的中国共产党人，进一步思考我们新形势下要实现什么样的发展、怎么发展等重大问题。因为发展过程中我们遇到了瓶颈，遇到了制约，我们看明白了，要实现以人为本、全面协调可持续的科学发展。

以习近平同志为主要代表的中国共产党人，思考新时代要坚持和发展什么样的中国特色社会主义、怎样坚持和发展中国特色社会主义这个重大时代课题。经过艰苦的理论探索，在改革发展稳定、内政外交国防、治党治国治军等等诸多方面都提出了新理念、新思想、新战略。经过过去5年的验证，取得了巨大的成功，十九大正式把它作为党的指导思想写入了党章。

我们看不同时期这些指导思想提出来，把它写入党章，坚持下来，都有着深刻的道理。

回顾中国共产党人的思想历程，大家就会有这样的感受，我们这个党是特别重视思想理论建设的，跟别的政党相比这一点非常突出。为什么重视？有充足的理由。

刚才讲的这些指导思想，讲的都是重大问题。比如说我们这个党处于什么样的国际环境国内环境，面对着什么样的问题、难题，该怎么样解决这些问题、难题，逐步达到我们的目标。经过实践的检验，经过理论的进一步丰富发展，通过党的代表大会，正式把它当作指导思想确立下来。这些理论都是经受了实践的检验，确立下来之后，就应该按照这个指导思想去做。

【视频】朗读党章（节选）

必须按照中国特色社会主义事业"五位一体"总体布局和"四个全面"战略布局，统筹推进经济建设、政治建设、文化建设、社会建设、生态文明建设，协调推进全面建成小康社会、全面深化改革、全面依法治国、全面从严治党。

有了理论创新，然后还有理论武装。通过学习教育宣传，让我们的理论成为全党全国人民的共识，让大家都了解都认同。每次党代会之后，我们都组织宣讲团，组织大规模的轮训，组织大规模的理论宣传，效果越来越好。十九大刚过，中央也做出了学习贯彻党的十九大精神的决定。通过这样一系列的工作，指导思想就会在更大的范围内传开，就会在更深的程度上让大家发自内心地认同，然后化作我们每一位党员，尤其是党员领导干部的自觉行动，也成为全国人民的共识。在这些指导思想的指引下，我们会干得越来越好。

既然知道党的指导思想的重要，那么我们党员，尤其是党员领导干部就应该自觉地、不断地来学习党的指导思想，学习这些理论，尤其是马克思主义中国化的最新成果——习近平新时代中国特色社会主义思想。如果我们真学明白、真认识清楚了，自觉在思想上政治上行动上同党中央保持高度一致，我想那就不难。全党就能实现高度的团结统一，就能够自觉地维护以习近平同志为核心的党中央的权威，我们党会更加坚强有力，真正成为中国人民的领导核心，成为中国特色社会主义事业的领导核心。

第六节 新时代中国共产党历史使命

大家听习近平总书记作的十九大报告,看新修改的《中国共产党章程》,一定会注意到新加上了"新时代中国共产党的历史使命"这个内容。

新时代中国共产党人有什么使命?那就是实现"两个100年"的奋斗目标,实现中华民族伟大复兴的中国梦。

【视频】朗读党章(节选)

在新世纪新时代,经济和社会发展的战略目标是,到建党100年时,全面建成小康社会;到新中国成立一百年时,全面建成社会主义现代化强国。

中国梦是习近平总书记在十八大之后不久提出的,我印象很深,是2012年11月29日提出的。这一天习近平总书记带领全体中央政治局常委到国家博物馆看"复兴之路"展览。这个展览我们很多同志都看过,展览的是中华民族从1840年以来到现在苦苦奋斗追求的历史。我们这个民族过去太不容易了。1840年以来饱受列强欺辱。从那个时候开始,中国人就有了中国梦。希望国家富强,民族振兴,人民幸福。

习近平总书记就在"复兴之路"展览那个场合提出"中国梦",道出了我们中国人民的心声、中华民族的心声。包括在海外的华侨华人,不也有这样的梦吗?哪怕入了其他国籍,但骨子里头还是中国人,还是希望我们国家真正统一、真正强大。中国共产党人过去的奋斗不就是为了实现中国梦吗?

习近平总书记在十九大报告中讲了三个大的段落。

第一,中国共产党深刻认识到必须推翻压在中国人民头上的"三座大山"。我们在新民主主义革命时期不就做这个事吗?牺牲了很多人,付出了28年的艰苦努力,最终推翻了帝国主义、封建主义、官僚资本主义统治,建立了中华人民共和国。中国人民从此站立起来了!

第二,习近平总书记讲中国共产党深刻认识到必须建立符合我国实际的先进社会制度。经过社会主义改造，实现了从新民主主义到社会主义的过渡，我们就在中国大地上建立了崭新的社会主义基本制度。中国共产党领导的多党合作和政治协商制度是这时候建立的，全国人民代表大会制度是这时候建立的，民族区域自治制度也是这个时候建立的，这些基本制度今天都在坚持。我们制度的优越性经过改革开放体现得越来越充分、越来越清楚。我们就没有两党制、多党制国家没完没了的内耗，有的人为反对而反对，你反对我、我反对你，没完没了。中国共产党和各民主党派都是为了国家富强、民族振兴、人民福祉共同携手。因为我们有共识，决策做出之后执行起来也就更加高效。关系到国计民生的很多重大的项目，尤其是基础设施，包括邮政、电力、村村通等。如果从经济的角度，从企业的角度，村村通电要多少成本？这个成本多少年能收回？没法想象。基础设施建设、城市化进程发展得那么快，哪个国家有我们这个速度呢？像高铁、机场、高速公路，这几十年的建设速度想都不敢想。这不跟我们的基本制度有关系吗？所以，这个制度的建立对后来的发展进步奠定了根本基础。

第三，习近平总书记讲中国共产党深刻认识到要勇于改革开放，让党和人民事业始终充满奋勇前进的强大动力。1978年以来，我们不就是不断地进行改革开放吗？改革僵化的体制，解放发展社会生产力，开放学习发达国家先进的东西，包括很多先进的技术、管理，当然学了以后还要创新，像高铁、像核电等技术，我们就后来居上，领先了。

中国共产党90多年的历史，不就是这三个大的段落吗？第一个段落，我们实现站起来的目标；第二个段落，我们逐步地富起来了；第三个段落我们正在努力地强起来。我们跟过去比已经很强了，当然跟有些发达国家比我们还不够强，我们要进一步地强。接下来的目标就是建设社会主义现代化强国。过去，我们"第二个百年奋斗目标"讲的是21世纪中叶，就是中华人民共和国成立100周年的时候，要基本实现社会主义现代化，但是现在大家注意到，改成了建成社会主义现代化强国。

"基本实现现代化"跟"建成社会主义现代化强国"有什么区别？我相信大家从字面上都能理解。现在，我们的目标是2035年基本实现现代化，比过去的目标提前了15年之多。为什么能够提前？就是因为我们干得好，甚至比我们预想的还要好，我们现在比历史上任何时期都更接近实现中华民族伟大复兴的目标。总书记强调中华民族伟大复兴绝不是轻轻松松、敲锣打鼓就能实现的。尽管离得很近，但是有的同志比喻就像登珠穆朗玛峰一样，离得越近可能越难，越不容易上去。

【视频】朗读党章（节选）

在习近平新时代中国特色社会主义思想指导下，中国共产党领导全国各族人民，统揽伟大斗争、伟大工程、伟大事业、伟大梦想，推动中国特色社会主义进入了新时代。

习近平总书记强调要进行具有新的历史特点的伟大斗争。我们要实现伟大梦想必须进行伟大斗争。

实现伟大梦想必须建设伟大工程。我们各项事业都要靠中国共产党去引领、去推动，中国共产党如果不能做到坚强有力，好多事包括中国梦恐怕难以想象。所以过去这5年特别强调全面加强党的领导，全面从严治党，党的面貌发生了巨大的变化，还要继续变，变得越来越强。

实现伟大梦想必须推进伟大事业，也就是中国特色社会主义事业。我们认清了走的路正确，理论也是正确的，制度也是有生机活力的，我们的文化更是有着长久的生命力。包括中华优秀传统文化、革命文化和社会主义先进文化。

十九大报告当中讲到"四个伟大"，党章当中也得到了体现，新时代中国共产党的历史使命讲清楚了，怎么实现完成这个使命我觉得也讲清楚了。

第七节　实现"两个一百年"的奋斗目标

党的十九大提出了两个一百年奋斗目标，第一个百年指的是中国共产党成立100周年，要实现的奋斗目标是要全面建成小康社会。2020年很快就要到了,所以我们现在讲决胜全面建成小康社会。第二个百年是中华人民共和国成立 100 周年,也就是到 21 世纪中叶。这个一百年的奋斗目标,过去我们讲的是"基本实现社会主义现代化"。

【视频】朗读党章《总纲》(节选)

在新世纪新时代,经济和社会发展的战略目标是,到建党一百年时,全面建成小康社会;到新中国成立一百年时,全面建成社会主义现代化强国。这次十九大报告、十九大党章修改成了"建成社会主义现代化强国"。从 2020 年到 2035 年,在全面建成小康社会的基础上,再奋斗 1 年,基本实现社会主义现代化。从 2035 年到 2050 年,在基本实现社会主义现代化的基础上,再奋斗十五年,建成富强民主文明和谐美丽的社会主义现代化强国。这个表述跟此前有什么变化?"基本实现社会主义现代化"的时间提前了 15 年。15 年时间不算短,到原定的第二个百年,建成社会主义现代化强国。"强国"和"基本实现现代化",从字面就可以想出很多的不同,要求高多了。奋斗目标为什么要做这样的修改?就是因为过去这些年发展得好、发展得快,所以我们的目标提高了。今天回头想一想,很不容易。实现现代化是 20 世纪 50、60 年代提出的目标,当时是讲"四个现代化",工业现代化、农业现代化、国防现代化、科学技术现代化。

改革开放之初,继续强调实现"四个现代化",而且有了具体的时间、步骤,到上个世纪末要基本实现现代化。但是很快这个目标变了。为什么变?就是邓小平等领导人意识到了我们跟发达国家有很大的差距。所以,1979 年现代化的目标改成"中国式的现代化"。接着很快又改了,改成了我们大家都非常熟悉的"翻两番""达到小康水平"。"小康"概念什么意思?是中国传统文化中的一个概念,指的是吃饱喝足略有节余。我们共产党第一步解决温饱问题,再过若干年进入小康社会,非常了不起。1980 年代初,邓小平同志到苏州、苏南视察,在他看来苏南离他心目中的小康距离不远了。苏南今天也是全国发达地区。但是我们想一想,1980 年代初的苏南能发达到什么程度呢?全国如果能达到苏南那个时候的水平,不也就了不得了吗?所以小康的目标实现也是不容易的。

2002年，十六大提出"全面建设小康社会的奋斗目标"。十八大进一步提出"全面建成小康社会的奋斗目标"。这个全面有两方面的含义。一是经济建设、政治建设、文化建设、社会建设、生态文明建设"五位一体"的全面，落下哪个方面都不能说全面。二是覆盖地区人群的全面。谁也不能落下，哪个地区也不能落下。

十九大报告指出，从十九大到二十大，是"两个一百年"奋斗目标的历史交汇期。第一个百年的任务我们很快就要实现，第二个百年的奋斗新征程我们就要开启，做了两个阶段的划分。这个目标非常伟大，尤其回顾历史，走到今天太不容易。我们走得多好啊，好的程度甚至过去很多同志都想象不到。

十一届三中全会召开，改革开放开始了。眼见着国家一天比一天好，我们个人的生活状况等等也是一天比一天好。不到40年有如此的改变，路走对了，干得越来越好，我们的发展创造了人类发展史上的奇迹。

第二个一百年的目标建成社会主义现代化强国，大家也都认为能够实现，现在我们看到的反映都是好的，令人欢欣鼓舞。在中国共产党的坚强领导下，中国人没有什么事干不成的，说到就能做到，因为过去无数的例证反复证明了这一点。

第二个百年的奋斗目标没有具体的数字指标、量化指标，没有像我们过去讲的国内生产总值翻一番。为什么没有？发展理念思路变了，我们更加注重全面，更加注重质量，更加注重可持续，更加注重人与自然和谐相处。比如说，对生态文明的要求比过去更重视，对法治的要求、民主的要求也比过去更高，对于共同富裕也更加强调。过去这些年，解决收入差距问题，解决社会保障全覆盖的问题，在全覆盖的基础上再逐步提高水平。这几年，低收入的老百姓获得感更强一些。现在收入差距还是不小，要进一步缩小，这个缩小不是把高收入的人群的收入降下来，关键是把低收入人群的收入补上去。另外，不管是低收入的还是高收入的，社会保障大家都很看重。谁能保证不生病呢？谁家孩子不上学呢？我想社保也非常重要。

基本实现现代化是一种程度的要求,建成社会主义现代化强国是更高层次的要求。这个要求不像过去,让有些领导干部就想着 GDP 增长,如果想着怎么能够实现要求目标,以 GDP 论英雄的问题恐怕自然就出现了。在这方面,我们深刻汲取了过去的教训,提出了全新的发展理念。发展要求越来越高,发展质量越来越好,发展给人民带来的幸福感、获得感、安全感也越来越强。

习近平总书记在报告中讲到了新时代中国共产党的历史使命,主要就是讲怎么实现中华民族伟大复兴的中国梦。四个伟大:实现伟大梦想,必须进行伟大斗争;实现伟大梦想,必须建设伟大工程;实现伟大梦想,必须推进伟大事业。中国梦对于每一个中国人都有很大的吸引力、凝聚力,我们大家都希望国家富强、民族振兴、人民幸福。

近百年来,在中国共产党领导下,我们第一步解决了站起来的问题,第二步又解决了富起来的问题,现在新时代正处在强起来的过程中。我们已经比较强了,我们还希望更强。我们日益走近世界舞台中央,中华民族正以崭新姿态屹立于世界的东方。实现中华民族伟大复兴的奋斗目标,是一代一代中国共产党人的憧憬和夙愿,在我们这代中国共产党人的手上,一步一步地实现了。正如习近平同志在十九大报告一开头讲的"不忘初心,牢记使命"。中国共产党人的初心和使命,就是为中国人民谋幸福,为中华民族谋复兴。甚至过去很多中国共产党人为此付出了生命的代价。

新时代,在以习近平同志为核心的党中央坚强领导下,我们党一定会越干越好,一定会稳步地推进伟大事业,一定会如期实现"两个一百年"的奋斗目标,实现中华民族伟大复兴的中国梦!

第八节 "四个自信"的现实重要性

十九大修改的党章正式把文化自信写进去。在这之前,尤其是在庆祝中国共产党成立 95 周年大会之前,我们讲得比较多的是"三个自信",坚定道路自信、理论自信、制度自信。2016年，习近平总书记在庆祝建党95周年大会上正式提出"文化自信"，这次写入了党章。

【视频】朗读党章（节选）

改革开放以来我们取得一切成绩和进步的根本原因，归结起来就是：开辟了中国特色社会主义道路，形成了中国特色社会主义理论体系，确立了中国特色社会主义制度，发展了中国特色社会主义文化。

过去讲"三个自信"，我们非常认同。为什么认同？为什么自信？因为有理由、有资格自信。我们发展的巨大成功，就是自信的最重要依据。习近平总书记指出，"当今世界，要说哪个政党、哪个国家、哪个民族能够自信的话，那中国共产党、中华人民共和国、中华民族是最有理由自信的。"这话说得底气十足。我们取得了这么大的成功，不就证明了我们道路走对了吗？我们理论是正确的，制度有生机活力。

第一，道路自信。1956年我们经过社会主义改造，建立了社会主义基本制度，从那之后我们就探索一条适合中国国情的社会主义建设道路。以毛泽东为主要代表的共产党人做了艰辛探索，带领人民进行社会主义建设，为新的历史时期开创中国特色社会主义提供了宝贵经验、理论准备、物质基础。改革开放以来，以邓小平为主要代表的中国共产党人总结过去的教训，进行新的探索，我们走出了一条中国特色社会主义道路，毫无疑问成功了。当年有很多社会主义国家改旗易帜了，今天我们是依然在走社会主义道路，而且走得最好的国家。中国特色社会主义表现出了它的优越性，给我们中国人民，甚至给世界人民带来了福祉，带来了发展的机会。全世界范围内，尤其是发展中国家，过去若干年，谁比我们发展得更快、谁又比我们发展得更好呢？恐怕很难找到，所以我们道路走对了。

第二，理论自信。与我们的实践创新相结合，以邓小平为主要代表的中国共产党人创立了中国特色社会主义理论体系，大大丰富发展了马列主义。比如说过去社会主义，尤其是苏联模式的社会主义，经济上往往被说成是"四个单一"，单一公有制、单一计划经济、单一按劳分配、单一农业集体经营，所谓僵化主要是体现在这四个方面。所以在同苏东原执政党人交流的时候，他们讲发生东欧剧变第一个原因就是教条式的对待了马克思列宁主义，表面上看还是当作指导思想坚持，但是僵化的坚持，没有讲过新话，还是100多年前那些老话，甚至对新的现实解释不清楚，怎么指导实践？中国共产党人就是实现与时俱进，我们的理论经过实践检验是正确的，所以有理由相信。

第三，制度自信。我们的制度有生命活力，当年建立起了社会主义基本制度，经济方面、政治方面都建立了，能够集中力量办大事。公有制为主体，国家对关系到国计民生方面决策有重大的影响力和控制力。再比如农村土地集体所有制也有很大的优势。我们工业化进程发展得就是快，基础设施建设的速度谁也比不上。再看土地，让农民感觉到越来越成为他们安心生活，甚至安心养老最重要的资源。土地承包权利每家农民都有，十九大这次又提出第二轮土地承包到期后再延长30年，农民欢欣鼓舞。社会主义基本制度是好的，改革开放以来我们又不断地对制度进行补充、完善、改革，越来越焕发出生机和活力。

所以我们强调这三个方面的自信，真是底气十足。我们认清了为了国家、民族和老百姓，就应该这么干，不能被任何人所动摇。既不走封闭僵化的老路，也不走改旗易帜的邪路。这次为什么又特别强调文化自信？我觉得认识更深刻了。支撑道路、制度、理论背后不就是我们的文化吗？我们的先进文化，包括中华优秀传统文化、革命文化，还有不断发展的社会主义先进文化。我们的文化力量更基本、更深沉、更持久。

习近平主席会见美国总统特朗普的时候，在故宫里就谈文化自信。说到我们5000多年文明史，特朗普总统说埃及更长一点，习近平主席马上接过来，中国是唯一的文明没中断的国家。我们古代的传统观念、文化，至今还在我们的骨子里，至今我们还坚持认同。习近平总书记善于讲中国故事，他不论讲到哪，都使人容易听得懂和接受。之所以有这个效果，很重要的一点，他是从中国文化角度讲中国故事，容易讲得明白、讲得透彻。比如说他到欧美访问，讲中华5000年的文明史，生生不息，也就决定了我们的道路、制度、价值观等等很多方面跟你们不一样。

这几年，在对外交往的过程中，我尝试从文化的角度讲中国的故事，用中国的神话传说去跟西方人讲我们的文化。比如说大禹治水三过家门而不入、愚公移山、精卫填海、女娲补天、夸父追日、后羿射日等等。大家想一想，这些神话故事表现出我们中华民族什么样的精神状态？自强不息。西方哪有这样的传说？我记得有一次跟西方人特别讲到大禹治水"三过家门而不入"的故事。为什么？为了公众利益，为了治水。古往今来，中国人对为官就是这个要求，为官的人也往往会用这样的要求来约束自己，忠孝不能两全。家国情怀不也是如此吗？没有国哪来的家？肯定要爱国。这是中华传统文化优秀的地方，中国共产党不光继承了，而且发扬光大。把这种观念、要求发展成什么？全心全意为人民服务的宗旨。我们共产党人除了人民的利益，我们没有别的利益。我们一切工作的出发点、落脚点都是为了满足人民的利益。人民高兴、人民希望的事情我们努力去做；人民不满意的事情也是我们党所着力要解决的问题。我们党这么说，也这么做，老百姓也就认同我们。这背后不就是我们的优秀传统文化吗？当然我们中国共产党人发展了。

【视频】朗读党章（节选）

全党同志要倍加珍惜、长期坚持和不断发展党历经艰辛开创的这条道路、这个理论体系、这个制度、这个文化，高举中国特色社会主义伟大旗帜，坚定道路自信、理论自信、制度自信、文化自信，贯彻党的基本理论、基本路线、基本方略，为实现推进现代化建设、完成祖国统一、维护世界和平与促进共同发展这三大历史任务，实现"两个一百年"奋斗目标、实现中华民族伟大复兴的中国梦而奋斗。

我们也不断地吸收外来的先进文化。改革开放以来，在这方面我们做得更多、更好。所以，我们的文化兼收并蓄，在各方面表现出了更基本、更深沉、更持久的力量。如果想清楚了，我们就一定会认同文化自信，一定会自觉地、努力地弘扬中华优秀传统文化、革命文化，发展社会主义先进文化。

所以，强调文化自信，包括其他三个方面的自信，是真正对我们党、国家、中华民族，也包括对于我们每个人负责任的态度。

第九节　我国社会主要矛盾的转化

我国社会主要矛盾的转化。党能否正确的判定我国社会的主要矛盾，直接决定着能否正确的制定党的路线方针政策，特别是直接决定着确定党和人民的中心任务。

了解党的历史的同志知道，1956年党的八大对我国社会的主要矛盾做出了科学的判断，主要矛盾已经不是无产阶级和资产阶级的矛盾，而是"人民对于建立先进的工业国的要求同落后的农业国的现实之间的矛盾"。

改革开放以来，我们党对社会主要矛盾判断是"人民日益增长的物质文化需要同落后的社会生产之间的矛盾"。基于这样的判断，确定以经济建设为中心。回头想一想，过去这几十年我们发展得很快，变化很大，跟主要矛盾的正确判断有着直接密切的关系。

这次十九大为什么认为主要矛盾发生了转化？为什么做出了新的判断。"我国社会主要矛盾已经转化为人民日益增长的美好生活需要和不平衡不充分的发展之间的矛盾"。这是最新的判断，写入了党章。

【视频】朗读党章《总纲》（节选）

在现阶段，我国社会的主要矛盾是人民日益增长的美好生活需要和不平衡不充分的发展之间的矛盾。十九大的判断很及时、很准确。过去的表述强调"落后"，强调为了解决这个问题，我们要以经济建设为中心，要发展，着眼点是对的，判断也是符合实际。我记得1954年的时候，毛泽东同志说过这样的话，我国工业很落后，落后到什么程度呢？他说"我们能造什么呢？能造桌子，能造茶碗茶壶，能种粮食还能磨成面粉，还能造纸。但是一辆汽车、一架飞机、一辆坦克、一辆拖拉机都不能造。"当时很多工业品、生活消费品很短缺。我记得小的时候有钱有些东西还买不到，还得要票要证。为什么有那么多票证，就是短缺、不够。经过了改革开放将近40年的发展，我们谁还能见着粮票、布票？早就成了文物。

今天，我们发展水平大大提高，物质文化产品的供应大大丰富。2010年，中国成为世界第二大经济体，我们的总量还在不断增长过程中。但是，人民日益增长的美好生活需要的范围和程度都变化了。十九大报告当中讲到"在民主、法治、公平、正义、安全、环境等方面的要求日益增长"。我们老百姓吃饱喝足早就不是问题了，全面建成小康社会就在眼前。

比如说民主，我们大家都知道很重要，这是我们发展的目标之一。基层这几年不是就要解决小官大贪的问题吗？小官为什么能大贪呢？监督不到位是主要原因之一。但是，如果我们基层民主丰富了健全了，那可就不是这个样子了。我在浙江金华挂职过，金华武义县有个后陈村，这个村2004年在全国首创的村务监督制度，选出了村务监督委员会。比如说外头来客人吃顿饭，村委会主任一个人签字报销不了，还得有监督委员和主任签字，报销完之后还得在老百姓当中公布账款。出去采购东西，监督委员会有人跟着，一定要货比三家，买质量最好的、最便宜的。

再比如法治，法治非常重要，和我们每个人都有关系。所以，这几年中央特别强调全面依法治国。我国法治进程大大推进，有了很大改观。

另外还有公平正义。我们不能因为哪个孩子生在农村、山区就失去了受教育的机会。政府应该为每一个孩子提供平等的接受良好教育的机会，大家对这些事越来越看重，包括著名高校招生名额有计划地向农村地区、向少数民族地区、向欠发达地区追加名额，大家觉得是公正的。

我们再看环境，环境谁能不重视呢？尤其是如果我们生活在大城市，如果说我们这个城市有雾霾，那么谁不在乎呢？这几年越来越多的人明白什么叫霾，越来越多的人明白PM2.5是怎么回事，我们政府加大力度来改善我们的环境。现在保护环境的意识大家都有了，环境的改善力度比过去大多了，效果也比过去明显多了。

再比如安全，这次习近平总书记在十九大报告当中讲到人民的幸福感、获得感时，还特别讲到安全感，我觉得讲得很好。我跟外国人交流，出国的时候不太有安全感，有想不到的事，防不胜防。但是在我们国家，老百姓就感觉到安全感，哪个老百姓能不重视这种安全感。

十九大报告对社会主要矛盾的新变化分析得非常全面、非常准确。我们党基于这样的分析，认识到发展还有一些不平衡不充分，比如城乡区域发展不平衡，东西部地区发展不平衡。我们就要努力地提高发展质量，补发展的短板，更多地、更好地满足老百姓多方面美好生活的需要。

这次十九大报告讲了一个变化，但同时还讲了两个没有变。什么没有变呢？我国仍处于并将长期处于社会主义初级阶段的基本国情没有变，我国是世界最大发展中国家的国际地位没有变。

【视频】朗读党章《总纲》（节选）

我国正处于并将长期处于社会主义初级阶段。这是在原本经济文化落后的中国建设社会主义现代化不可逾越的历史阶段，需要上百年的时间。我国的社会主义建设，必须从我国的国情出发，走中国特色社会主义道路。

有的同志讲这不矛盾吗？怎么那个变这两个还没变呢？我认为不矛盾，是一致的。比如说，我们看报告、党章讲主要矛盾的变化，出现不平衡不充分的问题，但是强调重点还是发展。初级阶段的判断是 1987 年十三大正式写进党代会报告。我们发展落后，决定了这个特殊阶段，不是所有的社会主义国家初期必经的阶段。这次虽然主要矛盾发生了变化，但是落后的状况根本改变吗？至少没有完全改变。比如说经济总量很大了，是世界第二大经济体，但要人均呢？人均我们在世界上就比较靠后了，最大的发展中国家地位没有变，我们还是发展中国家。按照十九大报告的说法，21 世纪中叶我们才能建成社会主义现代化强国。所以，我觉得一个"变化"和两个"没有变"是有机统一，这个基础上，我们还强调要坚持党在初级阶段的基本路线，强调要以经济建设为中心，强调要解放生产力、发展生产力，后面这些判断都是跟主要矛盾变化的判断密切相关。

所以，十九大对社会主要矛盾的转化及时准确地做出新判断，并把这个判断写入党章，这对党和国家各方面的工作都是有着重要的长远指导意义！

第十节　坚持党在社会主义初级阶段的基本路线

党在社会主义初级阶段的基本路线是1987年党的十三大正式提出的。从那时起,党章当中一直有这部分,基本内容没有什么变化,只是在党的奋斗目标这方面有两次补充。一次是十七大修改党章,我们的奋斗目标在富强民主文明之后加上了"和谐"。为什么加?大家都理解。我们强调社会建设,强调社会和谐,所以这也是我们的奋斗目标。十九大修改的党章,在"和谐"之后又加了"美丽"。为什么加?也不难理解。因为十八大强调生态文明建设,提出建设美丽中国,我们的奋斗目标跟五大建设相一致。

十八届六中全会通过的《关于新形势下党内政治生活的若干准则》里面特别强调坚持党在社会主义初级阶段的基本路线。这条基本路线是党和国家的生命线,人民的幸福线。这次在十九大报告中又重申了,初级阶段我们判断要上百年,初级阶段的基本路线就是指在初级阶段上百年的时间里,我们干什么怎么干,将这些最重要的问题说清楚。

【视频】朗读党章(节选)

中国共产党在社会主义初级阶段的基本路线是:领导和团结全国各族人民,以经济建设为中心,坚持四项基本原则,坚持改革开放,自力更生,艰苦创业,为把我国建设成为富强民主文明和谐美丽的社会主义现代化强国而奋斗。基本路线有几个要素。

第一,领导和团结全国各族人民,强调党的领导的重要性,从历史现实我们都看清楚了,中华民族从近代落后挨打能走到今天,就是靠着党的坚强领导。我们的政治制度是坚持中国共产党领导的多党合作和政治协商制度,没搞别的国家多党制、两党制,优势非常明显。政治社会稳定,有连续性,一个接一个五年规划制定出来,付诸实施。世界上能做到这样的国家有几个?很难找。中国共产党跟民主党派协商取得一致,成为正式决策。决策作出以后，因为我们党的组织坚强有力，而且有深厚广泛的群众基础，贯彻落实也是高效的。这个优势不光我们看清楚了，现在世界上看清楚的人越来越多，当然我们看得更深刻。习近平总书记强调，中国特色社会主义最本质的特征是中国共产党领导，中国特色社会主义制度的最大优势是中国共产党领导。所以这一条很重要。

第二，坚持以经济建设为中心。我们说基本路线"一个中心、两个基本点"，这个中心就是以经济建设为中心。改革开放以来我们始终坚持这个中心，因为我们党明白，要满足人民不断增长的物质需要，经济是最重要的。这是基础、前提，没有经济的发展，后面的发展无从谈起，所以一再强调。

第三，两个基本点。一个基本点是"坚持四项基本原则"。"四项基本原则"有哪四项？坚持社会主义道路、坚持人民民主专政、坚持中国共产党的领导、坚持马克思列宁主义毛泽东思想。这是1979年邓小平同志明确提出的，现在这四项基本原则是我们的立国之本。

我们是社会主义国家，共产党执政的国家，我们的制度优势今天看得越来越清楚，一定要坚持这些基本制度，尤其是坚持党的领导，坚持中国特色社会主义。

在这个问题上，邓小平同志态度非常明确坚定，习近平同志也非常明确坚定，强调"党的十八大精神，说一千道一万，归结为一点，就是坚持和发展中国特色社会主义"。十九大的主题是高举中国特色社会主义伟大旗帜。习近平新时代中国特色社会主义思想，就是围绕"新时代坚持和发展什么样的中国特色社会主义、怎样坚持和发展中国特色社会主义这个重大时代课题"展开的。所以四项基本原则绝不能动摇，也绝不允许动摇。

再看另一个基本点，坚持改革开放。改革开放是1978年以来最重要的特征。我们40年持续不断地改革，十八大以来全面深化改革。改革给我们带来了什么？解放了生产力，发展了生产力，带来了巨大发展。

举几个例子，比如说联产承包责任制这项改革举措，就解决了中国人吃饱饭的问题。再比如，市场经济体制的建立带来了发展的活力和动力。过去实行严格的指令性计划，企业生产什么产品，规格、型号、数量都规定死了，必须照着做，企业没有自主权、积极性。但是市场经济体制建立以后，企业为了实现自己利益最大化，就得去竞争，动力活力压力无处不在。再比如，社会主义初级阶段基本经济制度的确立，公有制为主体、多种所有制经济共同发展，非公有制经济成分现在在我们的经济总量、税收、就业人口中，发挥的作用越来越大。

改革给我们带来这样一些东西，那么开放呢？从上世纪70年代末到现在，给我们带来了外国的资金、技术、设备、管理，带来了先进的理念，带来了一些先进的体制机制，包括股票、基金、证券、社会保障制度等等。我们在学的基础上，有自己的创新和特点。今天开放到了更高的层次，有更高水平，我们走出去，不仅仅是引进来。所以，这个基本点被认为是强国之路。

第四，奋斗目标。为把我国建设成为富强民主文明和谐美丽的社会主义现代化强国而奋斗。这个奋斗目标跟现在进行的五个方面的建设紧密相关，完全吻合一致。

所以，基本路线虽然很简短，但是，是对我们过去历史经验教训深刻的总结，也是改革开放以来，成功经验的深刻总结。我们过去发展得那么好、那么快，就是因为始终坚持这个基本路线。今后我们要继续发展得好、发展得快，这个基本路线绝不能动摇。

【视频】朗读党章（节选）

坚持党的基本路线。全党要用邓小平理论、"三个代表"重要思想、科学发展观、习近平新时代中国特色社会主义思想和党的基本路线统一思想，统一行动，并且毫不动摇地长期坚持下去。

所以，作为中国共产党人我们要坚定坚持党在社会主义初级阶段的基本路线，作为普通的中国人，哪怕不是党员，为了国家好、民族好、自己好，我们也一定得认同和坚持这个基本路线。

问题讨论：

1. 十九大新党章的现实意义

2. 新党章做出的重要修订——党的基本主张是什么？

3. 新党章做出的重要修订——党的基本理论是什么？

4. 新党章做出的重要修订——党的基本路线是什么？

推荐阅读书目：

1. 《十九大党章学习讲座》/本书编写组编著。

2. 《十九大报告关键词》/本书编写组编著。

3. 《十九大党章600题》/本书编写组编著。

4. 《十九大党章修正案学习问答》/本书编写组编著。

5. 《中国力量》/金民卿等著。

6. 《砥砺奋进谱新篇》/张福俭编著。

7. 《十九大党章修正案学习问答》（编者：本书编写组，党建读物出版社，2017年10月）

8. 《理论自信：做坚定的马克思主义信仰者》（作者：陈先达，吉林人民出版社，2016年3月）

第三编 03
新时代党性教育

第六章

新时代理想信念教育

第一节 坚定理想信念是党性教育之魂

一、坚定理想信念,坚守共产党人精神追求,始终是共产党人安身立命的根本

新形势下开展党内政治生活,必须要始终把坚定理想信念挺在前面,始终把理想信念教育融入加强和规范党内政治生活的各个方面。我们党之所以能不断从胜利走向新的胜利,归根到底是因为有远大理想和崇高追求。崇高的共产主义理想和坚定的中国特色社会主义信念,始终是激励和鼓舞中国共产党人不懈努力奋斗的精神动力。坚定理想信念,坚守共产党人精神追求,始终是共产党人安身立命的根本。党的十九大报告高度重视理想信念,提出"以坚定理想信念宗旨为根基""要把坚定理想信念作为党的思想建设的首要任务"。认真学习贯彻党的十九大这一重要部署,首先要深刻认识坚定理想信念的重要性。

(一)把坚定理想信念作为党的思想建设的首要任务。党的十九大报告强调,思想建设是党的基础性建设。共产主义远大理想和中国特色社会主义共同理想,是中国共产党人的精神支柱和政治灵魂,也是保持党的团结统一的思想基础。在"两学一做"学习教育中,"讲政治、有信念"是合格党员的首要标准。当前,个别党员干部在理想信念方面出了问题,主要表现在理想信念模糊、理想信念动摇和理想信念丧失。这就要求我们在新时代加强党的建设中,必须要以坚定理想信念为根基,始终把坚定理想信念作为党的思想建设的首要任务,教育引导全党牢记党的宗旨,挺起共产党人的精神脊梁,解决好世界观、人生观、价值观这个"总开关"问题,自觉做共产主义远大理想和中国特色社会主义共同理想的坚定信仰者和忠实实践者。

(二)坚定理想信念是新时期好干部第一位的标准。治国之要,首在用人。党的事业需要好干部,人民群众期待好干部,干部希望成为好干部。不同历史时期,对好干部的具体要求有所不同。党的十八大以来,习近平总书记对干部队伍建设提出一系列新理念新思想新战略,推动干部队伍呈现出崭新的面貌。2013年6月,习近平总书记在全国组织工作会议上指出:"好干部要做到信念坚定、为民服务、勤政务实、敢于担当、清正廉洁。"这20个字赋予了好干部新的时代内涵,是新时期做一名好干部的"五条标准",是各级领导干部的实践准则和奋斗方向。其中,理想信念坚定是新时期好干部第一位的标准。看一名干部是否是好干部、是否合格,首先要看信念是否坚定。此外,坚定理想信念也是"四铁"干部的重要内容。2015年12月,习近平总书记在全国党校工作会议上强调:"实现全面建成小康社会奋斗目标、实现中华民族伟大复兴的中国梦,关键在于培养造就一支具有铁一般信仰、铁一般信念、铁一般纪律、铁一般担当的干部队伍。"由此可见,理想信念坚定是一名好干部的立身之本。

(三)开展党内政治生活的首要任务是坚定理想信念。严肃党内政治生活,是全面从严治党的基础。党的十八届六中全会强调,必须把坚定理想信念作为开展党内政治生活的首要任务。这一重要论断凸显了坚定理想信念在开展党内政治生活中的重要地位。党员干部理想信念坚定,党内政治生活就会积极健康地开展;反之,党员干部理想信念动摇或模糊,党内政治生活就会出现各种问题。新形势下开展党内政治生活,必须要始终把坚定理想信念挺在前面,始终把理想信念教育融入加强和规范党内政治生活的各个方面。坚定的理想信念,无论是对党员干部,还是对一个政党、民族和国家,都十分重要。习近平总书记强调,一个国家、一个民族、一个政党,任何时候任何情况下都必须树立和坚持明确的理想信念。我们党之所以能不断从胜利走向新的胜利,归根到底是因为有远大理想和崇高追求。事实告诉我们,一个政权的瓦解、衰落往往是从思想领域开始的,往往是从理想信念的丧失开始的。苏联的解体、苏共的垮台,很重要的原因就是理想信念动摇了,思想防线失守了,教训极为深刻。历史经验时刻提醒我们,只有始终高扬理想信念旗帜,才能夯实团结统一的思想基础,确保党更加坚强有力、党的事业更加兴旺发达。

(四)坚定理想信念是党员干部廉洁自律第一位的要求。2015年10月18日,中共中央颁布实施新修订的《中国共产党廉洁自律准则》,这是中国共产党执政以来第一部坚持正面倡导、面向全体党员的规范全党廉洁自律工作的重要基础性法规。《准则》开篇掷地有声地向全党明确提出"四个必须"的总体要求,其中坚定理想信念是对全党提出的第一位的要求,即中国共产党全体党员和各级党员领导干部必须坚定共产主义理想和中国特色社会主义信念。理想信念是人们对未来美好事物的向往、追求以及由此确立的坚定不移的精神状态。坚定信念要求党员干部必须要坚定对马克思主义的信仰,坚定对社会主义和共产主义的信念,坚定对中国特色社会主义的道路自信、理论自信、制度自信和文化自信。简单地说,理想信念就是一个人的志向。古人说:"志之所趋,无远勿届,穷山距海,不能限也。志之所向,无坚不入,锐兵精甲,不能御也。"习近平总书记指出:"理想信念就是共产党人精神上的'钙',没有理想信念,理想信念不坚定,精神上就会'缺钙',就会得'软骨病'。"这一精彩比喻进一步加深了共产党人对理想信念的认识,这一深刻透彻的重要论述充分说明了理想信念对共产党人的重要性。崇高的共产主义理想和坚定的中国特色社会主义信念,始终是激励和鼓舞中国共产党人不懈努力奋斗的精神动力。

(五)坚定理想信念是加强道德修养第一位的内容。中国共产党历来高度重视领导干部道德修养。习近平总书记指出:"道德问题是做人的首要的基本问题。"道德之于个人、之于社会,都具有基础性意义,做人做事第一位的是崇德修身。当前,个别党员干部道德滑坡问题严重,许多腐败分子走上犯罪道路,大多是从品行不端、道德败坏开始的。因此,加强领导干部官德修养具有重要意义。加强官德修养有很多途径和方法,首先应从立德开始,也就是从坚定理想信念入手。理想信念是立德的基础,有什么样的理想信念,就会有什么样的道德标准。因此,各级领导干部在官德修养中,要始终做到坚定理想信念以立德。2016年中共中央组织部、人力资源社会保障部、国家公务员局联合印发《关于推进公务员职业道德建设工程的意见》,对贯彻落实党的十八大以来中央关于加强公务员道德建设的新要求、全面提升公务员职业道德水平进行具体部署。《意见》明确提出,公务员职业道德的主要内容是"坚定信念、忠于国家、服务人民、恪尽职守、依法办事、公正廉洁",其中,坚定信念是公务员职业道德的首要内容。所以,广大公务员、各级领导干部加强道德修养,首先要坚定崇高的理想信念。

(六)理想信念教育是干部教育培训的必修课。干部教育培训工作是干部队伍建设的先导性、基础性、战略性工程。习近平总书记指出,干部教育培训的首要任务是抓好理想信念教育,确保我们的江山不易色、政权不丢失、道路不改变。这就要求我们在干部教育培训工作中,要持之以恒地抓好理想信念教育,实现教育的经常化和长效化,把理想信念教育贯穿到全面从严治党的全过程,切实发挥好"固根守魂"的功能。党的十八届六中全会通过的《关于新形势下党内政治生活的若干准则》明确指出:坚定理想信念,必须加强学习。干部教育培训工作要把理想信念教育摆在教育培训任务的第一位,纳入各级党校、行政学院、干部学院等各级各类干部教育培训机构的教学布局,作为各级党委(党组)中心组学习的重要内容。新形势下切实加强干部的理想信念教育具有重要意义。具体来说,第一,加强理想信念教育,是全面推进党的建设新的伟大工程的需要。党要管党,首先要管好干部;从严治党,关键是从严治吏。党的十八大以来,党中央高度重视全党尤其是领导干部的理想信念教育,采取了一系列有力举措,如"三严三实"专题教育、"两学一做"学习教育都突出了"理想信念教育"的内容。第二,思想理论上的坚定清醒是政治上坚定的前提。习近平总书记指出:"理论上清醒,政治上才能坚定。坚定的理想信念,必须建立在对马克思主义的深刻理解之上,建立在对历史规律的深刻把握之上。"广大党员干部必须把马克思主义理论作为首要的必修课,深入学习习近平新时代中国特色社会主义思想,做到真学、真懂、真信、真用,不断提高马克思主义思想觉悟和理论水平。

二、坚定理想信念基本要求

胡锦涛曾经指出:"大力保持党员、干部思想纯洁,加强思想建设,教育引导广大党员、干部坚定理想信念、坚守共产党人的精神家园"。使他们坚定共产党人的理想信念,始终站在时代的前列,是党的先进性建设的核心和灵魂,也是保持共产党员先进性的核心和灵魂。

张闻天说过"生活的理想,就是为了理想的生活"。理想信念关系党的前途命运,是灵魂、是方向。加强理想信念教育是一个政党治国理政的保障,是一个民族奋力前行的向导,是党员干部的立身之本、力量之源、率众之基。忠诚于党的理想信念,是一名共产党员的基本要求,也是一名领导干部的基本规范。

(一)要切实增强政治敏锐性和鉴别力。要坚守马克思主义理想信念,勇于抵制各种错误思想理论的侵袭,进一步保持政治上清醒与坚定。严守党的政治纪律,增强大局意识,自觉与党中央保持高度一致,坚决维护中央权威,保证中央政令畅通,不折不扣地把党的路线方针政策落实到具体工作中。一是联系实际信仰、学习和运用马克思主义,志当存高远。只有努力学习和运用马克思主义,尤其学习和运用当代中国的马克思主义——邓小平理论和"三个代表"重要思想,结合社会主义现代化建设事业取得的新成就,才能深刻认识马克思主义的巨大真理价值,才能牢固地树立对马克思主义的信仰。马克思主义的科学世界观和关于社会主义与共产主义的一般原则,是被无产阶级革命和社会主义建设的实践与科学发展的新成果反复证明了的真理。因此,要树立正确的理想信念一定要信仰、学习和运用马克思主义。老一辈无产阶级革命家通过学习马克思、恩格斯的著作,树立了社会主义和共产主义理想，走上了革命道路，在实践中学习和运用马克思主义，为中国人民的解放和共产主义事业奋斗了一生，做出了巨大贡献。这条规律在社会主义建设时期对人们树立共产主义信仰仍然具有重大的指导作用。二是社会主义建设事业要成功，必须遵循马克思主义的基本原理。探索符合本国实际的社会主义发展道路，进行社会主义改革，反对腐败，密切联系群众。中国改革开放和现代化建设取得巨大成就，就为社会主义提供了成功的例证。我们一定要运用辩证唯物主义和历史唯物主义的观点和方法，从社会发展规律的高度、从事物本质上认识问题，既要看到社会主义在发展过程中的曲折，更要看到社会主义的强大生命力和光明前途；既要看到当代资本主义制度有促进经济科技发展的一面，更要深刻认识它必然为社会主义所取代的历史必然逻辑，做到在任何时候任何情况下都要坚持社会主义信念不动摇。三是提升素质，勇挑重担，无私奉献。"非学无以广才，非志无以成学"。在学习上，要不断充实教育工作的内涵。要实现业务工作和党建工作"两手抓、两手硬"的良好态势。把日常工作与党建结合起来，在突击性、重要性工作面前，成立党员突击队，工作中勇挑重担、敢破难题，有意识地让党员在业务工作一线"亮牌、亮绩"，实现党员在一线起作用、受教育，基层党组织的凝聚力、战斗力显著增强。要加强对党员的全方面关怀，要成立基层的党员教育活动中心，积极开展相关活动，包括一些公益的服务项目，实现在奉献中彰显党性、提升素质。

（二）为实现社会主义现代化和中华民族的伟大复兴而奋斗。"世界上最快乐的事，莫过于为理想而奋斗"（苏格拉底）。共产主义理想在中国现阶段的表现形式，就是党领导广大人民建设中国特色社会主义，为实现新时代战略目标任务奋斗。

（三）对党忠诚、以人为本、公道正派、甘于奉献、求实创新、清正廉洁。心随朗月高，志与秋霜洁。要坚持以人为本、执政为民理念，以人为本、执政为民是党的性质和宗旨的集中体现。我们党进行的一切奋斗，归根到底都是为了实现最广大人民的根本利益。要牢固树立以人为本、真情关爱，营造温馨亲和的氛围，了解群众所思所扰所盼，实实在在地为群众办实事,真心实意地为民解决实际困难。要牢固树立马克思主义群众观,把群众利益作为头等大事,凡涉及群众的切身利益和实际困难的事情,再小也要竭尽全力去办。

(四)常修为政之德、常怀律己之心、常思贪欲之害,常戒非分之想。静以修身,俭以养德。理想、信仰、信念居于人格的高层面,决定着人格的性质和发展方向,决定着人格的其他素质(道德品质、认知、意志、情感等)的性质和发展程度。要坚守高尚的道德情操。高尚的道德品质是共产党员精神宝贵财富。道德品质是廉洁之根,廉是一种品德,品德决定廉,"若失品格,一切皆失"。公生明,廉生威。党员、干部要严格遵守党纪国法,严格按照《中国共产党员领导干部廉洁从政若干准则》办事,做到一身正气、两袖清风,始终保持共产党人求真务实、清正廉洁本色。"志不强者智不达"。一个人树立了崇高的理想,他就会自觉地努力地塑造自己的高尚人格。而高尚人格的形成和发展,又促使人为实现理想而不懈地奋斗。党员领导干部和党员在树立与坚定崇高的共产主义理想过程中,要通过学习和实践努力塑造自己为社会主义现代化建设所需要的人格。邓小平提出的"四有"新人,就是社会主义现代化建设所要求的人格。按照"四有"要求塑造人格,就是要有马克思主义为指导的现代价值观(包括民主、法制、纪律观念),有以现代科学知识为基础的较高的文化水平,有较强的实践能力和创新能力,有全心全意为人民服务、无私奉献的品德。

(五)倡导说实在话、干实在事、做实在人。"白日莫闲过,青春不再来"。要想承担起时代赋予我们的责任,那就必须实实在在地做事,堂堂正正地做人。要强化"理想信念、廉政纪律"教育。长期的体制弊端,养成了敷衍塞责、说官话、耍权力、拉帮派、专门讨好领导,利用手中的权力刻意地讨好别人,在这些人眼里根本不知道什么是自己的职责,无论干什么活都要先看看在利益上、名誉上有无便宜可赚,如果自己公平地得到了回报就认为是吃亏了。在工作中投之以桃,报之以李,利用自己手中的那点权利拉私人关系,小恩小惠,等等。倡导干实在事、说实在话、做实在人能在一定程度上克服这些弊端,让那些说得好听,干的难看的人逐渐的失去立足之地。

以正行业风气,激发企业活力,让那些立足岗位、埋头苦干的人感受到希望,感受到有干头。"空谈误国,实干兴邦",作为党员干部,光在嘴上夸夸其谈,在实际工作中不知道怎样去履行自己的职责,只能做那些水皮打一棍的工作,做什么事情都讲的是一个表面"华丽",久而久之人员将失去动力,团体将失去活力。只有脚踏实地的立足岗位,才能发挥出个人对社会、对企业、对个人的贡献。

(六)爱岗敬业,自强不息。"古之立大事者,不唯有超世之才,亦必有坚忍不拔之志"。毫无疑问,爱岗敬业,让理想和信念在岗位上闪光,把自己的前途和命运与团体的明天紧密地联系起来,就是我们追求的主题。做好眼前的事,做好职责赋予自己的事,我们的明天就会更美好。"问渠那得清如许,为有源头活水来"。理想是人生的太阳,信心是命运的主宰。言而总之,坚守理想、信念是一项系统工程。理想信念与人生的关系就好比引线和风筝的关系,这个风筝能飞多高、能飞多远,关键在于你手中的线。其核心问题是建设有创新力、凝聚力、战斗力的党组织和党员队伍。基础不牢,地动山摇。一个人有了坚定的理想信念,就能矢志不渝、自强不息。所以,强化党员干部"常怀忧党之心、恪守兴党之责"、坚定理想信念已是势在必行、功在必得。

问题讨论:

1. 共产党员的理想信念是什么?

2. 共产党员的理想信念与普通群众的理想信念有什么区别?

3. 习近平同志把党员干部理想信念不坚定现象比喻为"缺钙",形象地说明了理想信念对党员干部的重要性问题,你是如何理解的?

4. 党员干部中存在的作风不正等问题与理想信念缺失有无关系?联系实际谈感悟。

5. 如何理解坚定理想信念是党性教育之魂?

第二节　坚持党的领导是党性强弱的根本标志

中国共产党之所以能够连续执政69年，是因为得到了最广大人民群众的支持。为什么能够得到群众支持，因为中国共产党在不同时期，无论是革命时期，还是建设时期，还是改革开放时期，始终代表国家民族的利益，为老百姓谋福祉，所以人民才会认同我们这个党。

在新时期，中国共产党依然把脱离群众视作最大危险。十八大以来，以习近平同志为核心的党中央，深刻地认识到了一些问题的严重性，采取了很多措施，赢得了人民的认同。比如，抓作风建设，包括八项规定以及一系列相关规定的出台，把四风遏制住，党的作风有了明显改观；比如，反腐败，又打苍蝇、又打老虎，努力编织关权力的笼子，党风廉政的状况有了改善；比如，"三严三实""两学一做"教育，让党员干部明白共产党现在存在什么问题，该怎么改进，怎么成为一个合格的党员；再比如，习近平一再强调，改革要体现公平正义，要让群众有更多的获得感。尽管今天中国经济发展遇到困难，但中国共产党仍不遗余力保持平稳快速增长，为老百姓创造就业机会，为老百姓带来越来越多的福祉……这些努力，极大拉近了党同人民群众的距离。

这里，给大家提供一篇题为《没有国家，你什么也不是》的来自海外同胞的文章部分内容，让我们想想一个问题，中国一旦失去共产党的领导，将会怎么样？

文章开头讲到，中国一旦失去共产党的领导，将会天下大乱。这不是危言耸听。全文如下：

十八大以来的成绩有目共睹，但这只是实现中华民族伟大复兴征程上的一小步，未来摆在党面前的挑战只会更多，而且哪一个都不会轻松，如今我们党已经拥有了应对挑战的丰富经验和克服困难的强大能力，我们党始终坚持实事求是、敢于自我纠错。这一点是世界上其它政党不具有的，这也是党总能一次次拨乱反正，摆正中国这艘大船航向，最终转危为安、实现更大发展的关键所在。比如，腐败的挑战，看形势仍然严峻；环境污染的问题，在有些地方依旧很严重；收入差距拉大的挑战，成为社会不稳定的重要因素；经济可持续发展的挑战，牵动着全世界的神经；发展民主的挑战，健全法治的挑战，外交上也有挑战，有些国家不希望看到中国快速发展，想方设法采取措施遏制……

这些挑战或许看起来十分棘手，但中国共产党的血液中一直就有自我革新、不断完善的基因，党有超乎寻常的韧性和意志来应对所遇到的种种困难。更为重要的是十八大以来，党实进行"四个全面"战略部署，加强党的自身建设，加大反腐倡廉力度，重塑政治生态，让党内风气越来越好，执政能力不断提高，以及不断改善民生，让老百姓生活越来越好，人民群众获得感持续增强；这一切都极大鼓舞了民心，让老百姓更加坚定了跟党走的决心。党的领导更加深得民心。有了人民群众的支持，我们共产党也就有了战胜一切困难的力量源泉，再大的困难和再严峻的挑战都不可怕。"我坚信，到中国共产党成立100年时全面建成小康社会的目标一定能实现，到新中国成立100年时建成富强民主文明和谐的社会主义现代化国家的目标一定能实现，中华民族伟大复兴的梦想一定能实现。

中国共产党之所以能够连续执政69年，是因为得到了最广大人民群众的支持。为什么能够得到群众支持，因为中国共产党在不同时期，无论是革命时期，还是建设时期，还是改革开放时期，始终代表国家民族的利益，为老百姓谋福祉，所以人民才会认同我们这个党。

在新时期，中国共产党依然把脱离群众视作最大危险。十八大以来，以习近平为总书记的党中央，深刻地认识到了一些问题的严重性，采取了很多措施，赢得了人民的认同。比如，抓作风建设，包括八项规定以及一系列相关规定的出台，把四风遏制住，党的作风有了明显改观；比如，反腐败，又打苍蝇、又打老虎，努力编织关权力的笼子，党风廉政的状况有了改善；比如，"三严三实""两学一做"教育，让党员干部明白共产党现在存在什么问题，该怎么改进，怎么成为一个合格的党员；再比如，习近平一再强调，改革要体现公平正义,要让群众有更多的获得感,尽管今天中国经济发展遇到困难,但中国共产党仍不遗余力保持平稳快速增长,为老百姓创造就业机会,为老百姓带来越来越多的福祉……这些努力,极大拉近了党同人民群众的距离。

这里,给大家提供一封题目为《没有国家,你什么也不是》的来自海外同胞的文章的部分内容,让我们想想一个问题,中国一旦失去共产党的领导,将会怎么样?

文章开头讲到,中国一旦失去共产党的领导,将会天下大乱。这不是危言耸听。全文如下:

"萨达姆死了,并没有找到大规模杀伤性武器。如今,天天爆炸、袭击、派教冲突。

卡扎菲死了,利比亚人民幸福了吗?如今,遍地废墟,重建遥遥无期。穆巴拉克下台了,带来埃及的民主和谐了吗?

我们每个中国人都要警惕了,任何时期的社会动荡最受伤害的就是老百姓,主动维护国家主权和领土完整,才是每个公民要形成的共识!

人总是在失去的时候才猛然醒悟我们原来的生活是如此美好!可是世上没有后悔药,当我们知道后悔的时候一切已经离我们远去。就像今天的俄罗斯、伊拉克人无论再怀念苏联的强大和萨达姆时期的富裕也与事无补。

作为中国人,我们是否也应该从利比亚的悲剧中汲取点什么!只有祖国才是我们的依靠,其他任何别的国家哪怕他说得天花乱坠,都不会作为我们的救世主!只有祖国强大稳定才是我们老百姓幸福自由的前提!

中国一旦失去共产党的领导,将会天下大乱。中国要乱了,那就是13亿中国人的灾难。目前中国60岁以上的老人有1.8亿。这1.8亿的老人,是保持中国稳定的基石,才能获得人心,才能取信于民,才能国泰民安。

既然我们的祖先已经把我们定义为中国人,我们只有爱中国,……给自己留点尊严吧,抬起头来,好好爱我们的国家吧!永远记住,国家好,民族好,大家才好!"

大家读后,一定有想法。我想只有一句话,还是祖国好,党的领导好。

问题讨论：
1. 如何理解坚持党的领导是党性强弱的根本标志？
2. 说说你对上文的感想。

第三节　坚持"四个自信"是党性强弱的具体要求

一、坚持道路自信

一个执政党，确定什么样的执政目标，坚持什么样的指导思想，选择什么样的实现路径，进行什么样的制度设计，是衡量其执政能力的几个重要因素。中国共产党自成立以来，对这些问题进行了长期思考和艰辛探索，取得了一系列丰硕成果，开辟了中国特色社会主义道路，形成了中国特色社会主义理论体系，确立了中国特色社会主义制度。实现中华民族伟大复兴，一定要坚定中国特色社会主义的道路自信、理论自信和制度自信。

道路关乎党的命脉，关乎国家前途、民族命运、人民幸福。中国特色社会主义，是科学社会主义理论逻辑和中国社会发展历史逻辑的辩证统一，是根植于中国大地、反映中国人民意愿、适应中国和时代发展进步要求的科学社会主义，是全面建成小康社会、加快推进社会主义现代化、实现中华民族伟大复兴的必由之路。在中国这样一个经济文化十分落后的国家探索民族复兴道路，是极为艰巨的历史任务。"人间正道是沧桑"。90余载风雨兼程，我们党对革命建设改革道路进行了接力探索，最终成功开辟和拓展了中国特色社会主义道路，从根本上改变了中国人民和中华民族的前途命运。

万丈高楼平地起。中国特色社会主义并非空中楼阁，它是在改革开放历史新时期开创的，但也是在新中国已经建立起社会主义基本制度、并进行了20多年建设的基础上开创的。从这个意义上说，中国特色社会主义道路可谓前后接续、一体贯通。在改革开放前的社会主义探索过程中，我们虽然经历了严重曲折，但党在社会主义建设中取得的独创性理论成果和巨大成就，为新的历史时期开创中国特色社会主义提供了宝贵经验、理论准备、物质基础。虽然这两个历史时期在进行社会主义建设的思想指导、方针政策、实际工作上有很大差别，但两者绝不是彼此割裂的，更不是根本对立的，在本质上都是中国社会主义社会的发展阶段。前一个阶段是后一个阶段的基础，后一个阶段是前一个阶段的继承、扬弃和发展，两个阶段共同促成了中国特色社会主义道路的形成。

中国特色社会主义道路是一条具有鲜明特点和独特优势的强国之路、富民之路。它是中国共产党人在遵循科学社会主义基本原则的前提下，立足于中国基本国情，总结国内外社会主义建设经验，带领全国各族人民共同开辟的，这条道路既与资本主义发展道路迥异，也与其他国家社会主义的发展道路不同；既体现了社会主义的根本原则，又体现了区别于其他社会主义国家的"中国特色"。这条道路在发展的战略重点、制度保障、动力机制上具有创新性，是以经济建设为中心、坚持四项基本原则、坚持改革开放的发展之路。这条道路在发展内容、发展布局、发展路径上具有全面性，是以解放和发展生产力为根本任务，以建设社会主义市场经济、民主政治、先进文化、和谐社会和生态文明为总体布局的腾飞之路。这条道路体现了社会主义的本质要求，是以促进人的全面发展，逐步实现全体人民共同富裕，建设富强民主文明和谐的社会主义国家为发展目标的进步之路。

实践证明，中国特色社会主义道路，延续了并从根本上发展了近代以来无数仁人志士的期盼和追求，凝结着千千万万革命先烈的奋斗和牺牲，承载着一代又一代中国共产党人的理想和探索，是通往国家繁荣富强、人民幸福安康的正确道路。实现中华民族伟大复兴，必须坚定不移走中国特色社会主义道路，我们必须坚定这样的道路自信。

二、坚持理论自信

理论上的成熟是政治上坚定的基础，理论上的与时俱进是行动上锐意进取的前提。中国共产党始终站在推动人类发展和改变中华民族命运的高度，寻求用先进理论来武装自己。因此，马克思主义这一以人类解放为己任，具有改变世界、变革现实的先进理论，就成为中国共产党矢志不移的历史性选择。这种清醒的理论自觉和理论自信由此成为我们党的鲜明特征。

在当代中国，坚持中国特色社会主义理论体系，就是真正坚持马克思主义。一个国家实行什么样的主义，关键要看这个主义能否解决这个国家面临的历史性课题。中国特色社会主义理论体系形成于民族伟大复兴的征程中，这一理论体系成功解决了民族复兴和社会主义现代化的四大基本问题。在什么是马克思主义、如何对待马克思主义这一基本问题上，继毛泽东思想后，创造性地实现了马克思主义与中国实际的"第二次结合"，在坚持和发展马克思主义，实现马克思主义中国化时代化大众化方面，提出了一系列新思想新观点，开辟了马克思主义在中国发展的新境界；在什么是社会主义、怎样建设社会主义这一基本问题上，创造性地回答了在中国这样一个经济文化比较落后的国家，如何建设、巩固和发展社会主义的问题，既坚持了科学社会主义基本原则，又根据时代条件和人民愿望提出了一系列新思想新观点，把我们党对社会主义的认识提高到了新的水平；在建设什么样的党、怎样建设党这一基本问题上，创造性地回答了在党的历史方位发生深刻变化的情况下，如何坚持立党之本、巩固执政之基、壮大力量之源的问题，围绕执政党自身建设提出了一系列新思想新观点，丰富和发展了马克思主义建党学说；在实现什么样的发展、怎样发展这一基本问题上，创造性地回答了什么是发展、为什么发展、怎样发展，发展为了谁、发展依靠谁、发展成果由谁享有的问题，在丰富发展内涵、创新发展观念、开拓发展思路、破解发展难题、实现科学发展方面提出了一系列新的思想观点，使我们党对发展问题的认识达到了前所未有的高度。

这是一个科学的理论体系，坚持以马克思主义为指导，用实践的观念、辩证的方法和群众的观点观察分析问题，始终做到以马克思主义基本原理同中国具体实际相结合；这是一个实践的理论体系，产生于党和人民事业发展的火热实践中，并随着时代、实践和科学的发展而不断发展，永不止步、勇往直前；这是一个民族的理论体系，立足于社会主义初级阶段的中国实际，深深扎根于中国大地，具有生机勃勃的生命力；这是一个创新的理论体系，提出了一系列新思想、新观点、新概括，体现了我们党非凡的创造能力和强大的活力；这是一个开放的理论体系，博采众长、兼收并蓄，不断吸收借鉴人类社会所创造的一切文明成果，以自身的发展完善为人类文明的演进做出独创性贡献。

中国特色社会主义理论体系坚持和发展了马克思列宁主义、毛泽东思想，凝结了几代中国共产党人带领人民不懈探索实践的智慧和心血，是马克思主义中国化的最新成果，是党最可宝贵的政治和精神财富，是全国各族人民团结奋斗的共同思想基础，是指导党和人民沿着中国特色社会主义道路实现中华民族伟大复兴的正确理论，我们必须坚定这样的理论自信。

三、坚持制度自信

制度带有根本性、全局性、稳定性和长期性，制度问题同样事关党和国家的前途命运。十八大报告明确指出："中国特色社会主义制度，就是人民代表大会制度的根本政治制度，中国共产党领导的多党合作和政治协商制度、民族区域自治制度以及基层群众自治制度等基本政治制度，中国特色社会主义法律体系，公有制为主体、多种所有制经济共同发展的基本经济制度，以及建立在这些制度基础上的经济体制、政治体制、文化体制、社会体制等各项具体制度。"这一概括表明：中国特色社会主义制度由根本层面的制度、基本层面的制度、具体层面的制度以及中国特色社会主义法律体系组成，是一整套相互衔接、相互联系的制度体系。

中国特色社会主义制度是我们党在长期革命、建设和改革的进程中，以马克思主义为指导，立足于中国具体国情，在对共产党执政规律、社会主义建设规律、人类社会发展规律深刻把握的基础上，形成和发展起来的，是几代中国共产党人不懈探索的伟大成果。这一制度坚持以人为本，坚持党的领导、人民当家做主、依法治国的有机统一，有利于保持党和国家活力、调动广大人民群众和社会各方面的积极性、主动性、创造性。这一制度创造性地把社会主义和市场经济有机结合起来，建立了充满生机和活力的经济体制，有利于解放和发展社会生产力、推动经济社会全面发展；这一制度始终以维护和促进社会公平正义、实现共同富裕、让人民群众共享改革发展成果为价值取向，有利于实现社会主义的本质要求；这一制度坚持民主集中制原则，有利于集中力量办大事、有效应对前进道路上的各种风险挑战；这一制度坚持把最广大人民的根本利益作为出发点和落脚点，统筹兼顾不同民族、不同阶层、不同群体的利益，有利于维护民族团结、社会稳定、国家统一。

实践证明，中国特色社会主义制度体现了科学社会主义原则，符合中国社会主义初级阶段的基本国情，顺应了和平、发展、合作的时代潮流，具有巨大的优越性和强大的生命力，我们必须坚定这样的制度自信。

中国特色社会主义道路、理论体系和制度，是几代中国共产党人不懈探索取得的根本成就，已经得到全国各族人民的广泛认同和充分肯定。回望这些年，正是始终坚持这一道路、理论体系和制度，我们不断抒写着精彩的"中国故事"，创造了举世瞩目的"中国奇迹"。讲"中国经验"，这就是最重要的经验；讲"中国创造"，这就是最伟大的创造。在未来的征程上，实现中华民族伟大复兴的"中国梦"，最根本的仍然是必须始终坚定中国特色社会主义道路自信、理论自信和制度自信。

很多人一直热衷于唱衰中国共产党。比如，有人曾断言中国共产党解决不了中国人的吃饭问题。改革开放之后，"中国崩溃"论也不知说了多少次，甚至还一次次给出具体时间。时间已经证明，这一切不过是笑谈。

除了唱衰中国，过去这些年，西方有些人还不断批评中国的政治制度，认为似乎只有他们的制度才是最民主、最先进的。

民主在不同的国家、不同的地区、不同的文化传统下、不同的社会发展水平，有着不同的表现方式。比如，英国"脱欧"公投这件事，按照西方人的看法肯定是民主的，脱不脱欧，不是执政党决定，而是交给全民来决定。但最终出了这个结果：微弱多数赞成"脱欧"，却很可能让这个"日不落帝国"一夜回到300年前。而中国的民主，特别强调协商民主。通过协商达成共识，在这个基础上再做出决策。谢春涛指出："这是中国民主的特点，我想，比简单的少数服从多数会好。"

如果中国的领导人，意识到某一项决策有如此多的人反对，一般不会强行付诸表决，一定会先搁置争议再去协商征求意见，力求取得最大限度的一致。难道我们这个决策过程就不民主吗？我曾经问过西方一些人，他们在真正了解之后认为，中国民主的效果比那种公开吵闹、简单投票的民主效果要好得多。类似英国这样的事情，如果在许多发展中国家发生会更糟。学了西方民主的皮毛，却没有考虑自己的实际国情，往往带来严重的内耗、内乱。所以，这些年来，不光发展中国家的政治家逐渐意识到西方民主不适合他们，甚至连有些发达国家的政治家也意识到西方民主不是完美无缺的。有些西方政治家，渐渐开始正确认识中国的政治制度。比如，有的英国议员说，中国政治有稳定性、连续性，中国一个个五年规划能定出来，能付诸实施，这在英国做不到；再比如，美国有的议员讲，中国重大决策来得比美国快，美国人在那儿吵的时候，中国人已经开始干了；另外，更重要的是，中国政治制度集中力量办大事的优势，在研制"两弹一星"、汶川地震灾后重建，这些重大事件中也得到一一体现。

四、坚持文化自信

中国文化历史悠久、博大精深，习近平总书记在纪念建党 95 周年重要讲话中继"道路自信、理论自信、制度自信"之后，特别提出"文化自信"，并深刻指出"文化自信是更基础、更广泛、更深厚的自信。"这三个"更"字，突显了文化自信的当代价值和重大意义。

人无精神不立，党无精神不兴，国无精神不强。习近平总书记把加强党的建设与文化自信结合起来，他强调指出："我们要教育引导广大党员、干部坚定理想信念、坚守共产党人精神家园"，并以此来塑造共产党员的文化认同和文化自信。不仅如此，习近平总书记还提出了党员干部文化自信的基本标准，即"坚定共产主义远大理想，真诚信仰马克思主义，矢志不渝为中国特色社会主义而奋斗"，"勤勉敬业、求真务实、真抓实干"，"坚持原则、认真负责"等等。要实现中华民族伟大复兴中国梦，要实现国家富强、民族振兴、人民幸福，中国共产党是坚强的领导核心，党员干部文化认同和文化自信显得尤为重要。

　　人的动力在信仰，人民有信仰，国家才会有力量。不仅全党要坚定文化自信，而且还应充分运用各种媒体，加强对全国各族人民进行中华优秀传统文化、革命文化和社会主义先进文化教育，弘扬社会主义核心价值观和以爱国主义为核心的民族精神以及以改革创新为核心的时代精神，不断增强全党全国各族人民的精神力量，用社会主义核心价值观作为引领，正面宣传积极向上的文化，牢固占领舆论阵地。

　　习近平总书记指出："坚定中国特色社会主义道路自信、理论自信、制度自信，说到底是要坚定文化自信。"文化自信是更基本、更深沉、更持久的力量，只有坚定文化自信，才能真正坚定道路自信、理论自信、制度自信；没有文化自信，道路自信、理论自信、制度自信就会缺少精神支撑和智力支持。因为中国特色社会主义道路、理论和制度都是建构在中国基本国情基础上的，而文化则是基本国情不可缺少的重要组成部分；对中国特色社会主义道路、理论、制度的阐释和说明，需要中华优秀传统文化、革命文化和社会主义先进文化的文化精神、文化基因和文化元素。中华优秀传统文化是中华民族的"根"和"魂"，构成了中华优秀传统文化的精髓，它们为中华民族克服困难、生生不息提供了强大精神支撑。革命文化是在中国革命战争中形成的，是中国共产党和中国人民用汗水和鲜血谱写的中国特有文化，革命文化是无数仁人志士战胜一切艰难困苦、创造惊天动地奇迹的精神之源。社会主义先进文化与社会主义先进生产力发展方向相一致，社会主义核心价值观是社会主义先进文化的具体化。中国共产党自成立的那天起，就把马克思主义作为自己执政的指导思想。马克思主义指导地位是历史的选择和现实的需要，只要坚定道路自信、理论自信、制度自信，就必然包含对以马克思主义为指导的文化自信。如果对以马克思主义为指导的文化不自信，那么所谓"道路自信、理论自信、制度自信"就失去了文化根基。

问题讨论：

　　1. 在实际工作中，党员干部应如何坚持道路自信？

2. 在实际工作中,党员干部应如何坚持理论自信?
3. 在实际工作中,党员干部应如何坚持制度自信?
4. 在实际工作中,党员干部应如何坚持文化自信?
5. 如何理解坚持"四个自信"是党性强弱的体现?

第四节 "四个意识"能力是党性的具体表现

2016年7月1日,在庆祝中国共产党成立95周年大会上,习近平总书记在以往论述的基础上,再次突出地强调:"我们要加强和规范党内政治生活,严肃党的政治纪律和政治规矩,增强党内政治生活的政治性、时代性、原则性、战斗性,全面净化党内政治生态。全党同志要增强政治意识、大局意识、核心意识、看齐意识,切实做到对党忠诚、为党分忧、为党担责、为党尽责。"增强"四个意识"是对党的建设重要经验的科学总结,对党章党规重要内容的深度凝练,也是对全面从严治党根本要求的强化提升,必须深刻认识其科学内涵和重要意义。

一、"四个意识"内涵

在新的历史条件下,增强政治意识、大局意识、核心意识、看齐意识,是加强党的建设、坚持党中央集中统一领导、增强党的团结统一、形成全党的向心力、凝聚力和战斗力的重大举措,具有丰富的思想内涵。

增强政治意识,就是要求全体党员一定要坚定正确的政治方向,始终与党中央保持政治上的高度一致,这是对党员干部第一位的要求。坚守党的政治属性,始终不能忘记中国共产党是中国工人阶级的先锋队,同时是中国人民和中华民族的先锋队;坚定党的政治立场,始终不能忘记全心全意为人民服务的根本宗旨;坚定党的理想信念,始终不能忘记共产主义的远大理想和中国特色社会主义的共同理想;坚持党的政治地位,始终确保党是中国特色社会主义的坚强领导核心;严格遵守党的政治纪律和政治规矩,始终把党章作为全党必须共同遵循的根本大法和总规矩,把党的各种规章制度作为自己的行为规范和规则。

增强大局意识,就是要求全体党员一定要确立正确的大局观,把握党的工作大局和中心工作,站在党和国家大局上思考和处理问题,自觉地认识、服从和维护大局,毫不动摇地贯彻落实中央的决策部署。自觉认识和把握大局,就是要在党中央的统一领导下,在新的历史起点上坚持和发展中国特色社会主义,按照"五位一体"的总体布局,协调推进"四个全面"的战略布局,贯彻落实"五大发展理念",为实现中华民族伟大复兴的中国梦而努力奋斗;自觉地服从党的工作大局,就是要善于处理眼前与长远、局部和整体、个人和集体的关系,牢牢抓住党的中心工作,坚持以经济建设为中心,把发展作为党执政兴国的第一要务,在优先和重点解决主要矛盾的同时推动各方面工作的开展;自觉地维护党的工作大局,就是要切实把思想和行动统一到以习近平同志为核心的党中央的科学判断和决策部署上来,自觉适应我国经济社会发展的新常态,维护国家安全、社会稳定,推动我国经济社会的全面健康发展。

增强核心意识,就是要求全体党员一定要毫不动摇地维护、发展和巩固党在国家事业发展中的领导核心地位,党中央在全党中的领导核心地位,坚决维护习近平总书记在全党中的崇高威信。全党必须始终明确,办好中国的事情,关键在党,中国特色社会主义最本质的特征是中国共产党的领导,中国特色社会主义制度的最大优势是中国共产党的领导。坚持和完善党的领导,是党和国家的根本所在、命脉所在,是全国各族人民的利益所在、幸福所在,必须要不断加强和改善党的领导,确保党始终成为中国特色社会主义事业的坚强领导核心;全党必须始终坚决维护党中央的绝对权威,统一服从党中央的决策部署,自觉坚持党的基本理论、基本路线、基本纲领、基本经验,绝不允许在党内形成特殊的利益集团和小组织派别,同党中央离心离德;习近平总书记是我们党长期培养的、全党全国人民共同推举的领导人,在领导全党全国人民发展中国特色社会主义的过程中,已经成为全党全国人民的领导核心,全党必须坚决维护习近平总书记的威信和地位,使党的领导更加坚强有力，确保党和人民事业无往而不胜。

增强看齐意识，就是要求全体党员一定要自觉主动地以高标准严格要求自己，向党中央看齐、向党的领袖看齐、向党的决策看齐，跟上步伐，保持一致，确立标准，不能偏离。全党同志必须向党的理论和路线方针政策看齐，深入学习领会习近平总书记系列重要讲话精神，以十八大以来党中央和习近平总书记治国理政的新观点新思想新战略为标准，审视自己的思想、行动和工作成绩，在思想上政治上行动上同以习近平同志为总书记的党中央保持高度一致。看齐关键是要落实在行动上，全党同志必须要敢于担当，勇于负责，真抓实干，开拓创新，把党中央的理论创新成果和重大决策部署落到实处，推动各项工作取得新成绩、实现新发展。看齐还要敢于和善于同各种错误思想和行为进行坚决的斗争，真正做到对党忠诚，为党分忧，为党担责，为党尽责，突出重点抓好落实党中央部署的各项工作。

二、增强"四个意识"重要性

（一）党章党规的重要内容

党章是党的根本大法，党规党纪是全体党员必须遵循的规矩。党章党规中对于党的政治主张、党的纪律、党员的义务、党中央的职能等都做了明确的规定，这是增强"四个意识"的制度依据。

党章的总纲是党章的灵魂，是全党都必须牢牢坚守而不能有丝毫违背的。党章开宗明义地对党的政治性质、政治地位、奋斗目标做出明确规定：中国共产党是中国工人阶级的先锋队，同时是中国人民和中华民族的先锋队，是中国特色社会主义事业的领导核心，代表中国先进生产力的发展要求，代表中国先进文化的前进方向，代表中国最广大人民的根本利益。党的最高理想和最终目标是实现共产主义。党纲对党的指导思想、路线方针政策、中心工作任务等展开论述，全党都必须要以高度的政治意识，牢记这些内容，担当政治责任，服从党的大局，为实现党的目标而努力奋斗。

党章对党员的标准、义务做出了明确规定，每一个党员都必须严格按照这些标准来要求自己。党章明确指出，中国共产党党员是中国工人阶级的有共产主义觉悟的先锋战士，必须全心全意为人民服务，不惜牺牲个人的一切，为实现共产主义奋斗终生。这就是说，党员首先是一种政治身份，每一个党员首先要牢牢坚持自己的政治属性和责任，这是党员政治意识的首要内容。党章从八个方面对党员的义务做出了明确规定，突出地强调了党员必须要认真学习党的基本理论，履行政治责任，发挥先锋模范作用；必须自觉遵守党的纪律和法纪法规，自觉维护党的团结和统一，对党忠诚老实，言行一致，反对一切派别组织和小集团活动，牢固树立政治纪律意识；必须坚持党和人民的利益高于一切，正确处理个人利益与党和人民利益的关系，牢固树立宗旨意识和大局意识。

党章对党的组织制度和组织纪律做出了明确规定，最核心的就是坚持民主集中制。民主集中制的首要原则就是"四个服从"原则，即党员个人服从党的组织，少数服从多数，下级组织服从上级组织，全党各个组织和全体党员服从党的全国代表大会和中央委员会。在民主集中制的第六条原则中，党章一方面强调要反对个人崇拜，另一方面特别强调必须维护一切代表党和人民利益的领导人的威信。对于党的纪律问题，党章明确规定，党的纪律是党的各级组织和全体党员必须遵守的行为规则，是维护党的团结统一、完成党的任务的保证，各级党组织必须严格执行和维护党的纪律，共产党员必须自觉接受党的纪律的约束。这就是说，全党必须确立高度的政治意识、大局意识，同时必须要增强核心意识和看齐意识。

党章第三章明确规定了中央政治局、中央政治局常委会和中央委员会总书记在全党中的领导核心地位，特别强调中央政治局及其常务委员会在中央全会闭会期间，行使中央委员会的职权，总书记负责召集政治局会议和政治局常委会会议，并主持中央书记处的工作。这就是说，党中央是全党的核心，全党必须要维护和服从这个核心，向这个核心看齐。

（二）全面从严治党的重大举措

增强"四个意识"是在新的历史起点上坚持和发展中国特色社会主义的必然要求，是解决突出问题、确保党的先进性纯洁性的必然选择，是全面从严治党、严肃党内政治生活的重大举措，这是增强"四个意识"的现实依据。

增强"四个意识"是坚持和发展中国特色社会主义的必然要求。当前，全党全国人民正在新的历史起点上坚持和发展中国特色社会主义，为实现中华民族的伟大复兴而不懈奋斗。中国特色社会主义最本质的特征和最大的优势，就在于中国共产党的领导，办好当代中国的一切事情，关键在于坚持和完善党的领导。巩固党的执政地位，确保党始终成为中国特色社会主义事业的坚强领导核心，这是国家的根本命脉所在，也是全国各族人民的利益和幸福所系。加强和完善党的领导首先就必须要增强党的团结统一，坚持党中央集中统一领导，增强党的战斗力和凝聚力，维护党中央和党的领袖的核心地位，与以习近平同志为核心的党中央保持高度一致。为此，全党必须要加强政治纪律，提高政治意识，增强核心意识、看齐意识，经常、主动、全面地向党中央看齐，向党的理论和路线方针政策看齐，向党中央治国理政的新理念新思路新战略看齐，服从维护服务党的大局，紧紧围绕着党的中心任务开展各项工作，切实做到政令畅通，把党中央的政策决策落到实处；坚决反对同党中央离心离德的"标新立异"，搞小组织小团体活动的"独立王国"，以及各种体制内的"特殊利益集团"，确保我们党更加团结统一、坚强有力。

增强"四个意识"是解决突出问题、确保党的先进性的必然选择。当前，我国的改革正在进入攻坚期和深水区，党带领人民全面深化改革就必须要敢于和能够"啃硬骨头"和"涉险滩"，这就给党的建设提出了许多亟待解决的问题和严峻的挑战。我们党面临着长期执政的考验、改革开放的考验、市场经济的考验和外部环境的考验，这些考验将是长期、复杂、严峻的。在这些考验面前，一些党员干部不同程度地存在着观念淡漠、组织涣散、纪律松弛的问题，理想信念动摇，宗旨意识淡化，理论水平不高，执政能力不强，事业心和责任感不足；一些党组织存在着党的领导弱化，管党治党失之于宽、松、软的状况。精神懈怠的危险、能力不足的危险、脱离群众的危险以及消极腐败的危险，削弱了党的创造力、战斗力，损害了党同人民群众的联系，影响了党的执政地位和执政使命。在这种情况下，我们必须牢记党的政治责任，增强全体党员的政治意识和大局意识，坚持问题导向，解决突出问题，不断增强党自我净化、自我完善、自我革新、自我提高能力，确保马克思主义政党的先进性和纯洁性。

增强"四个意识"是全面从严治党、严肃党内政治生活的重大举措。全面从严治党，是以习近平同志为总书记的党中央领导党的建设工作的鲜明特色。面临新的历史条件和历史责任，落实党要管党、从严治党的任务，比以往任何时候都更为繁重和紧迫，如果管党不力、治党不严，突出的问题得不到解决，我们党的执政地位就会动摇乃至丧失。为此，必须全面从严管党治党，做到真管真严、敢管敢严、长管长严，实现无死角、全覆盖，切实抓好党的思想建设、组织建设、作风建设、反腐倡廉建设和制度建设，全面落实各级党组织从严治党的主体责任，确保全面从严治党的常态化和制度化。要做到全面从严治党，就必须要加强和规范党内政治生活，严肃党的政治纪律和政治规矩，净化党内政治生态。这就要求我们的每一个党组织、每一个党员，都要从自身做起，增强政治意识，牢记政治责任，遵守政治纪律，维护服从服务党的工作大局，紧密团结在以习近平同志为核心的党中央周围，向党中央看齐，向习近平总书记看齐，忠诚于党的事业，为党担责、分忧，尽心尽力为党工作。

三、自觉增强"四个意识"

第一、增强政治意识，始终做到政治方向不偏、政治信仰不变、政治立场不移。

一要坚定正确的政治方向。这是中国共产党在长期革命和建设中确立起来的政治箴言。抗日战争时期，我们党之所以能够成为中流砥柱，最重要的就是坚持了坚定正确的政治方向，艰苦朴素的工作作风，灵活机动的战略战术，可见坚定的政治方向始终发挥着先导与引领作用。关于政治方向，习近平总书记明确指出："中国特色社会主义是中国共产党和中国人民团结的旗帜、奋进的旗帜、胜利的旗帜。我们要全面建成小康社会、加快推进社会主义现代化、实现中华民族伟大复兴，必须始终高举中国特色社会主义伟大旗帜，坚定不移坚持和发展中国特色社会主义。"这表明，建设中国特色社会主义,最终实现共产主义,是我们党始终不渝的政治方向。党员干部政治上的明白,对党的绝对忠诚,最根本的就是坚持这一方向,自觉把共产主义的远大理想和建设中国特色社会主义的具体任务结合起来,与岗位工作结合起来,忠贞不渝地为社会主义事业奋斗。

二要坚定共产党人的理想信念。思想是行动的先导,信念是成功的基石。习近平总书记强调,理想信念是共产党人精神上的"钙",没有理想信念或者理想信念不坚定,精神上就会"缺钙",就会得"软骨病"。根据马克思科学社会主义基本原理,共产主义是最高理想,社会主义是共产主义的初级阶段。我们现在做的是社会主义初级阶段的事情,切不可忘记初衷,不能忘了我们的最高奋斗目标。但现实生活中,一些党员干部对待这一问题含糊其词、语焉不详,恰恰反映了他们理想信念模糊甚至动摇,反映了他们理论上的缺乏和不足。因此,坚定共产党人理想信念,必须要强化理论教育和学习,紧紧抓住思想理论建设这个根本、党性教育这个核心、道德建设这个基础,不断补精神之钙、固思想之元、培为政之基,不断提高党员干部的马克思主义理论深度、政治敏感程度、思维视野广度以及思想境界高度,从而牢固树立正确的世界观、权力观、事业观。

三要严格遵守政治纪律和政治规矩。现代政党都是有政治纪律要求的,没有政治上的规矩不能称其为政党。习近平总书记在谈到苏联解体时曾说过,苏联共产党作为一个有着90多年历史、连续执政70多年的大党老党轰然倒塌。其中很重要的一个原因就是政治纪律动摇了,谁都可以言所欲言、为所欲为了。因此,广大党员干部必须要遵守政治纪律和政治规矩,坚守正确的政治立场。从政治规矩而言,党章是党的总章程和根本大法,集中体现了党的性质和宗旨、党的理论和路线方针政策、党的重要主张,规定了党的重要制度和体制机制,是全党必须共同遵守的根本行为规范和总规矩。党的政治纪律方面,核心就是要坚持党的领导,坚持党的基本理论、基本路线、基本纲领、基本经验、基本要求。党员干部不论在什么地方、在哪个岗位上,都要恪守党的政治纪律和政治规矩,永葆共产党人政治本色,不忘初心。

第二、增强大局意识，始终做到正确认识、自觉服从、坚决维护大局，确保中央决策部署落地生根。

一要正确认识大局。全局不活，局部受损，最终只能导致满盘皆输，这是事物发展的铁律。1938年，毛泽东同志在《中国共产党在民族战争中的地位》一文中指出："共产党员必须懂得以局部需要服从全局需要这一个道理。如果某项意见在局部的情形看来是可行的，而在全局的情形看来是不可行的，就应以局部服从全局。反之也是一样，在局部的情形看来是不可行的，而在全局的情形看来是可行的，也应以局部服从全局。这就是照顾全局的观点。因此，广大党员干部必须要树立正确的大局观，善于从战略高度分析和认清国家建设和发展的总趋势，明确党和政府当前一个时期的中心任务是什么，为完成这个中心任务所制定的方针政策是什么，目前全国、当地的总体形势如何等等，从而确保经济和社会事业实现又好又快发展。"

二要自觉服从大局。大局意识体现的是高瞻远瞩的政治见识和开阔包容的胸襟情怀，能够把握现在、透视未来，跳出一时一事、一地一己的局限，正确处理局部与全局、个人与整体、当前与长远的利益关系。1988年，邓小平同志提出了"两个大局"的思想，即沿海地区要对外开放，使这个拥有两亿人口的广大地带较快地先发展起来，从而带动内地更好地发展，这是一个事关大局的问题。内地要顾全这个大局。反过来，发展到一定的时候，又要求沿海拿出更多力量来帮助内地发展，这也是个大局。就当前来看，服从大局就是要按照中国特色社会主义"五位一体"总体布局和"四个全面"战略布局，坚持以新发展理念引领发展，着力加强供给侧结构性改革，抓好去产能、去库存、去杠杆、降成本、补短板等重要任务。因此，广大党员干部面对复杂形势和繁重任务，必须自觉服从大局要求，既对各种矛盾做到心中有数，同时又要优先解决主要矛盾和矛盾的主要方面，以此带动其他矛盾的解决。

三要坚决维护大局。仅仅认识大局、服从大局是不够的，还必须坚决维护大局。广大党员干部维护大局，要切实维护党的团结统一。习近平总书记强调："全党同志要强化党的意识，牢记自己的第一身份是共产党员，第一职责是为党工作,做到忠诚于组织,任何时候都与党同心同德。"

第三、增强核心意识,始终做到坚决拥护核心、坚决听从核心、坚决维护核心,确保党的领导更加坚强有力。

一要坚决拥护中国共产党这个中国特色社会主义事业的领导核心。1957年,毛泽东同志在接见中国新民主主义青年团第三次全国代表大会代表时指出:"共产党是全中国人民的核心。没有这样一个核心,社会主义事业就不能胜利。"《中国共产党章程》明确规定,中国共产党是中国特色社会主义事业的领导核心。习近平总书记也多次指出,党政军民学,东西南北中,党是领导一切的,中国共产党的领导是我们战胜各种风险挑战、实现"两个一百年"奋斗目标、实现中华民族伟大复兴中国梦的根本保证。因此,广大党员干部必须要有清醒的认识,始终明确中国共产党领导是中国特色社会主义制度的最大优势,不断加强和改善党的领导,更好发挥党总揽全局、协调各方的领导核心作用,确保党始终成为中国特色社会主义事业的坚强领导核心。

二要坚决听从党中央的决定和部署。"事在四方,要在中央。"党的集中统一是党的力量所在,是实现经济社会发展、民族团结进步、国家长治久安的根本保证。党面临的形势越复杂,肩负的任务越艰巨,就越要维护党的集中统一。维护党中央权威,绝不是一般问题和个人的事,而是方向性、原则性问题,是党性,是大局,关系党、民族、国家前途命运。坚持党的集中统一,同党中央保持高度一致是具体的,要落实在行动上。对工作,个人会有个人的看法,在讨论阶段可以仁者见仁、智者见智,充分讨论、民主集中。一旦党中央做出决定和部署,就不能三心二意,不能说没有照自己的想法做就可以敷衍了事,不尽心尽力贯彻落实。因此,无论哪个地区、哪个部门、哪个单位的党组织,无论担任何种领导职务的领导干部,都要自觉坚持党的基本理论、基本路线、基本纲领、基本经验,严格落实《中国共产党章程》中关于"四个服从"的基本要求。

三要坚决维护习近平总书记这个核心。党的十八大以来,我国经济社会持续发展,国际地位显著提升,开创了中国特色社会主义事业新局面。特别是通过贯彻落实八项规定、开展党的群众路线教育实践活动、"三严三实"

专题教育等，获得了人民群众的普遍赞誉。这一切都是因为有以习近平同志为核心的党中央的坚强领导，是因为有一个好的中央政治局，好的中央政治局常委会、好的总书记作为党的领导核心。邓小平同志曾反复强调，任何一个领导集体都要有一个核心，没有核心的领导是靠不住的。因此，广大党员干部要坚决维护党中央权威，坚决维护习近平总书记这个核心，使党的领导更加坚强有力，确保党和人民事业无往而不胜。

第四、自觉增强看齐意识，始终做到经常看齐、主动看齐、全面看齐，确保党和国家的事业沿着正确方向阔步前进。

一要自觉向党中央和习近平总书记看齐。1945年，毛泽东同志在党的七大预备会议上形象地说："要知道，一个队伍经常是不大整齐的，所以就要常常喊看齐，向左看齐，向右看齐，向中间看齐，我们要向中央基准看齐，向大会基准看齐。"实践证明，我们党之所以从小到大、从弱到强、不断从胜利走向胜利，一条十分重要的经验就是全党上下有着很强的看齐意识。增强看齐意识，对广大党员干部来说，不是个人的小事，而是事关政治方向的大事；不是一般的品行要求，而是党性要求。就当前来看，最根本的就是要深入学习领会习近平总书记系列重要讲话精神，在政治定力上经常主动地向总书记看齐，坚定党的信仰信念；在为民情怀上经常主动地向总书记看齐，把人民对美好生活的向往作为坚持不懈的奋斗目标；在敬业精神上经常主动地向总书记看齐，始终做到夙夜在公、勤勉奉献，为党和人民的事业殚精竭虑、不懈奋斗，从而在思想上政治上行动上同以习近平同志为总书记的党中央保持高度一致。

二要具备敢于担当的鲜明品格。敢于担当是历代中国共产党人的政治本色。习近平总书记强调，党的干部都是人民公仆，自当在其位谋其政。做人一世，为官一任，要有担当精神。是否具有担当精神，是否能够忠诚履责、尽心尽责、勇于担责，是检验每一个党员干部身上是否真正体现了共产党人先进性和纯洁性的重要方面。因此，增强党员干部看齐意识，必须要加强学习修养，注重实践锻炼，砥砺意志品格，练就敢于担当、善于担当的本领。要涵养一心为公的正气。作为党的干部，就是要讲大公无私、公私分明、先公后私、公而忘私，只有一心为公，事事出于公心，才能坦荡做人、谨慎用权，才能光明正大、堂堂正正；要增强攻坚克难的勇气。大事难事见担当，困境逆境显襟怀。作为党员干部必须要事不避难、奋勇向前，以逢山开路、遇河架桥的精神，在难题面前敢闯敢试，在矛盾面前敢抓敢管，推动各项工作取得新成绩、实现新发展。

三要保持真抓实干的优良作风。增强看齐意识，最终还要落实到具体工作中，体现在党员干部求真务实的能力和水平上。反对空谈、强调实干、注重落实，是我们党的优良传统。毛泽东同志要求共产党员一定要有认真实干的精神，强调"一件事不做则已，做则必做到底，做到最后胜利"，"什么东西只有抓得很紧，毫不放松，才能抓住。抓而不紧，等于不抓"。邓小平同志强调，"少说空话、多干实事"，凡事都"要落在实处"，"开会、讲话都要解决问题"。习近平总书记在谈到抓落实时提出，抓落实必须发扬求真务实、真抓实干的优良作风，防止和克服形式主义。由此可见，党员干部增强看齐意识，落脚点在抓工作落实。这就要求必须树立正确的政绩观，要有"功成不必在我任期"的理念和境界，注意防止和纠正各种急功近利的行为，不贪一时之功、不图一时之名，多干打基础、利长远的事；必须要树立正确的权力观，时刻牢记自己手中的权力是党和人民赋予的，只能为民所用，决不能假公济私、更不能以权谋私。

问题讨论：

1. 如何理解"四个意识"能力是党性的具体表现？
2. 在实际工作中，如何体现政治意识？
3. 在实际工作中，如何体现大局意识？
4. 在实际工作中，如何体现核心意识？
5. 在实际工作中，如何体现看齐意识？

推荐阅读书目

1. 《五大发展理念案例选·领航中国》（编者：中共中央组织部干部教

育局，党建读物出版社，2016 年 4 月）

2.《全面小康热点面对面——理论热点面对面·2016》（编者：中共中央宣传部理论局，学习出版社、人民出版社，2016 年 1 月）

3.《全面从严治党面对面——理论热点面对面·2017》（编者：中共中央宣传部理论局，学习出版社、人民出版社，2017 年 3 月）

4.《总体国家安全观干部读本》（编者：本书编委会，人民出版社出版，2016 年 4 月）

5.《互联网＋：国家战略行动路线图（精装）》（作者：张晓峰，杜军，中信出版集

6.《中国梦：创业家们的激荡三十九年》/周文强著 F279.23/7701。

7.《引领民族复兴的制度基础：全面依法治国学习读本》/王官主编 D920.0/1030。

8.《习近平新闻舆论思想要论》/新华通讯社课题组编 D2－0/1731i。2015 年 7 月）

第七章

新时代党性修养

第一节　新时代党性修养内涵及特点

党性修养也称党性锻炼，是党员的自我教育、自我改造、自我完善；是对共产党的本质属性的内化；是党员在改造客观世界中自觉运用党性原则规范自己的行为，克服和抵制各种错误思想，不断改造主观世界，不断开创实践和认识新境界的过程；是党员自强和自律的统一。党性修养包括马克思主义的理论修养、政治修养、思想道德修养、业务修养等。实践表明，共产党员的党性是不可能自发地产生，只有通过刻苦学习，认真改造世界观，才能逐步树立起来。我们党是执政党，共产党员理应成为全社会的表率，这就要求共产党员加强道德修养、提高党性水平。党员加强思想道德修养，最根本的是自觉实践全心全意为人民服务的宗旨，把为人民服务内化为自己的灵魂，作为自己一切行动的出发点和归宿。

党性修养，是指共产党员在政治、思想、道德品质和知识技能方面，按照党性原则进行的自我教育、自我锻炼、自我改造和自我完善。党性修养包括以下几个方面：理论修养、政治修养、思想道德修养、文化知识和业务能力修养、作风修养、组织纪律修养。这六个方面的统一，构成了作为一名共产党员所必需的基本素质要求。中国共产党是中国工人阶级的先锋队，是中国各族人民利益的忠实代表，是中国社会主义事业的领导核心。党的这一性质，决定了它的每个成员应当具有崇高的理想追求，坚定的政治信念，先进的思想觉悟，坚强的组织观念，必备的科学文化知识和高尚的道德情操，应该成为社会的中坚，民族的脊梁，阶级的先锋和时代的楷模。要成为党员队伍中的一员，应该坚持不懈地加强党性教育，自觉实行党性锻炼和党性修养，不断强化先锋意识，积极履行党员的义务，才能充分发挥先锋战士的作用。因此，作为一名共产党员，应自觉地按照党章规定认真加强党性修养，做一个合格、让党放心、让人民满意的党员。

党性锻炼和修养具有鲜明的时代特点，在不同的历史时期，面对不同的形势和任务，其侧重点会有所不同。新时代加强党性锻炼和修养的内容，概括起来主要应该有以下几点：

第一、加强马克思主义理论修养。我们党历来高度重视理论工作，目的就是要通过强有力的理论指导，使党和人民的事业不断从胜利走向胜利。毛泽东同志在《改造我们的学习》一文中指出"没有科学的态度，既没有马克思列宁主义的理论和实践统一的态度，就叫没有党性，或叫党性不完全"。因此，共产党员要加强党性锻炼，就必须提高马列主义理论修养。学习的内容除了马克思主义经典著作外，重点学好当代中国的马克思主义，即邓小平理论和"三个代表"重要思想，特别是习近平新时代中国特色社会主义思想，以科学态度和创新精神，努力提高马克思主义理论水平，不断增强科学判断形势的能力，驾驭市场经济的能力，应对复杂局面的能力，依法执政的能力和总揽全局的能力。学习要按照保持共产党员先进性的根本要求，联系我们的工作实践去学，落实科学发展观，让学习真正成为推动事业发展、开创工作新局面的强大精神动力。

第二、加强党员意识的培养。党员意识是对一个共产党人最起码的要求，也是提高和加强党员的素质和能力的不竭动力和源泉。增强党员意识主要是从培植党员身份的荣誉感、党员事业的成就感和党员组织的归属感来展开。民主评议党员工作，对于提高党员素质、发挥党员作用，具有重要意义。通过重温入党誓词、重学《党章》、过政治生日、党的纪念日和主题教育等活动，不断强化党员的身份意识、组织意识、责任意识和表率意识，增强党员参与活动、履行义务、发挥作用的自觉性。

第三、坚定正确的理想信念。坚定正确的理想信念是党的事业不断取得胜利的根本保证；是共产党员永葆先进性的力量源泉；是共产党员保持革命气节的思想基础。党的奋斗历史表明，共产党员坚定的理想信念是党的事业不断成功并兴旺发达的强大动力和根本保证。在中国革命和建设时期涌现了大量的优秀共产党员。据统计，在中国新民主主义革命时期，全国各地载入烈士名录的就有70多万人，其中相当一部分是共产党员，此外还有大量的烈士没有留下任何记载，成为无名英雄。新中国成立前，我们党历届171名中央委员、候补委员中，牺牲、遇难的就有42人，占24.5%；政治局委员、候补委员以上领导人共有55人，其中牺牲、遇难的就有15人，占27.2%。也就是说每4个委员中就有一个牺牲、遇难的。在新的发展时期也涌现了一大批共产党员的楷模，像孔繁森、任长霞、牛玉儒、汪洋湖他们并没有将信仰当成华丽的包装，而是脚踏实地把自己从事的具体工作，都当成了实现共产主义伟大目标的一部分，为之努力，为之奋斗，乃至牺牲生命也在所不惜。这些革命烈士和新时代的楷模在理想、信念的修养上为我们做出了表率，值得我们永远学习。

第四、强化共产党员的宗旨意识。中国共产党之所以称作无产阶级政党，是因为他代表工人阶级和劳动人民的利益。他把全心全意为人民服务作为自己的宗旨。也正是因为我们党将坚持全心全意为人民服务作为自己的根本宗旨，才使我们党从根本上获得了思想上的先进性、组织基础上的先进性和奋斗目标上的先进性。共产党员只有努力实践全心全意为人民服务的宗旨，才能从根本上保持自己的世界观、人生观、价值观上的先进性。作为生物学上的人，共产党员与普通人没有什么区别；作为社会的人，共产党员则在思想境界和精神世界方面体现出与普通群众的明显区别。构成共产党员特有的思想境界和精神世界的，就是理想、信念、世界观、人生观和价值观。加强自身的修养，就是促进思想的进一步升华。思想升华是一个渐进的过程，因此，每一个共产党员加强修养，强化宗旨意识是一项长期任务，必须不间断地做出努力。

第五、掌握和运用好批评与自我批评武器。"切实开展批评与自我批评，勇于揭露和改正工作中的缺点、错误，坚决同消极腐败现象作斗争"，这是党章规定党员必须履行的义务之一。批评与自我批评就是党内开展积极的思想斗争，"思想斗争"这个词已经多年不提了，现实中一团和气多了些，一些庸俗腐朽的东西也有了一定的市场，开展积极的批评与自我批评显得很难。这都是党性弱化的表现，与保持共产党员先进性也是不相符的。共产党员要加强自身修养，就必须勇于拿起批评与自我批评的武器，开展积极的思想斗争，真正使自己成为一个高尚的人，一个有道德的人，一个脱离低级趣味的人，一个有益于人民的人。

第六、强化艰苦奋斗观念。艰苦奋斗、崇尚节俭是我们中华民族的传统美德，中国历史上王朝的更迭兴衰，无不验证了"成由勤俭败由奢"、"忧劳可以兴国，逸豫可以亡身"这些"骄"亡"奢"败的名言。中国共产党人吸取历史的经验教训，在长期革命和建设实践中把艰苦奋斗发展成为我们党的优良传统和作风。新中国成立前夕，在党的七届二中全会上，毛泽东同志指出：夺取全国胜利，这只是万里长征走完了第一步。中国的革命是伟大的，但革命以后的路程更长，工作更伟大，更艰苦。这一点现在就必须向党内讲明白，务必使同志们继续地保持谦虚、谨慎、不骄、不躁的作风，务必使同志们继续地保持艰苦奋斗的作风。党的十六大以后，胡锦涛总书记在西柏坡学习考察时也强调，全党同志要重温毛泽东同志关于"两个务必"的重要论述，重温邓小平同志、江泽民同志关于全党和全国人民要长期艰苦奋斗的重要论述，深入学习习近平新时代中国特色社会主义思想。作为一名共产党员和党员干部不仅要做到拒腐蚀、永不沾，还要做到勤俭办事业，把艰苦奋斗的观念，贯穿于一点一滴的工作和生活细节之中，争当提倡节约、反对浪费的模范。这样做不仅节约了资源，更重要的是培养了一种作风和习惯，同时也是防止腐败的有效措施。俗话说，俭生廉，欲生贪。提倡俭朴、提倡节约就是提倡廉洁。

问题讨论：

从党的宗旨、优良传统、作风、理想信念等角度谈谈对党性修养的认识？

第二节 加强党性修养途径

一、树立终身学习的观念

共产党员要始终站在时代的前列，在错综复杂的环境中保持政治上的清醒和坚定，在解放和发展生产力、推动社会全面进步的实践中充分发挥先锋模范作用，必须坚持不懈地学习、学习、再学习。学习能力是一个人提高修养、完善自我的重要能力，学习既是党员干部自身发展的需要，又是适应党的建设的需要，更是人民群众对党员的迫切要求，因此，我们应该养成勤于学习、善于思考、勇于创造的良好习惯。

二、锤炼自身的思想品德

一个人有了崇高而伟大的理想，还一定要有高尚的情操，没有高尚的情操，再崇高、再伟大的理想也是不能达到的。道德是一个人灵魂的力量，作为共产党员应该通过加强修养，陶冶情操，提高素质，才能真正成为一个高尚的人，一个有道德的人，一个脱离了低级趣味的人，一个有益于人民的人。

一要有正确的世界观、人生观和价值观。正确的价值观，能决定一个人的思想品质和道德修养，而一个人的人品，往往是衡量一个人的首要方面。要将个人的价值追求和集体价值的实现相结合，当个人利益和集体利益发生冲突时，应始终以集体利益为重，以集体利益的实现为首要目标。要时刻牢记权力是人民赋予，始终保有一颗为民服务的赤诚之心，坚持"权为民所用、情为民所系、利为民所谋"，用正确的权力观和政绩观指导实践。

二要与人为善、和谐共处。要始终坚持"从群众中来，到群众中去，一切为了群众，一切依靠群众"的群众路线，深入群众、关注民生、倾听民意，始终做人民利益的维护者；要始终怀有对人民群众敬畏之情和感恩之心，按照党政所想、青年所需、共青团可为的观念，思考和谋划共青团工作，把代表和维护人民群众的合法利益作为一切工作的出发点和落脚点；要始终怀有一颗善良之心，怀着一种博爱的精神来认识这个世界，始终看到和学习他人的长处，懂得真诚、宽容和理解，建立和谐的人际关系。

三要做履行社会公德、家庭美德、职业道德的模范。作为共产党员，要模范地履行"爱国守法、明礼诚信、团结友善、勤俭自强、敬业奉献"的公民基本道德规范，要模范地遵守"文明礼貌、助人为乐、爱护公物、保护环境、遵纪守法"的社会公德，"爱岗敬业、诚实守信、办事公道、服务群众、奉献社会"的职业道德，和"尊老爱幼、男女平等、夫妻和睦、勤俭持家、邻里团结"的家庭美德。时刻注重品德的修炼，将之作为人生最宝贵的财富，小心呵护、细心收藏、时时观照、时时鞭策，用人格的魅力赢得大家的尊重与认可。

四要加强党内生活锻炼。党员在严格的党内生活中加强党性修养，要积极主动地参加党内生活，切实履行好自己的职责；要积极主动地向党组织汇报自己的思想、工作和学习情况，向党组织讲真心话，自觉地接受党组织的指导和帮助；要积极开展批评和自我批评，在党内生活中同各种不良倾向作斗争。

三、提高拒腐防变的能力

针对当前形势任务和党员队伍的政治思想作风现状，对共产党员的要求不仅仅是要坚定共产党员的共产主义信仰问题，更重要的是党员如何密切联系群众，为民服务，廉洁奉公，遵纪守法，自觉抵制拜金主义、个人主义和腐朽生活方式的侵蚀。现在，人民群众最关注的问题，就是个别党员的腐败问题，产生这些问题的原因是多方面的，由于对权力缺乏有力的监督，加上个人法制意识的淡薄，党性的扭曲与缺失，导致走上违法犯罪的不归路。如何提高党员的拒腐防变的能力，是当前党组织比较重视的问题。

一要慎独自律。党员在个人独处、无人监督的情况下，不仅不能放松对自己的要求，还要更加注意坚守自己的理想信念，非常小心地按照道德规范去做，而不是当面一套，背后一套；要坚持自己的原则，在外界不良信息侵蚀的情况下，始终保持清醒的头脑，随时警醒、告诫自己，不做有损国家和集体利益的事，不说有损党员形象的话，对违反党的原则的思想、违反党纪国法的行为以及各种腐朽思想文化的影响警钟长鸣；要自重、自省、自警、自励，要经常对照党章、党内政治生活准则所规定的标准，剖析自己的言行，对自己做出实事求是的评价，发扬成绩，纠正错误，就能够不断进步。修养是一个同自己头脑中的消极思想和意识作斗争、不断超越和改造"旧我"的过程，要加强修养的自觉性，主动约束和控制自己的言行，不断克服自身这样那样的不足，逐步实现更好的修养目标。

二要坚持民主集中制。民主集中制是我们党和国家的根本组织制度和领导制度，也是我们党最重要的组织纪律和政治纪律。要认真贯彻、正确执行"集体领导、民主集中、个别酝酿、会议决定"的民主集中制，充分发挥各级党组织和广大党员的积极性，集中集体的智慧，保证党的决策的正确和有效实施，增强党的纪律和战斗力，使我们的事业顺利前进。首先是要高度重视发展党内民主，采取切实措施，保障党章规定的党员民主参与、民主选举、民主决策、民主监督等民主权利得到正确而充分地行使，主动接受群众监督；其次要拓宽党内民主渠道，加强党员对党内事务的知情、了解和参与，重要文件党内先传达，重大问题党内先讨论，重大决策的实施党内先动员，同时，重视听取大家的意见，把来自群众、来自基层、来自实践的经验集中起来，集思广益，改进工作。总之，提高共产党员的党性修养，不是一朝一夕的事情，是贯穿党员终身的一项学习内容。但是我相信，只要正确认识党性修养的重要性，并身体力行、持之以恒地加强党性修养，一定能成为一名合格的共产党员。

四、增强使命意识

党性修养是一个不断锤炼与强化的过程，在这一过程中，共产党员要始终牢固树立使命意识与责任意识。党性修养具有鲜明的政治特征和时代特征，坚持使命意识是党性修养的内在要求。要在使命意识的驱动下，结合党性教育理论和工作实践，不断强化共产党员的政治修养、道德修养和纪律修养。

习近平总书记在十九大报告中指出，"全党同志特别是高级干部要加强党性锻炼，不断提高政治觉悟和政治能力"。党的十八大以来，党性教育和党员队伍党性修养的提升成为一项重要课题，成为共产党人修身养性的必修课。当前，中国特色社会主义迈入新时代，并处于关键时期，因而，强化党性修养，牢记历史使命，对于推动社会发展和国家建设具有重要意义。

（一）党员队伍建设要始终牢记使命

讲政治是党性修养的重要内容，同时也是我们党员队伍不断壮大的根本保证，是党员队伍素质提升和能力提升的根本途径。历史和现实的经验表明，一些党员出现问题，主要是政治立场和宗旨意识的问题。因此，在党员队伍建设过程中，要始终牢记使命，运用中国特色社会主义理论体系武装头脑，将对党忠诚作为根本的政治担当。

首先，坚持使命意识有助于增强党员干部的政治自觉性。党性修养要始终以党章、准则、条例为根本遵循，从问题出发，严格纪律和道德要求。党员队伍要严格要求自己，守住党员队伍的底线。党员队伍在磨炼党性的过程中，要始终牢记共产党人的历史使命，坚定理想信念，将人民群众的利益放在首位，严于律己、严于修身。

其次，坚持使命意识有助于坚定党员干部的理想信念。理想信念是一个人行动的向导和指南，缺乏理想信念或理想信念不坚定不利于党性的保持。受新媒体等的影响，网络中充斥了各形各色的信息，其中不乏一些歪曲、削弱、否定党的领导的信息。在这样的情况下，党员干部更应该牢记使命，坚定信念，对恶意诋毁等言论说不，与恶意诋毁的行为作斗争，努力做一名合格的中国共产党员,为推动中国社会发展发挥潜能和才智。

再次,坚持使命意识有助于牢记党的最高理想。党员队伍要始终牢记党的最高理想和最终目标,牢记历史赋予我们的使命。新时代,为了实现中华民族伟大复兴的"中国梦",共产党员不仅要牢记这一使命,同时还要与人民共同努力,团结人民,切实做到为人民服务,为人民着想。唯其如此,才能更好地开展现代化建设实践,带领人民向着美好生活共同奋斗。

(二)深刻领会新时代赋予党性新的要求和内涵

时代性是党性修养的重要特征之一,在不同的历史时期,党性修养的内容和侧重点也会有相应的变化,新时代赋予党性新的要求和内涵。在新的历史任务下,党性修养体现出了极端重要性、先进性、自省自知等特性。

首先,党员干部要认识到党性锻炼的极端重要性。在新时代,共产党员道德品性的重要性更加凸显,在党风廉政建设的背景下,突出强调党员的作风与纪律。党性的形成是一个不断锤炼的过程,同时也是一个由内而外的过程。习近平总书记强调,党性教育是共产党人修身养性的必修课,是共产党人的"心学"。为此,只有始终牢记使命、不忘初心的党员干部,才能用更好的作风和行动来服务人民,服务国家。

其次,党员干部要增强奉献精神发挥好带头作用。中国共产党始终具有先进性,在新时代,我们党更加具有忧患意识和安全意识。为了实现民族复兴,要全面了解国内国际形势,壮大国防与军队,为维护和平与发展做出积极的努力。正是由于共产党人的使命意识和责任意识不断增强,为我们当今社会的和平与稳定提供了坚实的保障。在这一过程中,共产党员的党性得到了锤炼,先进性得以彰显。

再次,党员干部要时刻保持自省自知。党员的道德品性是逐渐内化于心的,是在工作中不断积累和总结的。长期以来,我们党十分注重党员队伍的思想政治教育,注重用先进的思想武装人们的头脑。新时代赋予了共产党人新的使命,为了满足人民对美好生活的向往,党员要付出更为辛苦的努力,在新的问题面前敢于直面挑战,全心全意投入到党和人民的事业中。

(三)坚持使命意识,强化共产党员的政治修养、道德修养和纪律修养坚持使命意识，强化共产党员的政治修养。党性修养的内容是十分丰富的，政治修养是其中一个重要方面，通过增强党员的使命意识，有助于提升共产党员的政治觉悟和修养水平。共产党员的使命意识强调作为共产党员应始终树立坚定的马克思主义信念和共产主义的崇高理想，并将其作为行为实践的指导，自觉纠正思想和行为的不良之风。在工作中，始终将人民的利益放在首位，在关键时刻能够为人民利益挺身而出。在原则问题与是非面前，共产党员要始终与党中央保持一致，牢固树立高尚的政治品德。党员队伍的道德修养主要体现在其是否能够做到清正廉明，具备良好的社会公德、较高的政治品德与思想觉悟等方面。作为新时期的共产党员，更应该严格要求自身，在工作与生活中发挥模范带头作用，用自己的良好品行来彰显自身的价值。纪律修养是共产党员遵守规矩和自我约束的体现，为改善个别共产党员纪律性不强的问题，加强党性教育是主要手段。通过开展党性教育，进一步强化共产党员的使命意识与责任意识，让党员队伍充分认识到组织性和纪律性的重要作用。强化党员的纪律修养就是要求党员在工作中服从组织领导，严格按照党的纪律办事，树立良好的工作和生活作风。此外，还应树立科学的群众观，处理好党员队伍与人民群众的关系，增强对人民负责的意识。

新形势下，强化党性修养关系到党员队伍的先进性与纯洁性，关系到党员队伍带领人民进行现代化建设的成效。党性修养是一个不断锤炼的过程，而在这一过程中党员队伍必须始终牢记中国共产党的历史使命和重大责任，牢固树立使命意识。

问题讨论：

1. 谈谈学习对增强党性修养的意义？
2. 谈谈一个人的品性与作为一名共产党员的党性的关系？
3. 谈谈一个人的"三观"与作为一名共产党员的党性的关系？
4. 谈谈一个人与"德"（社会公德、家庭美德、职业道德）关系？
5. 谈谈一名党员的使命意识与党性强弱关系？
6. 为什么说党员不能将自己混同于一般群众？

7. 如何理解马克思主义理论水平是一名党员党性修养的高度尺码？

第三节　党性修养实践要求

党性修养可以分为以下七个方面：第一，理论修养；第二，政治修养；第三，宗旨修养；第四，道德修养；第五，法纪修养；第六，作风修养；第七，文化修养。现实存在理论修养缺乏、政治修养动摇、宗旨修养薄弱、道德修养滑坡、作风修养淡薄、法纪修养缺乏、文化修养难以抵抗"潜规则"等方方面面和具体问题。理论修养缺乏，要加强科学理论武装；政治修养动摇，要补好理想信念之"钙"；宗旨修养薄弱，要为政不移公仆之心；道德修养滑坡，要立身不忘做人之本；作风修养淡薄，要用权不谋一己之私；法纪修养缺乏，要常怀对政治规矩的敬畏之心；文化修养难以抵抗"潜规则"，要净化精神追求。

（一）理论修养缺乏，要加强科学理论武装。理论修养靠学习。习近平同志讲，领导干部学理论要有三境界，也就是引用了著名学者王国维讲读书的三种境界：一是望尽天涯路那样志存高远的追求，耐得住昨夜西风凋碧树的清冷，独上高楼的寂寞，静下心来通读苦读；二是勤奋刻苦，刻苦钻研，下真功夫、苦功夫、细功夫，衣带渐宽终不悔，为伊消得人憔悴也情愿；三是学习实践中众里寻他千百度，最终蓦然回首，在灯火阑珊处领悟真谛。在理论学习中，多读书、读好书。

（二）政治修养动摇，要补好理想信念之"钙"。信心、理想信念、政治修养的动摇，要补好理想信念之"钙"，有的领导干部说我们缺的不只是钙，有的缺的是脊梁。党的理想信念，中国共产党党章中规定：党的最高理想、最终奋斗目标是实现共产主义，接着又说，中国共产党人追求的共产主义最高理想，只有在社会主义社会充分发展和高度发达的基础上才能实现。要求党员干部具有共产主义的远大理想，中国特色社会主义的坚定信念，这是党章中对"理想信念"的规定。那么，人的追求，我引用丰子恺的"三层楼"，第一层楼是物质生活；第二层楼是精神生活，着重艺术、学术；第三层楼是灵魂生活，就是信仰。共产主义也是一种信仰，共产党人的信仰是为实现共产主义而奋斗，也是追求的最高境界。冯友兰先生讲，人类的四个境界，第一个是自然的境界，第二个是功利境界，第三个是道德境界，第四个就是天地境界。其实，共产党人强调全心全意为人民服务，就是超越了自然、功利的境界，进入到道德的境界、天地的境界。如果一个政党只顾眼前，往往会堕落成追名夺利的利益集团，共产党人应该站得更高、看得更远。我们从国际共产主义的历史来看，一些无产阶级的政党失去了理想信念，最后到一个什么程度。比如说，1991年，苏联领导干部中，21%的人赞成社会主义，76.6%的人赞成资本主义，但是在普通居民中，赞成社会主义的有69%，赞成资本主义的有17%。为什么苏共领导干部赞成资本主义的超过普通居民，大部分赞成资本主义，因为形成了利益集团，政党性质发生蜕变，党员信仰发生蜕变。

（三）宗旨修养薄弱，要为政不移公仆之心。老百姓和政党、政权是一种什么样的关系？当年，隋炀帝被民众推翻，唐太宗悟出一个道理："水能载舟、亦能覆舟"。习近平同志说，要像出家人天天念阿弥陀佛一样，天天念我们是人民的勤务员，你手中的权力来自人民，伸手必被捉。但是，我们现在需要警惕的是权力的异化，警惕的是言和行的差距。我们在群众路线教育实践活动中，中央电视台、中国广播网做了这样一个公益广告："坐在同一条板凳上，才缩短了心与心的距离；住在农家的炕头上，收获的才不只是建议。我的脚下沾有多少泥土，我的心中就沉淀多少真情，走近你、读懂你、为了你、依靠你。"所以说，宗旨是党性修养的核心内容。

（四）道德修养滑坡，要立身不忘做人之本。德才兼备、以德为先的原则，是我们党选拔干部的根本原则，这是第一次将"以德为先"写入中国共产党党章中。把领导干部的道德品质放在第一位，对领导干部的要求党章中强调加强道德修养。习近平同志讲的新时期选拔干部的五大标准："信念坚定、为民服务、勤政务实、敢于担当、清正廉洁。"是对党章六项要求的丰富与发展。《邓小平文选》的最后一句话讲："我们肩膀上的担子重、责任大啊!"强调领导干部的肩膀要有担当精神,为官要有作为,强调要敢于担当,清正廉洁。道德对于一个政党来说意味着什么?这里引用孙中山先生论述政党的道德:"政党之发展,不在乎一时势力之强弱,以为进退,全视乎党人智能道德之高下,以定结果之胜负。使政党之声势虽大,而党员之智能道德低下,内容腐败,安知不由盛而衰?若能养蓄政党应有之智能道德,即使势力薄弱,亦有发达之一日。"决定一个政党能否发展壮大,长远来看,不是当前力量的强弱,而是政党的道德品质。当年,孙中山创立黄埔军校,军校门口贴着对联:升官发财,请走别路,贪生怕死,莫入此门。横批:革命者来。道德对个人来讲,在选人用人上,德放在第一位。司马光把人分为四等,"是故才德全尽谓之圣人,才德兼亡谓之愚人,德胜才谓之君子,才胜德谓之小人。凡取人之术,苟不得圣人、君子而与之,与其得小人,不若得愚人。何则?君子挟才以为善,小人挟才以为恶"。君子有才拿来做好事,小人拿才做坏事,不露马脚。所以,领导干部的道德品质与修养要放在重要的地位。习近平同志在全国组织工作会议上,曾经引用了正考父的典故,正考父——孔子的祖先,"一命而偻,再命而伛,三命而俯。循墙而走,亦莫余敢侮。饘(zhan)于是,鬻于是,以糊余口"。意思是说,每逢有任命提拔时都越来越谨慎,一次提拔要低着头,再次提拔要曲背,三次提拔要弯腰,连走路都靠墙走。生活中只要有这只鼎煮粥糊口就可以了。习近平同志看了这个故事之后,很有感触。我们的干部都是党的干部,权力都是党和人民赋予的,更应该在工作中敢作敢为、锐意进取,在做人上谦虚谨慎、戒骄戒躁。

(五)作风修养淡薄,要用权不谋一己之私。如何运用手中的权力,李光耀曾经讲过,一些共产党身上有一些弱点,他们不可能长久坚持,革命热情到执政为止,到时候他们要养家挣钱,其他生活享受,他们一旦放弃共产主义,就变得贪得无厌,补偿过去的损失。当革命不能带来乌托邦,经济转为自由市场时,有权发执照或是能够靠官价购买物资和插手服务业的(共产党)干部,是最先腐败和下手剥削人民群众的人。李光耀看到共产党员身上的弱点,但也学到了清正廉洁、联系群众的优点。什么是作风?作风就是领导干部党性的外在表现。周恩来指示办公室同志写给淮安县委的一封信。信是这样写的："你县送给周总理和邓大姐的藕粉、莲子、徽子、工艺品以及针织品都已收到了。你们对周总理的热爱和关怀，他们是知道的，但是周总理和邓大姐认为，在中央三令五申不准送礼的情况下，你们还这样做是不对的。现在总理和邓大姐从他们的薪金中拿出一百元寄给你们，作为偿付藕粉、莲子、徽子、工艺品的价款，其他的一些针织品等以后有便人带给你们。总理并指示将中央关于不准请客送礼的通知寄给你们一份，请仔细研究，并望严格执行。"100元钱是总理工资的四分之一，肯定超过了这些礼品的价格。有一次，福州军区副司令员龙飞虎就托人给总理送来一筐橘子，说请老首长尝个鲜。总理说："你们问问这一筐多少钱？"秘书来报25元，总理吩咐："你给他寄50元去。"如此，龙飞虎以高出一倍的价钱"卖"给总理一筐橘子，以后再也不敢给老首长送东西了。他说："送东西就等于敲总理竹杠，谁还敢送啊？"。陈云同志，我收礼只收上级的礼，只收主席和总理的礼。彭德怀同志清正廉洁，把厚脸皮的熟人挡回去。从小事之中就可以体现出老一辈革命家的作风。今天，对领导干部的作风考验，习近平同志讲："作为党的干部，就是要讲大公无私、公私分明、先公后私、公而忘私，只有一心为公、事事出于公心，才能坦荡做人、谨慎用权，才能光明正大、堂堂正正。"他说，作风问题都与公私问题有联系，都与公款、公权有关系。公款姓公，一分一厘都不能乱花；公权为民，一丝一毫都不能私用。

（六）法纪修养缺乏，要常怀对政治规矩的敬畏之心。党员干部违反八项规定精神的问题，从中纪委网站上来看，到2015年2月份，共处理2076人。从级别来看，省部级0人，地厅级23人，县处级186人，乡科级1867人。主要有哪些方面？主要有违规公款吃喝、公款出国境旅游、违规配备使用公务用车、楼堂馆所违规问题、违规发放津补贴或福利问题、提供或接受超标准接待、大操大办婚丧喜庆。纪律和法规要防止制度法规在一把手面前苍白无力，有些领导干部谈法治时滔滔不绝，做决策时权力滔滔。《论语》中孔子曰："君子有三畏：畏天命，畏大人，畏圣人之言。小人不知天命而不畏也，狎大人，侮圣人之言。"

一度时间，有些干部无法无天，天王老子都不怕，突出的是一把手的腐败，有十个腐败的一字经："领导一元化、决策一言堂、签字一支笔、组阁一人定、说话一个音、斧头一面砍、富贵一家人、独钟一夜情、大权一把抓、腐败一条道。"往往制度法规在主要领导面前走了样。纪律和规矩是把铁尺子，最近议论较多的是毕福剑，中国纪检监察报发表《党员毕福剑必须讲规矩》，新华社发表评论：毫无禁忌的表达只能对着树洞。如果对照党的纪律规矩，毕福剑主要违反了党章和《中国共产党纪律处分条例》。按照党章第一章第三条"党员的义务"的规定，党员有"维护党的团结和统一，对党忠诚老实，言行一致，坚决反对一切派别组织和小集团活动，反对阳奉阴违的两面派行为和一切阴谋诡计"的义务。《中国共产党纪律处分条例》第五十八条："编造谣言丑化党和国家形象，情节较轻的，给予警告或者严重警告处分；情节较重的，给予撤销党内职务或者留党察看处分；情节严重的，给予开除党籍处分。"这次毕福剑事件对党员来说是一个警诫。世界上有强规范性的政党和弱规范性的政党，但是，都有纪律的约束。强规范性的政党对党员有约束力，弱规范性政党对领导层有约束力。我们中国共产党更强调严明党纪，习近平同志讲，谁都不能拿政治纪律和政治规矩当儿戏，领导干部要把对法治的尊崇、对法律的敬畏转化成思维方式和行为方式，做到在法治之下、而不是法治之外、更不是法治之上想问题、做决策、办事情。对法律心中要有所敬畏。

（七）文化修养难以抵抗"潜规则"，要净化精神追求。潜规则和党性原则的较量，是谁战胜了谁？有时候，当清官压力很大。这就更有必要建设良好的政治生态环境。就像德国哲学家卡尔·洛维特曾经讲过，人们的一种心态，由于人们不断被迫妥协，这种软弱扩大为一种普遍的人格特质：一种由于对善的荒废而来的罪行。开始的时候，人比较正直，看不起这种作风，可是，慢慢地，自己也会按照潜规则行事。马克思说，人是各种环境的总和。所以，今天，治理潜规则，加强党性修养，要倡导好的气候和氛围。习近平同志在指导兰考县委常委班子党的群众路线教育实践活动专题民主生活会时明确提出："要坚持清正严明，形成正气弘扬的大气候，让那些看起来无影无踪的潜规则在党内以及社会上失去土壤、失去通道、失去市场。"

问题讨论

1. 结合工作实际，检查自己在党性修养方面的存在问题？

2. 结合党员干部修养问题，谈谈如何理解《论语》中孔子曰："君子有三畏：畏天命，畏大人，畏圣人之言。小人不知天命而不畏也，狎大人，侮圣人之言。"

推荐阅读书目

1. 中国共产党第十九届中央委员会第一次全体会议公报
2. 中国共产党第十九届中央委员会第二次全体会议公报
3. 中国共产党第十九届中央委员会第三次全体会议公报
4. 中共中央关于深化党和国家机构改革的决定
5. 深化党和国家机构改革方案
6. 中共中央国务院关于实施乡村振兴战略的意见

第四编 04
新时代党风建设

第八章

作风是先进性的标志

第一节 作风建设现实问题

改革开放以来,经过长时间的高速发展,在各级党员干部努力下,社会经济取得了巨大成就,这是不争的事实。但一部分党员干部出现了思想松懈,意志消沉现象,奋进心不强,工作上存在消极怠工、等停靠看行为。具体表现:

(一)无心学习,理论素养不高

一是不喜欢学习,不善于学习。有的人有文凭没水平,有的人文凭和学历不相符。工作能力,理论水平与其真实学识与其所拥有的学历应当具备的知识水平相差甚远。

二是重形式不重效果,形式和效果不相符。有的把学习当成是"玩虚的""软任务",有的甚至把参加正规培训看作是一次休息的机会,进行应付支差,休息养神,借学习结交朋友、联络感情,连学习体会和考试考核也由他人代劳。有的"看书看皮,看报看题",满足于一知半解,不是完整地准确地把握理论体系和精神实质,运用起来也断章取义,各取所需。

三是重制度轻落实,制度成为摆设。各单位虽制定了中心组学习、周五学习日等一系列制度,但坚持得好的并没有很多。有的则根本不学习,制度只是做给大家看的一种形式和应付上级检查的一种摆设。如遇检查，则临时现补学习笔记。就连一些业务性质属于学习或离不开学习的单位员工亦有人员，慢怠学习，轻视学习。

（二）意志衰退，进取意识不强

一是安于现状，得过且过。有的自以为怀才不遇，工作随随便便，甚至自我标榜政治上无所求，工作好坏无所谓，散布消极言论。提拔无望的不求有功，但求无过。即将退出领导岗位的，则时时告诫自己"多栽花，不栽刺"，整日无所事事，安于现状。

二是随波逐流，明哲保身。不愿不敢讲真话，不敢不愿抵制各种歪风邪气，更不能开展批评和自我批评，使民主生活会批评和自我批评变味成表扬和相互吹捧。

（三）心浮气躁，工作作风不实

一是夸夸其谈，坐而论道。工作深入不下去，不会搞调查研究，不能用科学理论指导本地区本部门的工作，也不会灵活运用他人成功经验。思路、计划和措施只停留在口头上，说起来头头是道，落实到实际百无一用。

二是好练虚功，沽名钓誉。有的工作出发点和落脚点不是为了发展一方经济，富裕一方百姓，而是更多地考虑是否有利于自己的政绩，是否有利于提高自己的知名度，是否有利于自己提拔升迁，工作没有长远的打算，也不顾全局利益。下基层不是真正为了调查研究和解决实际问题，而是往基础好条件好的地方跑，"坐着车子转，隔着玻璃看"，走走过场，做做样子，满足于听汇报、捞观点、树样板。有的为了骗政绩，骗荣誉，骗升迁，不惜说假话，造数字，添水分；有的过分追求"电视上有影、广播里有声、报纸上有名、群众中有威"，不惜"花钱买吆喝"。

三是心浮气躁，急于求成。有的工作来临拍胸脯，工作决策拍脑门，造成失误拍屁股。有的耐不住寂寞，守不住清贫，喜欢追求轰动效应，好大喜功，不遵循经济发展的基本规律，不考虑主客观条件是否具备，一味追求大跨度、跳跃式、快节奏的发展方式，制定高指标，攀比高速度，乱铺摊子，乱上项目，不切实际地勾画所谓宏伟蓝图，本想立竿见影，结果"鸡飞蛋打",导致"面子工程""浮躁政绩"、甚至是"豆腐渣工程"时有发生。有的地方乍一看是发展了,繁荣了,但发展繁荣的背后是极其严重的"透支",形成"前任的政绩,后任的包袱",给国家集体造成重大损失。

(四)宗旨错位,群众观念淡薄

一是对上不对下,主体错位。有的为了个人利益或个人升迁,对群众冷暖不闻不问,对基层反映的问题久拖不决,却时时处处迎合领导意愿,满足领导好恶,把我们党"从群众中来,到群众中去"的工作路线,变成了"从上级领导中来,到基层群众中灌"。

二是主观臆断,盲目决策。重大情况不向群众通报,重大问题不交群众讨论,重大决策不征求群众意见,不尊重群众首创精神,主观臆断,盲目决策,一旦出了问题却让群众承担责任,蒙受损失。

三是感情异化,高压平怨。有的对群众的感情异化,不愿甚至不敢见群众,怕群众"纠缠",怕影响形象。有的门难进,话难听,事难办。有的拉虎皮作大旗,不考虑群众意愿,对群众的问题不是耐心说服教育以理服人,切实解决问题,而是利用高压手段平息群众怨气和怒气。

(五)缺乏自律,享乐之风抬头

一是享受玩乐,奢侈浪费。比吃、比喝、比玩,吃喝风、玩乐风、赌博风在个别同志中盛行。有的吃遍了城里下乡吃,玩遍了本县玩外地,认为只要没有将钱装进自己的腰包,吃点喝点玩点无所谓。赌博现象也有所抬头,个别同志"打麻将""斗地主""跑得快",不讲场合,不看地点,不选时间,而且谈论起来津津乐道,眉飞色舞,应和者众。

二是求神拜佛,腐化堕落。有的封建迷信思想严重,沉湎求神拜佛,甚至连车牌号、手机号都要讲究一番。有的甚至道德败坏,沉迷于声色歌舞,找"三陪"、包"二奶"。

三是谋求私利,自断防线。有的利用职权,纵容和支持亲友从事经营活动,从中谋取不正当利益。有的为小集体谋利,借口为干部职工发福利,带头多占公有财产。有的认为经济发展了,人民富裕了,领导干部房子大一点,车子好一点,公款消费多一点无所谓。有的在待遇上相互攀比,"寸土必争"。有的交友不慎,傍大款,甚至同地痞流氓有扯不断的联系。

习近平总书记把诸如此类问题集中归结为"四风"即形式主义,官僚主义,享乐主义,奢靡之风。凡此种种,问题十分严重。十八以来,通过纠风整纪,改变很大。

问题讨论:
联系身边的变化谈谈"四风建设"的实效

第二节 整风肃纪永远在路上

四风建设和"八项"规定的实施,取得了意想不到的结果。进入新时代,许多过去认为不可能解决的问题,解决了。5年过去了,这些质疑声越来越小,因为事实给出了最好的回应!5年来,在查处的问题中,违纪行为(截至2017年8月)发生在2013年、2014年、2015年、2016年、2017年1—8月的分别占52.2%、19.31%、15.03%、9.69%、3.77%,违纪行为逐年大幅减少。其中,老百姓最痛恨的公款吃喝、公款送礼、公款旅游三类问题,违纪行为(截至2016年12月)发生在2013、2014年的占到76.1%,发生在2015年的占16.7%,发生在2016年的占7.2%,逐年大幅下降。财政部数据显示,从2012年到2016年,中央级"三公"经费实现"四连降",2016年中央级"三公"经费比2012年累计减少26亿元,累计降幅达35%。5年后的今天,有外媒这样评价八项规定:当时很少人预见到,公款吃喝、文山会海等中国官场的"老大难"问题,竟然出现如此明显的改善。党员干部的工作作风变了,生活习惯好了。曾有一段时间,党员干部和人民群众的距离一度越来越远。部分党员干部忙于吃喝应酬,忙于送礼奉迎,对待工作、对待群众则是态度冷漠。这样的工作生活方式,真的是大部分党员干部想要的吗?恐怕未必!频繁应酬拖垮了自己的身体,人情消费搭进半个月工资……换来的却是老百姓在背后指指点点,甚至一片骂声。八项规定实施5

年，不仅深刻地改变了党风政风，也改变了党员干部的生活。绝大多数党员干部逐渐从迎来送往、文山会海的困扰中抽身出来，有更多的精力投入到工作中，有更多的时间陪伴家人。如今，尽管酒局少了，礼品不能收了，公车的便宜不能占了，大多数干部反而觉得幸福感提升了——"终于有空给儿子开家长会""感觉身体健康了许多""可以沉下心来干点事了"……这些都是八项规定5年来，很多党员干部的心声。身为党员干部，谁不想被群众称赞，谁不想做个好官，八项规定就是要为想干事的干部们营造风清气正的从政环境。老百姓有了实实在在的获得感。八项规定成效如何？老百姓体会最深。餐饮、月饼、大闸蟹等一度被"天价"异化的消费品更加"亲民"。如今，公款送礼之风刹住了，长期治不了的高价烟酒、高价月饼、高价宴请，逐渐销声匿迹；隐藏在公园、景区内的高端会所也纷纷朴素转身、还景于民。规矩越来越严，百姓办事也更加便利。不少人看到，以前去政府办事东托人、西托人还唯恐办不成，现在政府比过去门好进、事好办了，吃拿卡要那一套不管用了，企业家与官员的关系也更清清爽爽。好的党风政风，也让社会风气大为好转。这几年，安徽、浙江等不少地方相继出台了严禁党员干部婚丧嫁娶收受红包礼金的规定。党员干部带头，婚丧喜庆讲排场、比阔气的歪风陋俗得到整治，群众如释重负。从铺张浪费到勤俭节约，从注重"人情消费"到回归友善真情，从违背本心去玩潜规则到理直气壮来守明规矩，八项规定让老百姓有了实实在在的获得感。

（一）强化教育，筑牢思想防线

在新时期新阶段，要增强党的凝聚力和战斗力，必须坚持不懈地教育广大党员干部增强党的宗旨观念，坚持群众观念和群众路线，充分尊重和发挥人民群众的主动性和创造性，自觉养成为人民服务、向群众负责、遇事同群众商量与群众共甘苦的良好作风。

一要大兴学习之风。要靠严格的学习制度、领导的表率作用、典型示范和舆论宣传，营造浓厚的学习氛围，不断提高广大党员干部的政策理论水平和科学文化水平。

二要大兴求是之风。要自觉坚持坚定正确的政治方向，锤炼严肃认真的理论素养，培养独立负责的敬业精神，不断提高理论联系实际，独立应对复杂局面和解决实际问题的能力。

三要大兴创新之风。要实现思维创新、体制创新、机制创新、方法创新和工作创新，不断开创本单位和本职岗位工作的新局面，努力创造无愧于时代的新业绩。

四要大兴落实之风。要按照一颗钉子一个眼的要求，层层分解和落实工作责任，努力形成上下齐心协力抓落实促发展的良好格局。

（二）强化监督，筑牢制度防线

一要全面推行政务公开。要公开办事程序，明确办事标准、办事时限和办理结果的要求，增强政务透明度。有条件的部门和行业要进一步扩大社会公开承诺服务的范围。要按照事事有结果、件件有着落的要求，建立完善实名举报（投诉）奖励制度和举报（投诉）调查结果公示制度。

二要完善监督平台。要认真落实党内监督五项制度，完善领导干部任期经济责任审计、离任审计和绩效审计制度，继续办好阳光政务会客厅。结合政风、行风建设，组织开展群众性的机关公务民主评议，并把评议结果作为领导班子和干部考核、任用的重要依据。

三要推进机关管理法制化。围绕制度健全、纪律严明、民主决策、按章理事，建立完善党政机关组织工作、管理工作和日常行为三个规范，完善企事业单位职工代表大会制度等民主管理制度，结合廉政承诺、个人重大事项报告和述职述廉，推行专项考察制度，加大对重大决策、重要干部任免、重大项目安排和大额资金调度的监督管理力度。

（三）狠刹歪风，筑牢社会防线

一要狠刹弄虚作假的浮夸风。要加强宣传教育，营造打假求实的社会氛围，引导广大党员干部树立正确的名利观、荣誉观、是非观和权利观，自觉抵制浮夸风的侵袭；要强化舆论宣传和法制教育，大力宣扬和表彰廉洁奉公、埋头苦干者，曝光、批评和处理浮夸弄假者。要逐步推行举报（投诉）人参与调查处理制度，严格统计执法，深入调查研究，堵塞浮夸源头，铲除弄虚作假的土壤。

二要狠刹以唯我独尊为特征的"官爷风"。"官爷风"就是脱离群众,脱离实际的官僚主义之风,是官本位思想的具体表现。"官爷风"的存在和蔓延,妨碍党的路线方针政策实行,损坏党的形象和威信,对党同人民群众的关系起着严重的破坏作用,必须用机制的、舆论的、教育的手段予以清除。

三要狠刹以骄奢淫逸为重点的奢侈风。严格控制各种名目的节庆和达标评比活动;改进会风和文风,大力精简会议和文件。完善财务审批程序,加强财务管理监督,严禁用公款大吃大喝、游山玩水和进行高消费娱乐;坚决纠正以学习考察、招商引资等名义公款旅游特别是出国(境)旅游的不正之风。创新公车管理办法,统一张贴公车标识。

(四)坚持改革,筑牢机制防线

一要建立完善监督约束机制。要整合监督资源,建立由纪委牵头的监督部门联席会议制度,充分发挥专责机关、社团、群众和新闻舆论监督的作用。建立走访、谈话、函询和领导干部廉政访谈制度,开展经常性的干部思想动态分析,建立领导干部预警教育制度,不定期邀请党政负责人,以及从事人财物管理等关键部门和关键岗位干部针对反腐倡廉热点问题在新闻媒体开展廉政访谈,努力形成配置合理、反应敏捷、协调配合、灵活高效的监督机制。

二要建立完善惩诫机制。要坚持把作风建设作为党政机关和各级干部年度考核的重要内容,对那些作风扎实、政绩突出、群众威信高的干部予以表彰,并列为提拔、重用的对象;对不注重作风建设、问题较多的干部进行重点整改、重点帮促,充分激发广大党员干部争先创优的积极性。

三要建立完善领导干部自律机制。要推行干部廉政档案信息化管理,积极发挥领导干部的带头作用。

四要完善干部人事制度。要坚持正确的用人导向,靠机制选人,用制度管人,凭实绩用人,培养担当新世纪重任的德才兼备的干部队伍。

问题讨论:

如何理解"作风建设永远在路上"这句话的深远意义?

推荐阅读书目

1. 《习近平总书记系列重要讲话读本（2016年版）》；

2. 《习近平关于严明党的纪律和规矩论述摘编》；

3. 《习近平关于全面建成小康社会论述摘编》《全面小康热点面对面——理论热点面对面·2016》；

4. 《中国共产党的九十年》；

5. 《总体国家安全观干部读本》；

6. 《理论自信：做坚定的马克思主义信仰者》；

7. 《五大发展理念案例选·领航中国》《重读先烈诗章》。

第九章

新时代党的先进性教育

第一节 党的先进性基本理论

党的先进性的内涵主要包括两点，一是指一个政党在思想、理论、纲领等方面所具有的优于其他政党的特质；二是指一个政党在人类社会发展进步中所起的引领作用。前者是后者的基础和前提，后者是前者的集中体现。看一个政党是否具有先进性，不但要看它的理论、纲领、路线是不是科学的，是不是代表了社会发展的正确方向，是不是代表并维护了最广大人民的根本利益，还要看它在人类社会历史发展进步中是否发挥了引领作用。具体到中国共产党，就是看它是否在中国的社会主义革命、建设和改革历程中发挥了先锋和引领作用。毛泽东同志说："中国共产党是无产阶级的政党。无产阶级里头出了那样一部分比较先进的人，组织成一个政治性质的团体，叫共产党。"这说明，我们党能够从小到大、由弱到强，团结带领全国各族人民取得革命、建设和改革的伟大成就，归根结底是因为党作为先进分子的集合体，始终保持了先进性，它的党员作为先进分子始终保持了先进性。在新的历史时期，旗帜鲜明讲政治，坚决维护党中央权威、坚持民主集中制、规范党内政治生活、加强党内监督等都是保持党先进性的重大举措。党的先进性是马克思主义政党的立党之本和力量所在，是建设一个什么样的党和怎样建设党的核心问题。保持党的先进性,是马克思主义政党建设永恒的主题。

党的纯洁性,是指党员和党组织在思想、政治、组织、作风、行为等方面与党的性质、宗旨的一致性。纯洁性是所有政党追求的目标,政党会通过体制、机制、制度的设计来努力实现这一目标,并在实践中努力保持这一目标。政党的纯洁性主要表现在两方面,一是指政党肌体的纯正程度较高,能够保证自身性质状态符合目标宗旨,保持生机与活力;另一方面是指政党思想上的信仰统一,能够保证党的正确政治方向和党的团结统一。我们党保持肌体的纯洁性,体现在党对思想政治、组织作风、奉公守法、自律廉洁等各个方面的要求,以及吸收新党员时对个人政治理想和价值追求的强调,对不合格党员的淘汰,对党内腐败分子的惩治,等等。

我们党保持思想上的纯洁性,体现在党要求全体党员保持对马克思主义的坚定信仰、对共产主义和中国特色社会主义的坚定信念。这是保证党的正确政治方向和党的团结统一的思想基础。对党员和党的领导干部思想不纯洁的危害和影响不可低估,如果思想不纯洁,必然会影响理想信念的坚定,是非判断就会模糊不清,政治立场可能动摇丧失。习近平指出:"理想信念动摇是最危险的动摇,理想信念滑坡是最危险的滑坡。一个政党的衰落,往往从理想信念的丧失或缺失开始。我们党是否坚强有力,既要看全党在理想信念上是否坚定不移,更要看每一位党员在理想信念上是否坚定不移。"革命战争年代,无数共产党人为了革命的胜利,南征北战,舍生忘死,是坚定正确的信仰带来了必胜的信心;和平建设时期,无数共产党人为了社会主义事业,艰苦奋斗,无私奉献,是坚定正确的信仰带来了顽强的信念;改革开放以来,无数共产党人为了国家富强和民族复兴,顽强拼搏,勇于创新,是坚定正确的信仰带来了突破的勇气。信仰的力量是无穷的,信仰纯洁是共产党人最根本的纯洁。马克思主义政党之所以高度重视保持党的纯洁性,从根本上说是为了永葆党的政治本色,永葆党的生机活力,从而更好地肩负起自己的历史使命。

党的先进性和纯洁性在本质上是内在统一的。党的先进性同纯洁性相辅相成、互相促进。先进性是纯洁性的目标方向,纯洁性是先进性的支撑基础，没有纯洁性，就无法形成先进性，没有先进性，纯洁性就失去了价值。党的先进性和纯洁性统一于党的性质和宗旨的一致性，统一于建设中国特色社会主义事业的伟大实践中。我们党97年的历史，是党领导中国人民不断赢得革命、建设、改革胜利的历史，也是党不断实现、保持、发展自己先进性和纯洁性的历史。确保党始终成为中国特色社会主义事业的坚强领导核心，必须始终保持党的先进性和纯洁性。

问题讨论

1. 如何理解马克思主义政党先天应具有先进性论断？
2. 谈谈党员个体先进性与政党建设的关系？

第二节　部分党员干部先进性不明显

一、一些党员理想信念模糊动摇的问题

1. 有的对共产主义缺乏信仰，感到共产主义太遥远，甚至认为是虚无缥缈的幻想，过好自己的小日子才是硬道理，对中国特色社会主义缺乏信心；
2. 有的精神空虚迷茫，不信马列信鬼神，热衷于组织、参加封建迷信活动，信仰宗教；
3. 有的不重视政治理论学习，甚至把参加学习作为一种不必要的负担；
4. 有的对一些错误思潮、观点甚至奇谈怪论缺乏辨别能力，不敢亮剑，不善发声，甚至人云亦云，组织或参与传播；
5. 有的妄议中央和省委的大政方针政策和决策部署，随意散布一些所谓"新观点""新看法"，影响军心和士气；
6. 有的没有根本从思想上入党，世界观、人生观、价值观不正。

二、一些党员党的意识淡化的问题

1. 有的看齐意识不强，标准不高，要求不严，离中央、省委和工委的要

求有差距，不守政治纪律政治规矩；

2. 有的在党不言党、不爱党、不护党、不为党，积极主动宣传党的好政策好声音不够，导致基层群众对中央和省委的好政策不了解、不理解，甚至不欢迎；

3. 有的对党史党章党规的学习满足于一知半解，在传承党的优良传统和作风方面有差距，不能把纪律和规矩挺在前面；

4. 有的组织观念淡薄、组织纪律散漫，不按规定参加党的组织生活，不按时交纳党费，不完成党组织分配的任务，不起先锋模范作用；有的不愿意亮党员身份，害怕群众监督；有的流动党员不及时转接党组织关系，不向转入地党组织报到，长期游离于党组织之外。

三、一些党员宗旨观念淡薄的问题

1. 有的利己主义严重，跟组织讲条件、讨价还价，在名与利、得与失等问题上，不能正确对待，甚至与民争利，损害群众利益；

2. 有的群众观念淡漠，对群众没感情，不关心群众疾苦，坐等上门多、主动问需少，特别是在联系服务对象、困难党员、群众等方面有差距；

3. 有的不秉公办事，讲人情、讲关系、讲交易，吃拿卡要、故意刁难；

4. 有的落实政策不公开透明，办事不公，假公济私，优亲厚友；

5. 有的服务意识欠缺，为群众办事不上心不主动，方法简单，化解矛盾和问题的办法不多，欺瞒组织、糊弄群众，对基层反映的问题不能做到马上就办。

四、一些党员精神不振的问题

1. 有的对组织安排的工作消极懈怠，拈轻怕重，懒懒散散，慢慢吞吞，敷衍了事；

2. 有的能力素质不过硬，自我要求不严格；

3. 有的不会担当、不愿担当、不敢担当，对新形势下机关党建工作缺少研究的态度，缺乏攻坚拔寨、冲锋陷阵的志气、勇气和锐气，存在畏难情绪，遇矛盾就让，见困难就躲；

4. 有的安于现状、进取心不强，"等靠要"思想严重，碌碌无为，得过且过，不求上进；

5. 有的脱贫攻坚意识不强，抓党建助推扶贫的思路不清，办法不多。

五、一些党员道德行为不端的问题

1. 有的律己不严、知行脱节，讲奉献、讲公德、讲诚信不够，言行举止不文明不得体，甚至口无遮拦，行为粗俗，让群众鄙夷；

2. 有的缺乏基本的职业操守，对工作不负责、不认真，不能做到干一行爱一行，"安专迷"有差距，精准细致不够；

3. 有的不讲家庭美德，不能做到敬老爱幼、夫妻和睦、邻里友善；

4. 有的贪图享乐，讲排场、比阔气，奢侈浪费。有的不注重个人品德，追求低级趣味和不良嗜好，流连声色犬马，玩物丧志。

六、一些党员在党风廉政建设方面的问题

1. 有的不能做到公私分明，损公肥私、中饱私囊，甚至贪赃枉法；

2. 有的挥霍、挪用甚至贪污集体财物。

问题讨论：
剖析自己周围可能存在的非先进性思想、观念、行为习惯问题。

第三节　加强党及党员先进性建设

进入新时代，在世情、国情、党情出现巨大变化的大背景下，面临来自执政、改革开放、市场经济、外部环境的多重考验，充分体现党的先进性是加强党的建设重要任务和必然要求。2013年，中共中央党校党建教研室副主任戴焰军认为，十八大报告中首提"纯洁性建设"，反映出新形势下，党对自身机体的健康问题如极少数党员的"信仰危机"等,有非常清醒的体认。

十八大报告提出,要牢牢把握加强党的执政能力建设、先进性和纯洁性建设这条主线,同时对每一个党员从思想理论、党性原则、道德建设等方面提出更高标准。我们党历来重视自我建设和自我完善,当下的中国正处在社会思潮多元、利益格局多变的改革攻坚期和矛盾凸显期。一些中共党员在思想上对共产主义理想信念开始动摇,出现"信仰危机";工作上干劲不足、落实不力、纪律不严、政令不畅,贪污腐化、官僚主义现象时有发生,出现"信任危机"。尤其是近一段时期以来极个别党内高层领导的腐败问题,在民众中造成极其恶劣的影响。保障党员队伍的纯洁性,关键要把握住"内因"和"外因"两大因素。"内因"是要求党员自身要加强思想建设、组织建设、作风建设;"外因"则需要通过制度和法律的保障,严厉惩治预防腐败、严明党纪、深化干部人事制度改革等。十八大提出加强党的先进性建设,要"增强自我净化、自我完善、自我革新、自我提高能力""以实际行动彰显共产党人的人格力量"这些提法新颖实在、与时俱进,从多个层面对我们党员的能力建设和形象塑造上提出高标准。加强党的纯洁性首先要严格流程:第一步,严格党员培养、考核、发展各项程序;第二步,健全党性党风党纪定期分析评估制度;最后一个步骤尤为重要,要严格党内的考核评价机制,对不合格党员要劝退、除名、开除党籍。同时,要在以下方面加强工作:

一要加强思想教育引导,用中国特色社会主义理论体系特别是科学发展观武装全党,加强广大党员的党性修养和党性锻炼;二要始终把实现好、维护好、发展好最广大人民的根本利益作为根本出发点,建立健全联系群众、服务群众的长效机制,从巩固党的阶级基础和群众基础上加强党的先进性和纯洁性建设;

三要建立好党员干部领导机制,提高领导骨干素质,推动领导干部率先垂范,打造一只永葆先进性和纯洁性的干部队伍;四要夯实党的组织基础,不断提高基层党建工作的科学化水平,抓基层组织建设,充分发挥基层党组织和党员的先锋模范作用;五要完善党的内部制度、机制建设,坚持党要管党、从严治党的方针,为保持党的先进性和纯洁性提供制度保证。

2016年，习近平提出，机关干部至少得有这"八把刷子"。指出在我们实现"两个一百年"奋斗目标、建设中国特色社会主义的道路上，公务人员肩负重任，他们既是党中央方针政策的传达者、执行者，也是社情民意的反映者，上传下达，承担着桥梁纽带的作用。那么，如何做一名合格的公务人员呢？

一、要有"八把刷子"

第一把刷子：把马克思主义哲学作为自己的看家本领。2013年12月3日习近平在主持中共中央政治局就历史唯物主义基本原理和方法论第十一次集体学习时强调，党的各级领导干部特别是高级干部，要原原本本学习和研读经典著作，努力把马克思主义哲学作为自己的看家本领，坚定理想信念，坚持正确政治方向，提高战略思维能力、综合决策能力、驾驭全局能力，团结带领人民不断书写改革开放历史新篇章。

第二把刷子：忠诚、干净、担当。2014年10月习近平对云南工作做出重要指示时指出，对党忠诚、个人干净、敢于担当。

第三把刷子：讲规矩。2015年1月13日习近平在中国共产党第十八届中央纪律检查委员会第五次全体会议上的讲话讲规矩是对党员、干部党性的重要考验，是对党员、干部对党忠诚度的重要检验。

第四把刷子："身在兵位，胸为帅谋"。习近平在《办公厅工作要做到"五个坚持"》一文中指出，要围绕大局反映情况、报送信息，做"千里眼、顺风耳"，把各方面新情况新问题、贯彻落实党中央方针政策的意见和建议、干部群众关注的热点焦点问题等及时收集上来，归纳综合，分析研判，第一时间报送党中央，为党中央科学决策提供重要依据。要围绕大局出谋划策、贡献智慧，"身在兵位，胸为帅谋"，主动对党和国家全局工作、对党中央抓的重点工作进行深入研究，多出大主意、好主意。

第五把刷子：清清白白做人、干干净净做事、坦坦荡荡为官。2015年1月12日习近平同中央党校第一期县委书记研修班学员座谈时强调，廉洁自律是共产党人为官从政的底线。我经常讲，鱼和熊掌不可兼得，当官发财两条道，当官就不要发财，发财就不要当官。要始终严格要求自己，把好权力关、金钱关、美色关，做到清清白白做人、干干净净做事、坦坦荡荡为官。

第六把刷子："天下大事必作于细"。习近平在《办公厅工作要做到"五个坚持"》一文中指出，要坚持底线思维，保持如临深渊、如履薄冰的态度，尽可能把各种可能的情况想全想透，把各项措施制定得周详完善，确保安全、顺畅、可靠、稳固。要牢记"天下大事必作于细""慎易以避难，敬细以远大"的道理，无论办文办会办事，都要一丝不苟、严谨细致、精益求精，于细微之处见精神，在细节之间显水平。

第七把刷子：既是老黄牛，又是千里马。2014 年，《河北日报》刊发长篇通讯《习近平同志在正定》，文章指出，习近平在正定时，要求基层领导班子在工作作风上要适应新时期的要求，要有一个大的转变。不能仅仅是一个老黄牛，也不能只是一个空谈家，而要把远大目标和务实工作结合起来，既有老黄牛的品格，又有千里马的气势，既是一个有胆有识的战略家，又是一个脚踏实地的实干家。

第八把刷子：当"公仆"，做大事。2000 年第 7 期《中华儿女》杂志，刊登了一篇习近平总书记当时在福建省任省长时的专访文章。采访中，在回答记者"在您从政 20 多年的生涯当中，是不是不像有些人那样把升职作为最高目标，而是把做事、做人作为基本追求？"的提问时，习近平说："在从政之前，我曾冷静地考虑过这个问题。因为我认为在第一步跨入政界之前，首先要在思想上弄清楚两个问题，这就是你要走的是什么路？你所追求、需求的是什么？我当时对自己定了这么几条：一是要立志当'公仆'，做大事；二是在从政的整个过程之中，不要把个人的发展、升迁作为志在必得的东西；三是要有不怕艰难险阻，持之以恒干工作的准备。"

党员干部的先进性表现是党的作风的风向标，是加强党的作风建设的重要内容，需要加强。

二、要有"五气"

一要坚定信念，以雄壮的豪情树立担当志气。古人云：世之非常之观常在险远，非有志者不能造也。所以，坚定理想信念是我们行动的先导和原动力。总书记大力倡导的"三严三实"精神，"接力"和"赶考"精神，责任担当精神、公而忘私精神，以及在教育实践中反复强调的以"照镜子、正衣冠、洗洗澡、治治病"为总要求的整风精神，"踏石有印、抓铁有痕"的"钉钉子"精神，等等，都很好地回应了人民的期盼，道出了人民的心声。这就要求每一个领导和党员干部都要坚定理想信念，树立宗旨意识，立志做大事，不图做大官。"苟利国家生死以，岂因祸福避趋之"。始终把党和人民的利益摆在第一位，以社会主义事业为重，这就是担当的志气。信念坚定不移，意志坚如磐石。以坚定的信念为支撑，以纯洁的党性为保证，以人民利益为宗旨，牢牢把握好世界观、人生观、价值观这一"总开关"，面对软弱涣散敢抓敢管、动真碰硬，面对歪风邪气坚决抵制、绝不退让，敢于担当，善于担当。

二要勤学善思，以执着的热情培育担当才气。思想上"顶天"，行动才能"立地"。"顶天"的思想就是我们担当的才气。闲时多读书，博览聚才气，所以说，思想境界的提升，素质能力的提高，要不断地通过学习、思考来实现。当然，实践也是最好的大学，我们可以在实践中提升。工作实践中，我们往往会有知识储备不足、理论素养单薄的无力感觉，也会有实践经验匮乏，应对复杂问题、尖锐矛盾的无所适从感，说到底，其实就是一种本领恐慌和能力恐慌。如何去克服这种本领恐慌呢？只有一种办法，那就是学习。始终把学习作为一种不懈的努力、一种毕生的追求，坚持在学习中实践，在实践中学习，自我加压，自觉"充电"，力求做到学以致用，学有所精、学有所成，克服本领恐慌，建立本领自信。

三要廉洁自律，以淡定的神情练就担当底气。"打铁还需自身硬，铁肩才能担道义"，这说的是担当的底气。一个干部尤其是领导干部过不了廉政关，就没有担当可言。无私才能无畏无惧，自身不干净、不廉洁就没有担当的资格和底气。如果在廉洁自律上放松了警惕，就很容易出问题。搞一次特殊就丢一份威信，破一次规矩就留一个污点，谋一次私利就失一片民心。特别是领导干部，更要加强党性锻炼，要从严自律，坚决克服侥幸心理、从众心理和不平衡心理，任何情况下都得稳住心神、管住行为，堂堂正正做人，清清白白做官，本本分分做事，始终保持一名领导干部应有的政治本色和事业情怀。

四要追求卓越，以豪迈的激情永葆担当锐气。"事不避难，勇于担当"。当前，我们正处在澎湃激荡的发展大潮之中，不进则退，慢进也要落后，这就需要我们时刻保持开拓创新、与时俱进、敢闯敢试的锐气。这种锐气，是时代赋予领导干部在责任面前敢于承担，在矛盾面前敢于亮剑，在困难面前敢顶压力，在未知面前敢担风险，逢山开路、遇水架桥的一种奋斗拼搏精神。但担当的锐气不是锋芒毕露、咄咄逼人。我们必须做到锐气藏于胸而化于身。这样，我们才能在困境面前保持百折不挠和咬定青山不放松的定力。

五要不惑不俗，以愉快的心情内养担当静气。一朵花，开在深夜，悠长的一束光照见它，他视而不见，意蕴幽幽地开着，这样花朵有静气。一个人，专心于一件事，别的事情都搅扰不了他，别的诱惑都迷乱不了他，他就那样心系一处，仿佛进入了禅定，这样的人也有静气。人一闹腾，六神无主；人一静谧，风度自来。胸怀静气，才能真正淡泊名利。宁静方能致远，静气才能干事。不惑与众，不媚与俗，心平气和，举重若轻，不为进退滋扰，宠辱泰然尽责，这就是担当的静气。所以，浩然处事，涵养静心，这是担当大事要事和有所作为的前提。工作中，要正确看待个人问题，丢掉私心，自觉站在党和人民的立场上，时刻做到以党的事业和人民群众的利益为重。毋庸讳言，担当有时还会受到挫折和委屈。对领导干部个人而言，要把逆境和挫折作为党性修养的历练，人生阅历的财富，成长进步不可或缺的因素，不断提高自身修养和工作能力。荣辱不惊、胸有静气这才是一名领导干部应有的自信和成熟的表现。

问题讨论：

1. 对照《党章》检查自己作为一名党员先进性的发挥情况。
2. 对照《党章》检查自己作为一名党员的纯洁性。
3. 如何理解习近平提出党员干部应有"八把刷子"的要求。

推荐阅读书目

1.《党代会历史细节：从一大到十八大》（作者：李颖，党建读物出版社，2017年7月）

2.《习近平总书记系列重要讲话读本（2016年版）》（编者：中共中央宣传部组织，学习出版社、人民出版社，2016年4月）

3.《习近平关于全面建成小康社会论述摘编》（编者：中共中央文献研究室，中央文献出版社，2016年6月）

4.《习近平的七年知青岁月》（中央党校采访实录编辑室，中共中央党校出版社，2017年8月）

第十章

新时代群众路线教育

第一节 群众路线的历史发展

在中国共产党的历史文献中,群众路线的提出最早是在1928年。该年11月,李立三在与江浙地区党的负责人谈话时指出,"在总的群众路线之下,需要竭最大的努力到下层群众中去"。1943年,毛泽东在为党中央起草《关于领导方法的若干问题》的决定时,第一次较为系统地概括了群众路线的思想:"在我党的一切实际工作中,凡属正确的领导,必须是从群众中来,到群众中去。这就是说,将群众的意见(分散的无系统的意见)集中起来(经过研究,化为集中的系统的意见),又到群众中去做宣传解释,化为群众的意见,使群众坚持下去,见之于行动,并在群众行动中考验这些意见是否正确。然后再从群众中集中起来,再到群众中坚持下去。如此无限循环,一次比一次地更正确、更生动、更丰富。这即是马克思主义的认识论……从群众中集中起来又到群众中坚持下去,以形成正确的领导意见,是基本的领导方法。"

1945年,刘少奇在中共七大上做关于修改党章的报告时,对群众路线做了详细的说明,将它归结为两个方面,即群众观点和群众路线的领导方法。在肯定"从群众中来,到群众中去"这一领导方法的同时,他特别强调群众观点的重要性,"一切为了人民群众的观点,一切向人民群众负责的观点,相信群众自己解放自己的观点,向人民群众学习的观点,这一切就是我们的群众观点,就是人民群众的先进部队对人民群众的观点"。他认为只有具备了这样的群众观点,"才能有明确的工作中的群众路线,才能实行正确的领导"。

1956年,邓小平在中共八大做关于修改党章的报告时,对以上两方面再次加以强调,明确把群众观点作为群众路线的一个重要内容。我党对群众路线的表述基本定型,这就是:"一切为了群众,一切依靠群众,从群众中来,到群众中去。"

1981年6月中国共产党十一届六中全会做出的《关于建国以来党的若干历史问题的决议》简明地将群众路线概括为"一切为了群众,一切依靠群众,从群众中来,到群众中去"。毛泽东把群众路线称为中国共产党的"三大优良作风"之一,《中共中央关于建国以来党的若干历史问题的决议》则把群众路线看作是毛泽东思想"三大基本方面之一"。国外也有学者对群众路线赞誉有加,把它看作中国对马克思主义革命理论最具有原创性的贡献。毛泽东同志经常强调,只要我们依靠人民;坚决地相信人民的创造力是无穷无尽的,因而信任人民,和人民打成一片,那就任何困难都有可能克服,任何敌人最终都压不倒我们,而只能被我们所压倒。他还指出,领导群众进行一切实际工作时,要取得正确的领导意见,必须从群众中来、到群众中去,实行领导和群众相结合,一般号召和个别指导相结合。这样,毛泽东同志就把马克思主义的认识论同党的群众路线统一起来了。党是无产阶级的先进部队,党是为人民的利益而存在和奋斗的,但是党永远只是人民的一小部分;离开人民,党的一切斗争和理想都会落空,而且都要变得毫无意义。我们党要坚持革命,把社会主义事业推向前进,就必须坚持群众路线。我们党在领导中国人民的长期斗争实践中,创造和发展了马克思主义的群众观点,提出和坚持了一切为了群众、一切相信群众、一切依靠群众,从群众中来、到群众中去,密切联系群众的群众路线。

邓小平说,"群众路线和群众观点是我们的传家宝"。群众路线是毛泽东思想的重要内容，是中国共产党根本的政治路线和组织路线，它卓越的理论意义和实践成效，已经为我们党数10年的奋斗历程所充分证实。

习近平同志的"群众观"强调：加强和创新社会管理，要同做好群众工作紧密结合起来，深入研究形势和任务的发展变化对群众工作提出的新要求，积极探索加强和改进群众工作的新途径新办法，把群众工作贯穿到社会管理各个方面、各个环节，从源头上化解社会矛盾、维护社会稳定、促进社会和谐。

问题讨论

从群众路线的产生谈我们党的"初心"和"使命"。

第二节 群众路线基本理论

群众路线是党的根本工作路线。以毛泽东为代表的中国共产党在长期斗争中形成了一切为了群众、一切依靠群众和从群众中来、到群众中去的群众路线。

一切为了群众，一切依靠群众，讲的是中国共产党的群众观点，是群众路线的核心内容。如果说一切为了群众讲的是目的，就是为什么要这样做，那么一切依靠群众则讲的就是手段的问题，就是如何去做、采取什么方式去做的问题；这是因为：第一，一切为了群众，全心全意地为人民服务，是党的根本宗旨，是党的一切工作的根本出发点和归宿，是无产阶级政党区别于其他政党的显著标志。第二，一切为了群众，就必须对人民负责，善于为人民服务。党的一切工作，必须以最广大人民的根本利益为最高标准。第三，一切依靠群众，首先要相信群众能够自己解放自己。要尊重和支持人民群众的革命首创精神；一切依靠群众，既要反对命令主义，又要反对尾巴主义。第四，一切依靠群众，就应该虚心向人民群众学习，应该善于从群众的议论中发现问题，提出解决问题的方针和政策。第五，一切依靠群众，必须在一切工作中发动群众、组织群众。要在新形势下努力创造发动与组织群众的新方式、新方法。

从群众中来，到群众中去，讲的是中国共产党的领导方法和工作方法，是群众路线的又一重要内容。从群众中来，到群众中去的领导方法，是同"从实践中来，到实践中去"的认识过程完全一致的，是马克思主义认识论在领导工作中的创造性运用。从群众中来，到群众中去的过程，从认识论上说，也就是调查研究的过程。这就把党的实事求是的思想路线同群众路线的工作路线有机统一起来。要做到"从群众中来，到群众中去"，首先要虚心向人民群众学习，向群众做调查工作。做到从群众中来，只是完成了领导工作的第一步，更重要的是要将这些从群众中集中起来的领导意见再回到群众中去，使群众认识到这些意见是符合他们的根本利益的，号召群众实行起来、化作他们自觉的行动，使党的路线、方针、政策转化成为人民群众改造客观世界的物质力量。同时，毛泽东还强调从群众中来，到群众中去的过程中，必须采取一般号召和个别指导相结合的方法。

我们党的根本的决策规范是群众路线。群众路线既反对精英主义，又反对大众主义（或称民粹主义、平民主义，要求无条件代表社会普通民众的利益，反对任何精英特权和官僚等级），它寻求的是两者之间的平衡点，即群众路线既有精英主义的成分，又有大众主义的成分。党的群众观点是坚持马克思主义群众观。

马克思主义群众观的核心思想是人民群众是历史的创造者，人民群众作为历史唯物主义的一个重要范畴，是指推动历史发展的绝大多数社会成员的总和。有三个观点：

一是人民群众是社会物质财富的创造者，因而从根本上推动了社会的发展。这是因为，人民群众，首先是劳动群众，是生产力的主要因素，而生产力是推动社会发展的决定力量，人民群众是人类社会赖以生存和发展的物质生活资料的创造者。正是劳动人民提供了衣、食、住、行等物质生活资料，社会生活，包括政治的、科学的和艺术的生活，才能正常进行。所以，以不同形式从事和促进生产实践活动的人民群众，必然对社会发展起决定作用，这是最简单、最明显的事实，也是最根本、最主要的事实。要把自然资源改造成为社会财富，劳动者必须掌握适当的工具，进行艰苦的劳动。劳动群众不断地积累经验，改进工具，提高生产力水平，从而创造了人类的物质文明。在社会财富的创造中，体力劳动者和脑力劳动者的作用都是十分重要的。一切物质财富归根到底都是体力劳动者和脑力劳动者的共同产物。随着知识经济时代的到来，脑力劳动在创造物质成果中的作用会越来越突出，从而使知识分子的作用越来越大。

二是人民群众是社会精神财富的创造者，从而推动了社会的全面进步。在这个问题上，资产阶级思想家从来是不承认的，他们否认人民群众对于科学文化发展的决定作用，是十分荒谬的。事实是：人民群众为思想家、科学家和艺术家的精神生产创造了物质前提；人民群众的实践活动，是一切精神财富的源泉。任何有价值的精神财富都来源于社会实践；劳动人民直接参加了精神文化财富的创造活动；劳动人民在提供丰富的精神财富的原料的同时，还对这些原料作了初步的加工，甚至直接创造出精神财富的珍品，这就是说科学艺术最早的发明权属于劳动者，而且劳动人民中还涌现出了许多著名的科学家、艺术家。总之，上述一切都能雄辩地证明，人民群众是精神财富的创造者。在社会精神财富的创造方面抹杀人民群众的伟大作用，不过是剥削阶级的偏见，是同历史的真实情况背道而驰的。但是，历史唯物主义肯定人民群众是精神财富的创造者，这在任何意义上都不是要否定知识分子在创造社会精神财富中的作用，在人民群众创造社会精神文化财富的过程中，从事脑力劳动的知识分子起着重要的作用。劳动群众创造物质生活资料的生产实践，为人们从事一切精神生产提供了物质基础，任何人要从事科学、文化、艺术等精神活动，都要有一定的物质生活资料和一定的物质手段，这些都是劳动人民通过生产实践创造的；人民群众的实践活动是一切精神财富产生的源泉，人民群众在生产实践中积累的丰富经验，构成了人类精神财富的原料或半成品，科学家、艺术家、思想家对其进行概括和总结、整理和加工或由此产生灵感并形成精神财富；劳动群众还直接创造了精神财富，劳动群众创造的物质成果总会凝结着人们的某种智慧，因此这种物质成果也是一种精神财富，劳动群众在实践中还创造了许多雕刻、绘画作品，它们是人类艺术宝库中的一个重要组成部分。

三是人民群众是社会变革的决定力量，在社会变革中起主体作用。这是因为，社会的发展，归根到底是由社会基本矛盾引起的，但社会基本矛盾的根本解决，必须靠人民群众的社会革命，在阶级社会中，就是通过激烈的阶级斗争来实现。人民群众是社会革命的主力军，历史上一切真正的革命运动，实际上都是人民群众自己起来摧毁旧制度的斗争。只有这种群众性的社会革命，才能推动社会形态由低级向高级发展。历史表明，人民群众的人心所向，体现了历史的主流，得人心者昌，失人心者亡，这是一条被反复证明了的真理。生产力和生产关系的矛盾运动推动了社会的发展，而一切社会矛盾都是人与人的矛盾，社会矛盾只能通过人的活动去解决。历史上一切社会矛盾的解决，实质上都是人民群众起来推翻旧的社会制度的斗争。人民群众对历史发展的决定作用，突出地表现在社会变革时期。进入社会主义时期以后，人民群众作为社会变革的决定力量，它们所起的作用是通过改革、巩固和完善社会主义制度来实现的。

马克思主义群众观是在马克思主义唯物史观创立过程中逐渐形成的，是马克思主义唯物史观的核心和灵魂。中国共产党人结合我国实际情况，继承、丰富和发展了马克思主义这一学说。针对社会转型期群众观落实上存在的一些问题，我们必须坚持以马克思主义群众观为指导，要尊重人民群众的首创精神，推动经济社会发展；要解决民生问题，维护人民群众的切身利益；要发扬社会主义民主，推进政治参与的有序扩大。这就要求我国要站稳马克思主义的群众立场。

中国共产党人的马克思主义的群众立场，就是始终站在人民大众立场上，一切为了人民、一切相信人民、一切依靠人民，诚心诚意为人民谋利益。要站稳群众立场，前提是对群众有真挚的感情。对群众感情淡漠，甚至与民争利，侵害群众利益，都是不符合甚至违背马克思主义的群众立场。古代有范仲淹的先天下之忧而忧，后天下之乐而乐，郑板桥的些小吾曹州县吏,一枝一叶总关情,那些封建士大夫们尚且能以关心老百姓疾苦为己任,我们党员干部更应该时刻把群众的安危冷暖挂在心上,扎实做好事关群众切身利益的各项工作。

问题讨论:
用马克思历史唯物主义分析党的群众路线性质。

第三节 如何做好群众工作

做群众工作,方法十分重要。面对群众的诉求,要做到"耐心地听、认真地记、诚恳地讲、及时地办"。耐心地听,就是要认真地倾听群众呼声。倾听是一门艺术,是一种态度。耐心倾听,才能收集真实全面的社情民意。只有静下心来听进去,才能掌握群众的真实想法,了解群众的内心世界,才会知道他们在想什么、需要什么、存在什么困难和问题。认真地记,就是要把群众的意见和建议、反映的困难和问题做好详细、全面的记录。诚恳地讲,就是对群众反映出来的困难和问题,运用党的路线方针和政策法规,以诚恳的态度进行耐心细致地宣传解释。及时地办,就是要树立"群众利益无小事"的观念,把群众的"小事"当成自己的"大事"来做,办事要快,不得拖拉,更不能给群众一个"长把伞"。能不能及时地办,是群众衡量我们工作的"晴雨表"。我们只有实实在在地帮助群众解决具体的困难和问题,才会受到群众的信赖,得到群众的拥护和支持。

要做好群众工作,还要突出抓好改进干部作风这个关键,建立机关干部下基层制度、干部直接联系群众制度、干部经常直接听取群众意见制度。用制度推动干部作风的转变,推动党员干部深入到群众中去,做到情况在一线掌握、问题在一线解决、工作在一线落实、作风在一线转变、作用在一线发挥、发展在一线推动。

一、在目标取向上，要正确处理四对关系

群众工作是一项极端重要的工作，也是一项牵涉全局的工作，需要我们把握规律、突出重点。从总体上讲，做好群众工作需要正确处理四对关系。

一是要正确处理发展和共享的关系。做好群众工作，首要的是满足群众日益增长的物质文化需求，让群众共享改革发展的成果。当前，加快发展是解决常德现阶段一切问题的"总钥匙"，加快转变发展方式是推进可持续发展的关键所在。我们既要坚定不移地加快发展步伐，又要坚定不移加快发展方式转变，既要做大"蛋糕"、做好"蛋糕"，同时更要分好"蛋糕"、用好"蛋糕"。在加快发展的同时，要把更多公共资源投向民生领域，促进公共服务均等化，使发展成果更好地惠及全市人民，不断提高群众幸福指数。

二是要正确处理民生和民主的关系。当前，群众的利益更加多元化。今天的群众诉求，已不再局限于物质利益，局限于吃饱穿暖，而是更多地关注经济、政治、文化、社会以及生态等各方面的权益，群众的民主权利意识在不断增强。做好新形势下的群众工作，既要着力保障和改善民生，更要切实保障群众的民主权利，进一步健全民主制度，丰富民主形式，拓宽民主渠道，坚持问政于民、问需于民、问计于民，从各个层次、各个领域扩大有序政治参与，切实保障人民群众的知情权、参与权、表达权和监督权，实现以民主促民生。

三是要正确处理继承和创新的关系。群众工作的活力源于不断地改革创新。在长期实践中，我们已经形成了许多行之有效的群众工作方法、工作制度，一定要认真坚持，并在实践中不断完善。同时，要认真研究新形势下群众工作的特点，不断创新群众工作方式方法，创新社会管理，创新体制机制，综合运用多种手段、多条途径协调利益关系，化解矛盾纠纷，使群众工作更加体现时代性、把握规律性、富于创造性，不断提高群众工作实效。

四是要正确处理权力和用权的关系。做好群众工作，主体是各级领导干部。必须时刻牢记党和人民的重托，树立正确的事业观、政绩观和群众观，做到权为民所用、情为民所系、利为民所谋。始终把群众利益放在行使权力

的最高位置，把群众满意作为行使权力的根本标准，始终与人民群众同呼吸、共命运、心连心，始终带着感情、带着责任做群众工作，实现好、维护好、发展好群众的利益，以实际行动增进群众对党和政府的信任。

二、在干部自身上，要切实提高五种能力

对我们干部来说，群众工作既是一项基本功，也是一门大学问。要真正学会群众语言、读懂群众表情、了解群众心理、做好群众工作，既需要感情的培养，更需要实践的磨砺、本领的提高。当前，要突出提高"五种能力"。

一是要提高心系基层、深入群众的能力。深入群众是做好群众工作的前提。有人说，做好群众工作需要"一二三"："一"就是一腔热血、为群众着想，心里装着群众，凡事想着群众。"二"就是两角置换、换位思考。注意站在群众的立场考虑问题，设身处地为群众着想。"三"是深入"三头"、掌握实情。"三头"就是地头、炕头、心头。深入地头，就是深入基层一线；深入炕头，就是走进群众家中，与群众促膝谈心；深入心头，就是与群众进行心贴心的交流，了解群众的真实想法。做好群众工作，只有到群众中去，才能感化和感动群众，才可化解矛盾和问题，才会确保党的事业兴旺发达。

二是要提高宣传发动、组织群众的能力。组织群众是做好群众工作的基础。能否有效地组织群众，直接关系到党和政府决策的落实和工作的成效。要有效地组织群众，就要尊重群众，把人民群众的意愿、要求和利益作为想问题、做决策、办事情的出发点和归宿，以扎扎实实的工作为人民群众谋取实实在在的利益。组织群众，党员干部不仅要通过解决群众的实际困难感化群众，更要以优秀的品德修养、过硬的工作作风、良好的公仆形象影响和带动广大群众。特别是在社会矛盾日益复杂，部分领导干部在群众中的威望逐渐弱化的情况下，强调党员干部的形象建设就显得尤为迫切。领导干部品德高尚、自身素质高、形象好，群众就信服，你说话群众就听，就愿意跟着你干，反之亦然。

三是要提高畅通渠道、沟通群众的能力。沟通群众是做好群众工作的桥梁。沟通群众，首先要建立信任，然后才能实现真诚交流。党员干部要得到群众的信任，绝不是靠权力，而是要靠工作业绩和人格魅力，靠做群众工作的方法和本领。党员干部必须具有与群众平等互动、有效沟通的能力和本领，多说群众能懂的话、多办群众认可的事，善于把党和政府的政策做到群众的心坎里，转化为群众的自觉力量。同时，要畅通民意渠道，拓宽群众参与公共事务的领域，通过各种有效途径，保证群众依法有序地反映意愿、表达诉求。

四是要提高说服感召、教育群众的能力。教育群众是做好群众工作的保证。群众工作的本质说到底就是做好广大人民群众的思想教育工作。要在法律法规的范围内、在说服教育的前提下，从"团结——教育——团结"的愿望出发，综合运用多种手段和办法，采取群众喜闻乐见的方式，注重用先进思想、先进文化教育引导群众前进。加强对舆论宣传特别是新兴媒体的正确引导，坚持以正面宣传为主，完善突发事件快速反应机制，牢牢掌握关键时刻、重大问题上的话语权，把公众情绪引导到健康理性的轨道上来。

五是要提高求真务实、服务群众的能力。服务群众是做好群众工作的根本所在。要牢固树立群众利益无小事的观念，从涉及群众利益的小事做起，从解决群众最现实、最急迫的问题入手，积极为群众办好事、做实事、解难事，让群众得到实实在在的利益，让群众感受党和政府的温暖。要准确把握当前社会心理的变化，深入体察群众疾苦，及时了解群众呼声，全面掌握群众诉求，把好事办在群众开口之前，把实事办在群众急需之处，从各个方面、不同层面增加群众的福祉、赢得群众的认同。

三、在工作思路上，要努力实现五个转变

当前，随着形势不断发展，党的群众工作出现了很大变化，呈现出新的特征，但也有其共性规律，概括来就是"四有"：即小中有大，群众利益无小事，再小也是大事；杂中有序，群众工作纷繁复杂，归结起来主要集中在发展、民生和稳定上，做好求发展、促民生、保稳定的工作，就抓住了群众工作的"牛鼻子"；事中有理，群众工作大都是琐事、具体事，在处理过程中，一定要善于分析、抓住根本；怨中有因，群众有怨恨、有情绪，主要是

因为我们的工作没到位,他们的问题没解决,我们一定要端正态度、改进作风,带着感情和责任为群众解决实际问题。在实践中,我们要牢牢把握这"四有"规律,不断创新工作思路,改进工作方式,增强工作实效。具体来讲,是要努力实现"五个转变"。

一是工作重心要实现由"上"到"下"的转变。2011年,胡锦涛在"七一"讲话中指出:"各级党政机关和干部要坚持工作重心下移,经常深入实际、深入基层、深入群众。""三深入"为党政干部加强群众工作指明了正确的工作方向。领导干部只有真正"向下",潜心深入,才能倾听到真实声音、了解到真实情况、掌握到真实材料;才能知民情、解民忧、暖民心;才能密切党群干群关系,实现好、维护好、发展好最广大人民群众的根本利益,为我们工作赢得最广泛最可靠最牢固的群众基础和力量源泉。我们要按照"三深入"要求,做到眼睛向下看,身子往下沉,带头到群众中去,到基层一线去。

二是工作主体要实现由"单"到"全"的转变。群众工作千头万绪,纷繁复杂,涉及上上下下、方方面面,必须广泛参与,合力推进。要调动一切积极因素,着力形成党委领导、政府负责、社会协同、公众参与的全社会群众工作新格局。党委领导,就是要发挥党委总揽全局、协同各方的领导核心作用,正确把握群众工作的大政方针。政府负责,就是要通过制定法律法规、完善社会政策、健全社会管理体系、培育和管好社会组织、畅通公民参与渠道等,切实发挥好政府的主导作用。社会协同,就是要整合社会资源,积极推动建立政府调控机制同社会协同机制互联、政府行政功能同社会自治功能互补、政府管理力量与社会调解力量互动的社会协同管理网络,充分发挥城乡社区等基层基础组织及各类企事业单位的联系群众、组织群众、服务群众作用。公民参与,就是要积极引导公民依法理性有序参与社会管理,努力形成全社会做群众工作的良好局面。

三是工作内容要实现由"物"到"人"的转变。过去我们在做群众工作时,往往就事论事,重视一时一事,而忽视群众思想沟通和教育引导的局限。"感人心者,莫先乎情"。只有首先在感情上与群众融为一体,才能真正站在群众的立场上想问题、做决策、办事情。我们不仅要身入，更要心入群众，把人本理念植根于群众工作中，以把群众当主人的真心、当亲人的热心、当老师的虚心、当裁判的诚心，同群众零距离接触，主动到群众最需要的地方去了解民生诉求，到群众最困难的地方去排忧解难，到矛盾最突出的地方去化解矛盾，真正把工作做到群众的心坎上。

四是工作方式要实现由"言"到"行"的转变。情为民所系才能厚根，利为民所谋才能固本。党员干部要让群众信服、认可，最根本的还是要有引领发展的能力、解决困难的办法、为民办实事的本领。当前，社会矛盾交织叠加，部分群众生活还比较困难，作为党员干部，我们既要心"忧"群众，哀民生之疾苦，恤稼穑之艰难，念百姓之安危；更要深入群众家里"掀锅盖、摸被褥、看粮袋"，给群众以看得见的物质利益。要通过一件件小事、实事、好事的办理，一项项便民、利民、惠民措施的推出，累积人民群众的信任，赢得人民群众的支持，增进同人民群众的感情，不断满足人民群众的新期待、新要求。

五是工作措施要实现由"堵"到"疏"的转变。化解矛盾犹如大禹治水，可散不可聚，可顺不可激，可解不可结。要真正维护社会稳定，不是靠动用警力，把群众当敌人，将群众的诉求强行压制下去；不是靠滥用司法，将深层次问题掩盖起来；更不是靠违法手段，简单粗暴处理社会矛盾。要彻底改变过去我们少数地方和干部靠粗暴手段、简单方式处理人民内部矛盾的做法，着力在加强同群众沟通联系、争取群众理解支持上下功夫，着力在改进工作作风、提高服务水平上做文章。尽可能通过民主、服务的方式来解决社会问题，通过平等对话、沟通协调的办法化解社会矛盾，以实际行动取信于民。

总结为三句话：坚持群众路线，树立群众观，落实群众工作方法；按本色做人，按角色做事，做好当前事、本职事；共筑中华梦，家国梦，个人梦。

问题讨论：

1. 群众的观点有哪些？

2. 群众工作方法的基本原则是什么？

3. 群众与干部的关系应该是怎样的？

4. 现实中常常存在干群、党群关系紧张的现象，为什么？有些是可调合的，有些是不可调和的，根本原因在哪里？联系实际具体问题具体分析说明。

第四节　坚持群众路线任重道远

时下，有些党员干部抱怨：曾经一呼百应的老百姓，怎么就变成了"老不信""老冷漠""老反对"？其实，不是群众变了，而是有些党员干部变质了，与群众的距离越拉越远！现在，有的党员眼里只有领导没有群众，"不怕群众意见大，就怕领导印象差"；甚至有的竟然直接站到了群众的对立面，公然叫嚣"你是替党说话，还是替老百姓说话"。"党执政后的最大危险是脱离群众。"习近平总书记的话给我们重重敲响了警钟。中国共产党能战胜这个最大危险吗？

一、脱离群众是党面临的最大危险

世界上什么力量最强？人民群众的力量最强。延安时期，老百姓用小米哺育了革命根据地；解放战争时期，老百姓用小车推出了中国革命的胜利；改革开放后，老百姓用辛勤汗水换来了中国经济的飞速发展。可以说，我们能取得今天这样的成绩，靠的都是人民群众。

正因如此，毛泽东在党中央进京前提出"我们决不当李自成"，就是告诫全党：不能天下太平了就脱离群众！然而，随着时间的推移，一些党员似乎忘记了这样的告诫。有的党员干部坐稳了"江山"就高高在上、有了权力就腐化堕落。更可怕的是，一些党员干部变成了温水里的青蛙，心安理得地认为：现在早就跟当年"打江山""闹革命"时的情况不一样了。更何况，中国共产党已是有着8900多万党员的大党，实力今非昔比，停下来享受一下权力的滋味也不会怎样。

真是这样？当然不是！诚然，与过去相比，中国共产党的力量确实提升了，掌握的资源也增加了。但老百姓认的并不是你有多大的个头，而是你还能不能办实事。可以想见，如果任由部分党员干部将密切联系群众变成密切联系钱权，老百姓凭什么拥护你、支持你？

对此，习近平曾一针见血地指出：如果不坚决纠正不良风气，任其发展下去，就会像一座无形的墙把我们党和人民群众隔开，我们党就会失去根基、失去血脉、失去力量，就有可能发生毛泽东同志所形象比喻的"霸王别姬"。

这绝不是危言耸听。到今天，有着74年历史的苏联，已经解体25年了。人们不禁追问：在有20万党员时苏共能够夺取政权，在有200万党员时能够打败法西斯侵略者，而在有近2000万党员时却丢失了政权、丢失了自己，这是为什么？最根本的原因就是脱离了群众。

殷鉴不远。面对时代的变化，面对长期执政的考验，无论是只有几10个人，还是有超过8900万党员，密切联系群众都是党的力量源泉，丢了这个就丢掉了执政的根基。

二、人心是最大的政治，中央用实际行动让全党警醒起来

"全党必须警醒起来。"习近平在新一届中央政治局常委同中外记者见面会上话音刚落，广大党员干部就受到了"猛击一掌"的警醒。

履新不足20天，中央政治局就出台"八项规定"，拉开了全面从严治党的序幕。谁也没想到，一张贺卡、一顿饭局这样的"小事"，一抓就是3年多，不仅没有"一阵风"，而且越往后执纪越严。正是从跟这些"小事"较真儿开始，中央迈出了改进作风的第一步。紧接着，党的群众路线教育实践活动在全党范围开展起来。

"不要试点，我们先干。我们就是试点。"活动首先从中央政治局开始。从带头落实八项规定，到建立联系点全程指导，再到带头开展"三严三实"专题教育，党中央以上率下，形成了巨大的"头雁效应"。越来越多的领导

干部开始明白，只有敢于拿自己开刀，解决问题才能势如破竹，改进工作才能立竿见影。狠抓作风3年多，公款吃喝少了，节日大肆送礼不敢了，一些人既想升官又想发财的梦幻破灭了，不少人感慨："四风"远了，群众近了！

伴随狠抓作风而来的重拳反腐，更是刷新了人们的想象力。严查几个重大案件，打破了"刑不上大夫"的猜想；实现中央巡视"全覆盖"，打消了"反腐有禁区"的疑虑；累计超过14万人因违反中央八项规定精神被问责，扭转了"法不责众"的心态。如今，公众对贪官落马早已"习以为常"。当然，中央不会因打掉几只"老虎"就罢手，更不会因一两次作风大扫除就收手，建立一个良好的政治生态才是最重要的。十八大以来，中央一方面把权力关进制度的笼子，另一方面出台了一系列措施保障官员的正常利益，比如调整公务员工资、在县以下机关建立公务员职务与职级并行制度等，以更好地激励他们为老百姓做事。

重塑清明政治生态，让老百姓看到了可喜变化，虽说可能离群众的要求还有距离，但不少人仍感叹：共产党的好作风又回来了！

三、保持党和群众的血肉联系，"赶考"依然在路上

十八大以来，党风政风有了明显改善，这是有目共睹的，但是脱离群众的问题，想要根除绝非一日之功。这一点习近平看得很明白，在党的群众路线教育实践活动总结大会上，他指出，取得的成果还是初步的，基础还不稳固。作风有所好转，"四风"问题有所收敛，但树倒根存，有些是在高压态势下取得的，仅仅停留在"不敢"上，"不想"的自觉尚未完全形成。

确实如此，高压之下"四风"问题有所好转，过去堂而皇之、嘚嘚瑟瑟搞不正之风，已经不多见了。但仍有不少"四风"问题披上了"隐身衣"，躲进"青纱帐"，公款吃喝变成"家庭聚会"，酒席分批宴请而主角"缺席"，办公室隔"暗门"开"暗室"，茅台酒灌进矿泉水瓶，喝胡辣汤附带送鲍鱼，不让到酒店就去食堂搞"特色"等等，这说明部分党员干部还是不想跟"四风"和腐败彻底绝缘。

难怪一些老百姓担心，党风廉政建设会不会只是"一阵风"？会不会反

弹，比原来还严重？对于群众的这种担心，习近平给出了"定心丸"：作风建设永远在路上，永远没有休止符，必须抓常、抓细、抓长，持续努力、久久为功……绝不允许出现"烂尾"工程，决不能让"四风"问题反弹回潮。用词之严厉，态度之坚决，让广大人民群众看到了党中央在抓作风建设上的决心。

2016年6月28日，建党95周年前夕，中央又祭出大招：审议通过了《中国共产党问责条例》，对于失职失责造成严重后果、人民群众反映强烈、损害党执政的政治基础的都要严肃追究责任；中央政治局专门就严肃党内政治生活、净化党内政治生态进行集体学习。在这样一个关键节点前，党中央一再重申从严治党，可见这已经不是"能不能"的问题了，而是告诉全体党员干部从严治党"一定要"办到。

"保持党同人民群众的血肉联系是一个永恒课题，作风问题具有反复性和顽固性，不可能一蹴而就、毕其功于一役，更不能一阵风、刮一下就停，必须经常抓、长期抓。"中国共产党能否战胜脱离群众这个最大危险，习近平已经给出了答案。

问题讨论

1. 党和人民群众鱼水关系新认识。
2. 为什么会出现党群、干群关系成为"油水关系"现象。
3. 为什么会出现党群、干群关系成为"蛙水关系"现象。
4. 前一段时间为什么群众传言"中央领导是亲人、省市县领导是恩人、乡村干部是仇人"。

推荐阅读文件

1. 习近平在纪念周恩来同志120周年诞辰座谈会上的讲话（2018.3.1）
2. 习近平在打好精准脱贫攻坚战座谈会上的重要讲话（2018.2.15）
3. 习近平在纪念马克思诞辰200周年大会上的讲话（2018.5.4）

第五编 05
新时代党纪党规教育

第十一章

新时代廉政建设

我们党历来高度重视党风廉政建设和反腐败斗争。毛泽东同志早在全国革命胜利前夕就向全党提出了"两个务必"要求，即"务必使同志们继续地保持谦虚、谨慎、不骄不躁的作风，务必使同志们继续地保持艰苦奋斗的作风"，提醒我们不要被敌人的腐朽思想所侵蚀，永葆共产党人本色。"两个务必"是我们党在长期革命实践中形成的优良作风，影响和培育了一代又一代共产党人。邓小平同志在改革开放初期就告诫全党："我们自从实行对外开放和对内搞活两个方面的政策以来，不过一两年时间，就有相当多的干部被腐蚀了。要足够估计到这样的形势，这股风来得很猛。如果我们党不高度注意，不坚决刹住这股风，那么，我们党和国家确实要发生'改变面貌'的问题。"江泽民同志多次强调："反腐败是关系党和国家生死存亡的严重政治斗争"。胡锦涛同志曾多次指出："反对腐败是关系国家发展全局、关系最广大人民根本利益、关系社会公平正义和社会和谐稳定的重大问题和紧迫任务，党要把反腐倡廉建设放在更加突出的位置，旗帜鲜明、毫不动摇地开展反腐败斗争，实现好、维护好、发展好最广大人民的根本利益"。

进入新时代，习近平提出要"把权力关进制度的笼子里"。指出，要坚持破立并举，注重建章立制，加强对权力运行的制约和监督，把权力关进制度的笼子里，形成不敢腐的惩戒机制、不能腐的防范机制、不易腐的保障机制。要坚持制度面前人人平等，坚决纠正有令不行、有禁不止的行为。"筑牢拒腐防变的思想道德防线"。指出，反腐倡廉是一个复杂的系统工程，从思想道德抓起具有基础性作用。要加强党性教育和党性修养，加强反腐倡廉教育和廉政文化建设，不断夯实党员干部廉洁从政的思想道德基础，筑牢拒腐防变的思想道德防线。

第一节　新时代廉政文化

一、廉洁文化源远流长

廉政文化在中华文明史上源远流长。《周礼》就曾经提出，对官员的考核有六廉，即：廉善、廉能、廉敬、廉正、廉洁、廉辨，意思是说一个官员必须具备善良、能干、敬业、公正、守法、明辨是非等基本品格，六个方面均以"廉"为冠。根据欧阳修的《廉耻论》，公正清廉，乃"士君子之大节"，也就是说清廉是官员必备的政治品德。明朝的郭允礼撰写《官箴》，系统而明确地提出了"吏不畏吾严而畏吾廉，民不服吾能而服吾公；公则吏不敢慢；廉则民不敢欺。公生明，廉生威"，成为对"公廉"最为后世称道的经典阐释，对中华廉洁文化的丰富和发展产生了重要影响。

廉政文化，是人们关于廉洁从政的思想、信仰、知识、行为规范和与之相适应的生活方式和社会评价，从根本上反映着一个阶级、一个政党的执政理念、执政目的和执政方式，是廉洁从政行为在文化和观念上的客观反映。有四个基本范畴，一是指廉洁从政的思想道德要求，作用于执政者的内心世界，形成廉洁从政的文化动力；二是指在全社会营造良好的廉洁从政的文化氛围，形成以廉为荣、以贪为耻的社会风尚，用健康向上、追求清廉的文化充实人们的精神世界；三是指各职业阶层的从业人员恪守职业道德、爱岗敬业、廉洁自律、奉公守法的职业文化；四是广大人民群众追求公平正义、安定有序、诚信友爱的社会境界在心理上的一种文化反映。

二、新时代社会主义廉政文化

新时代建设的廉政文化不同于古代的"清官文化"，需要赋予其新的内涵和时代特征。首先，廉政文化建设是建设社会主义先进文化的重要内容，加强廉政文化建设是建设社会主义核心价值体系的重要组成部分。廉政文化建设的根基打牢了，才能更好地用马克思主义中国化最新成果武装全党、教育人民，用中国特色社会主义共同理想凝聚力量，用以爱国主义为核心的民族精神和以改革创新为核心的时代精神鼓舞斗志，用社会主义荣辱观引领风尚。其次，加强廉政文化建设是全面提升我国文化软实力的重大课题。有人说，美国靠"三片"影响全世界，即好莱坞大片、麦当劳薯片、英特尔芯片。实际上，"三片"附着的就是文化的强大渗透力和影响力。当今时代，随着世界多极化、经济全球化深入发展，围绕综合国力的全方位竞争更趋激烈，文化已经被视为国家核心竞争力的重要因素，提高文化软实力已经成为许多国家的重要发展战略。对于正面临难得发展机遇的中国来说，加强廉政文化建设已经成为我国在新世纪和平崛起的重要任务，是"提高国家文化软实力"的重要内容，这是时代赋予廉政文化建设的崭新意义。第三，"清官文化"的历史局限性，很重要的一点就在于它过分依附于个人的品质和道德，不具有普遍性和稳定性，今天的廉政文化建设要克服这一弊端，必须与制度建设相得益彰。我们知道，廉政文化一旦形成和固化，其所表现出来的道德约束力，往往比正式制度更有力度，更具有持久性、稳定性和连续性。

社会主义先进文化，是一个开放的体系，具有与时俱进的文化品格，善于吸收人类文明的一切成果，包括国内外执政党加强廉政建设的成果，坚持不断创新，不断丰富，始终保持自己的先进性。廉政文化建设，就是坚持社会主义先进文化的根本要求，坚持文化创新的重要成果，是社会主义先进文化建设理论和思想在廉政建设领域的运用和发展。廉政文化建设，是社会主义先进文化在廉政建设方面集中而又具体的反映。社会主义先进文化，是一个丰富、完备、充满活力的思想和知识体系，渗透到物质文明、政治文明、精神文明各个领域，作用于党的各项工作的各个环节。

廉政文化建设的精神实质，是引导全党牢固树立中国特色的社会主义理想，牢记全心全意为人民服务的宗旨，树立正确的世界观、人生观、价值观，增强执政为民的自觉意识，不断提高执政能力和执政水平，增强拒腐防变和抵御风险的能力，它既是社会主义先进文化在廉政建设方面的集中反映，也是社会主义先进文化的重要组成部分。廉政文化建设，是社会主义先进文化本质要求和服务方向的体现。

廉政文化建设的核心价值观，是务实、为民、清廉。务实，就是要认真研究中国特色社会主义建设中执政党廉洁从政的规律，坚持立党为公，开拓进取，勤奋工作，务求工作实效。为民，就是把广大人民群众的利益视为最高利益，时刻想着群众，一切为了群众。清廉，就是要保持我们党艰苦奋斗的优良传统，保持共产党员的优秀品德和高尚情操，廉洁奉公，廉洁从政。这一价值观，顺应了时代发展要求，反映了广大人民群众的意愿，代表着社会主义先进文化的本质要求和服务方向。

问题讨论：
谈谈建设廉政文化的重要意义。

第二节　廉洁自律要有硬功夫

一、练好思想上的"内功"

思想是行动的先导。思想滑坡是最危险的滑坡，信念动摇是最根本的动摇。领导干部只有牢记党的宗旨，牢固树立立党为公、执政为民的理念，才能从根本上构建预防腐败的防火墙。党员干部练好思想上的"内功"非常有意义。关键看三点：

（一）要有高境界

思想防线牢不牢，要看思想境界高不高。境界是一种修养，一种情操，它来源于坚持不懈的学习。领导干部只有树立终身学习的观念，把学习当成一种政治责任，当成一种人生修养，当成一种自觉追求，多一些学习思考，多一些调查研究，不因条件变好、地位升高、权力增大、事务繁杂而疏懒学习、放弃学习，才能不断夯实廉政思想基础。要紧跟时代步伐，认真学习马克思主义中国化的先进理论；要贴近实际，吸取优秀廉政思想内涵。当前个别领导干部堕落为腐败分子，一个根本的原因就是放松学习。

案例：厦门远华案件中落马的公安部原副部长李纪周，前云南省委副书记、省长李嘉廷，原江西省副省长胡长清在自己的忏悔录中都认为自己的堕落，首要就是放松了思想学习。胡长清在自悔时说："我不学习，迷失了政治方向，由于学得少，学不进，头脑空虚，思想就贫乏。我完全放松了学习，平时学习一点，也是应付工作之需，装潢门面，看文件一目十行，听传达一听了之。"

我们要常用反面案例警示自己，深化腐败亡身的观念；要把"为官之廉、处事之清"的理念贯彻于身边的每一个过程、每一个环节中去，从而永葆领导干部的先进性。

(二) 要有控欲力。古人云：邪生于无禁，欲生于无度。欲望是人最大的敌人。领导干部也有七情六欲。随着手中的权力越来越大，掌握的资源越来越多，经受的诱惑也越来越大，思想的"杂质"往往会越来越多，一些领导干部也因此经不起"糖衣炮弹"攻击而"翻身落马"。领导干部的情趣爱好，是时风的风向标，世风的源头。领导干部相当于一个公众人物，他的情趣爱好是其生活作风的反映，往往影响社会的价值取向。开好的风气不易，但开坏的先河，就会有人趋之若鹜，这是人容易走向堕落的天性决定的。

案例：广东省湛江原市委书记陈同庆，人送绰号"三敢书记"，何谓"三敢"？就是"什么酒都敢喝，什么钱都敢收，什么人都敢用"。这位大人还嗜好饮用美国的蓝带啤酒，于是百姓又加授"蓝带书记"。他把会喝酒、酒量大作为选拔干部的一条重要标准，号称"喝得满地爬，这样的干部要提拔"。河北阳原县原县委书记张新政嗜赌如命，群众称其为"麻将书记"，称县委、县政府班子是"麻友执政"。当地有一首顺口溜："要想进班子，必须上摊子（即上麻将桌），上不了摊子，休想进班子。"

中国是一个有数千年官本位历史的国度，民对官的尊崇根基很深，所以，身处高位者，其情趣爱好在时风的导向上，具有十分重要的影响。因此，这就要求领导干部必须要锤炼思想纯度，做一个高尚的人，一个脱离了低级趣味的人，努力把生活欲望、人生情趣打造成一种文化品格、一种道德品牌、一种政治品质。戒贪欲、少权欲、寡物欲、去色欲，用浩然正气抵制恶欲，择其善者而从之，做到节而不过，遂而不纵。

（三）要有慎独力。态度决定一切，能否把自己打造成腐败的"绝缘体"，取决于对小事、小节的思想态度。"不虑于微，始成大患；不防于小，终亏大德。"小节一松，大节难保。温家宝总理在一次记者招待会上讲，"形势稍好，尤须兢慎"。这是在告诫我们，在任何时候都要保持头脑冷静，特别是在好的形势下，更要小心谨慎，时刻做到"慎思、慎微、慎言、慎始"。领导干部要慎思。"领导干部高位、高危"，必须常思自己的身份，深思自己的身份，慎思自己的身份，时刻想到自己是领导干部，必须要有良好的品质，要想事、干事，不要混事、误事，更不能整事、乱事；要求奉献，不求索取。慎思就要经常给心灵洗尘。如果物品放久了就会落上灰尘，经常擦一擦，就会非常清洁，心灵也是如此，常给心灵洗尘，就不会落上灰尘，生出污垢，给心灵洗尘要谨防朝气变暮气，谨防正气变邪气，谨防欲望逾越界限。领导干部要慎微。也就是说，要慎小事、拘小节。小事小节是党员干部个人品德的反映，也是党员干部队伍作风建设的一面镜子。群众、职工正是通过那些发生在我们党员干部身上的小事小节，例如是否大吃大喝、公物私用、收受礼物等等，来评价我们党员干部的。一个在小事小节上过不了关的党员干部，也很难在大事大节上过得硬。有个寓言说，有个偷针者和偷牛者一起被游街，偷针者感到委屈，发牢骚说："我只偷了一根针，为什么和盗牛贼一起游街，太不公平了！"盗牛者对他说："别说了，我走到这一步也是从偷针开始的"。这个故事告诉我们，任何事物都是由小变大，由量变到质变的。一个人不可能一夜之间成为腐败分子，其走向腐化堕落大多是从不注意小事小节开始的。很多违纪党员干部也是积小错铸大错，最后受到了党纪政纪处分。古人说："千里之堤，溃于蚁穴"；"小洞不补，大洞吃苦"；"勿以恶小而为之，勿以善小而不为"。这都是至理名言，一点也不错，我们一定要牢记。领导干部要慎言。坚持说实话、真话、有意义的话，说有利于团结的话、鼓劲的话、顺气的话，而不说假话、官话、荒唐话和无原则、低品位的话。说话要注意身份、场合、时机，不该说的不说、不该问的不问，绝不能想怎么说就怎么说、想说什么就说什么，更不能说有损于党的形象、有悖于党的政策、与自己身份不相称的话。领导干部要慎始。也就是说，要守住第一道防线。

案例：明朝御史张瀚在《松窗梦语》中记述了这样一个故事：张瀚初任御史参见都台王廷相时，王廷相给他描述了一桩见闻：昨日乘轿进城遇雨，有个穿新鞋的轿夫，他从灰厂到长安街时，还择地而行，怕弄脏新鞋。进城后，泥泞渐多，一不小心踩进泥水中，便"不复顾惜"了（就是不再有顾虑、不再珍惜了）。王廷相说："居身之道，亦犹是耳，倘一失足，将无所不至矣！"张瀚听了这些话，"退而佩服公言，终身不敢忘"。后来，张瀚升任明朝吏部尚书，建树颇多，这与他牢记这些话不无关系。这个故事说明，人一旦"踩进泥水坑"，心里往往就放松了戒备。反正鞋已经脏了，一次是脏，两次也是脏，于是便有了惯性，从此便"不复顾惜"了。

巴甫洛夫说："原谅自己，就是堕落的开始。"我们有些党员干部也是这样，他们起先在工作中兢兢业业，能够做到清正廉洁，偶然一不小心踩进"泥坑"，就从此放弃了自己的操守，破罐子破摔了。特别要注意小节，小节往往容易被忽视，但"小节不拘，终累大德"，许多违法犯罪大都是从一些小事开始的，积小成大，积少成多，最后以至于身不由己、欲罢不能，一发而不可收。

案例：重庆市巫山县交通局原局长晏大彬因受贿2000余万元被判处死刑。他第一次受贿收受的是两条领带。正是这两条不起眼的领带，打开了他思想上的缺口。从两条领带开始，晏大彬的胆子越来越大，受贿的数额也越来越大。在他任巫山县交通局局长8年期间，平均日进万金，最终一步步地走向了地狱。

党的好干部、原呼和浩特市委书记牛玉儒同志，生前曾向机关各部门宣布，有事找他，不论公事私事一律办公室谈，家门免进。他还对自己的家人约法三章：有上门送礼者，不准开门，不准受礼，不准说情。当初也有许多人抱着试一试的想法走到他家，都被拒之门外。后来在牛玉儒同志的追悼大会上，许多干部和企业家才第一次见到了牛玉儒的家人。我想，牛玉儒同志也是人，他同样怕自己或家人面对诱惑而无法抗拒，因此，干脆不见说情送礼者，不让这些人有说情送礼之机。说情送礼者第一人被拒绝，第二人被拒绝，而达到每一人被拒绝，说情送礼者也就自绝其念，这也不失为防微杜渐的一个好办法。

二、要有守住廉洁自律的"防功"

现代社会生活丰富复杂，领导干部必须守住底线，必须严格在纪律和法律的范围内活动，这是领导干部由量变走向质变的"临界点"，是廉洁自律的底线。一旦冲破，损害的则是党的凝聚力、政府的执行力和民众的向心力，自己则滑向堕落的深渊。因此领导干部必须要坚守这条底线，不滥权、不贪财，要做到两点：

（一）用权而不滥权，防止政治上"失道"。吴官正同志说过："权力既是好东西，也是坏东西，把权力用于为人民服务时就是好东西，用于搞腐败就是坏东西。"权力是把"双刃剑"，用得好可以为党和人民更好地干工作；一旦成为谋私的工具，不但贻误党的事业，而且也葬送了自己。对于每位党员干部来说，职务和权力意味着什么？不是名誉，不是地位，不是利益，而是一种责任，权力越大，责任也越大。孟子说，得道多助，失道寡助。多助之至，天下顺之；寡助之至，亲戚叛之。党员干部要树立正确的权力观，认真践行全心全意为人民服务的宗旨。严禁以权乱法、以权代法、以权压法。时刻牢记身份和责任，任何时候、任何场合、任何情况都不越法律的底线。如果把权力当作违法乱纪的保护伞，只顾谋取个人政治利益，最终会"失道"以致身陷囹圄，甚而"众叛亲离"。

案例：云南省财政厅原副厅长、省政府金融办公室原主任肖晓鹏（正厅级），在财政资金批复等方面为他人提供帮助，收受财物等折合人民币17万余元，伙同他人非法占有国家财政资金共计人民币577万元。2010年7月28日，肖晓鹏犯贪污罪，判处有期徒刑十二年，并处罚金10万元；犯受贿罪判处有期徒刑十年，并处罚金10万元，数罪并罚，决定执行有期徒刑十八年。

国家食品药品监督管理总局原局长郑筱萸，毕业于复旦大学生物系的高级知识分子，曾被评为"全国劳动模范"。他利用担任国家中医药管理局、国家药品监督管理局、国家食品药品监督管理总局局长的职务便利，为8家制药企业在药品、医疗器械的审批等方面谋取利益，先后多次直接或通过其妻、子女非法收受上述单位负责人给予的款物共计折合人民币649万余元。2001-2003年，郑筱萸先后担任国家药品监督管理局、国家食品药品监督管理局局长期间，在全国范围统一换发药品生产文号专项工作中，严重不负责任，未做认真部署，并且擅自批准降低换发文号的审批标准。经抽查发现，郑筱萸的玩忽职守行为，致使许多不应换发文号或应予撤销批准文号的药品获得了文号，其中6种药品竟然是假药。2007年7月10日上午，郑筱萸在北京被执行死刑。

我们党是一个全心全意为人民服务的政党，我们的权利是党和人民赋予的。党的性质决定了所有领导干部手中的权力只能用来为人民服务，决不能被私有化、商业化，决不能用来作为谋取个人、家庭或小团体私利的资本，当作谋取个人私利的手段。我们党决不允许任何人抱着升官发财的目的加入干部队伍中来，一个人如果是带着贪污腐化的念头追求官位，有了权就可以捞钱，那么做官的结果就是坐牢。对于一个领导干部来说，必须要干净干事，真心诚意地为党和人民工作，决不能把手中的权利变成谋取私利的工具。

（二）谋利而不贪财，警惕经济上"失足"。党员干部要以人民利益至高无上为基本准则，全心全意为人民谋福利，心系群众，把最大多数群众是否赞成、是否受益作为决策、办事的根本依据，自觉做最大多数人利益的忠实代表。金钱是一柄双刃剑，过分看重，就会成为金钱的奴隶。君子爱财，取之有道。要坚持"富贵不能淫"的谋利取向，不贪不占不索不要，赚钱不越轨、有钱不奢侈。现在，一些领导干部奉行"当官不发财，请我也不来"的理论，为官一任，贪财贪物，敛富一方，结果贪小失大，亡身破家，教训实为深刻。

案例：一位以权谋私、逃避监督，最后陷入泥坑的高官在忏悔录中这样写道："我是烧死在烟里，醉死在酒里，烂死在金钱里。"原浙江省委常委、省纪委书记王华元，2010年7月14日接受了公开审理，9月9日，被判死缓。这位军人出身，主管反腐工作的高官，利用担任中共广东省委常委、省纪委书记、省委副书记兼省纪委书记，中共浙江省委常委、省纪委书记的职务便利，为他人谋取利益，违反规定，收受巨额礼金礼品；多次到境外赌博；生活腐化，收受他人给予的财物共计折合人民币771万余元；另有共计折合人民币895万余元的财产不能说明来源；

2010年7月30日，贵阳原市长助理樊中黔被判死缓，受贿千万。樊中黔利用职务便利，长期大肆收受50多人贿赂共计人民币1005万多元，4万美元，0.8万欧元，港币24.8万元，金条50根（价值人民币18万多元）等。其尚有人民币246万多元、25万多美元、12万多欧元和港币36万多元不能说明来源合法。

党员领导干部必须树立正确的利益观，正确处理个人利益与党和人民利益的关系。共产党人也有个人的正当利益，但是，共产党人奉行党和人民的利益高于一切的原则，个人利益必须服从党和人民的利益。党的领导干部只能在为党和人民工作之中获得政策和制度规定范围之内的报酬和利益，决不能以权谋私，获取不义之财。

三、要有划清公与私的"硬功"

党员干部特别是领导干部要做到廉洁自律，首先要做到公私分明，大公无私。可现实中，很多领导干部因为"情感资本"而不自觉地混淆公私，逾越公私界线，无形中埋下腐败的"导火索"；更有一些掌握了丰富公共资源的领导干部，被一些别有用心的人用"感情关系"攻破廉政的堡垒，走上违法犯罪之路而追悔莫及。原国家药监局局长郑筱萸刑前忏悔说："是那帮朋友害了我啊！"。因此，领导干部要正确处理好个人的情感，划清公私界线，要"算好账，走好路"。

（一）正确对待亲情。亲情因素对领导干部廉洁从政的行为影响不可忽视。每一名干部都有亲情，这是人之常情。但亲情再深亦应有度，家庭利益、亲人利益再高，也决不能超越法律和道德的范畴。一个领导干部只要他手中有权，他及其家人都存在着拒腐防变的考验。当别有用心的人对领导干部本人的正面进攻不奏效时，就可能迂回从领导干部的家庭成员身上寻找突破口。在当前复杂的社会环境下，领导干部必须树立正确的亲情观，把握好亲情与原则的关系，对自己的配偶、子女及其他亲属要加强教育，使他们树立普通人的心态和作风，不揩公家的油，不要特权，不沾自己的光。要管好他们的手、嘴和腿，防止他们打着自己的旗号或利用自己的影响谋私利。

案例：2005 年 10 月，浙江省宁波市原市委书记许运鸿被法院以滥用职权罪判处有期徒刑 10 年。法院审理查明，许运鸿因徇私情多次滥用职权，致使某公司资产损失和经营亏损总额达人民币 11.97 亿元多。如此巨额亏损的祸首正是许运鸿的妻子傅培培和儿子许斌。几年间，傅培培和儿子许斌从这家公司先获得好处费达到 459 万元。

近代民族英雄林则徐说得好："子孙若如我，留钱做什么？贤而多财则损其志。子孙不如我，留钱做什么？愚而多财则增其过。"再比如，美国富豪比尔·盖茨把自己的 580 亿美元的财产全部捐给了慈善基金会，几乎没给后代留多少钱。在这个问题上，我们党员干部也要做到明智通达。

（二）正确对待友情。党员领导干部同样需要友情，但对待友情须谨慎，防止被人钻空子。交了好的朋友，可以互相促进、互相理解、互相支持；交了坏的朋友，则无异于"引狼入室"。有的干部重个人感情，重朋友关系，重江湖义气，在他们眼里，原则要服从义气，却不知有多少人被"朋友"送进牢房。毛主席曾说过，天下没有无缘无故的爱，也没有无缘无故的恨。"朋友"们也不欠你的，为什么肯如此大方？仅仅是因为你们是"朋友"？你要真这么想，那就大错特错了。他们相中的是你手中的资金调拨、干部调配、工程立项等权力。为什么一些腐败分子出了事，"朋友"们都躲得远远的？为什么领导干部一退休就"门前冷落车马稀"？还不就是因为他们手中能给"朋友"创造效益的权力没了？总之，天下没有免费的午餐！要牢记"公家的事，再小也是大事，朋友的事，再大也是小事"，有的人在重大问题上丧失立场，放弃原则，对错误的东西不抵制、不斗争，甚至包庇袒护违纪违法问题，与犯罪分子同流合污。

案例：湖南省纪委原副书记杜湘成和商人李庚的私人关系非同寻常，在很长一段时间里，杜湘成在北京的非职务消费，都是来自李庚的支持。而杜湘成则为李庚任何合法非法的生意保驾护航。为了排解"保护神"杜湘成的寂寞，李庚总是设法为杜湘成安排丰富的"娱乐节目"，最终杜湘成在接受李庚提供的"洋妓"服务时，被警方意外抓获而丢官。

因此，对自己的同事和朋友，在关心的同时，也要清楚其缺点和不足，不因私情乱公事，不以义气犯原则，不受关系所左右，防止形成利益小集团。对一些处心积虑"精神贿赂"的人要明察秋毫，坚持立场，警惕被拉拢、被同化、被腐蚀。

（三）正确对待"恩情"。滴水之恩，当以涌泉相报，是中国人的传统美德，也就是说人要知道报恩。可如今一些领导干部不感国家、组织、人民之恩，把组织之培养当作私情，将自己的提拔重用归功于某个人的"关照"。一旦有权在手，便对知遇之恩、提携之恩、厚待之恩思恩还情，也不分恩之正邪，法否可容。损公肥私，徇私枉法，导致公权私恩化。古人说，论恩则丘山不胜，在道则湖海可忘。干部一定要处理好组织之恩、人民之恩和私恩的关系，把握好公与私、情与理的尺度，把党的培养和人民群众的信任，变成奉献党和人民事业的实际行动。要忠心耿耿、任劳任怨地为党和人民的利益而努力奋斗，有了这种精神，就一定能够在工作中做出成绩。党把我们放在哪个岗位，就要在哪个岗位兢兢业业地履行职责，真正干出成绩来。要踏实做事，办实事，求实效，脚踏实地，远离浮躁，使主观认识与客观实际相符合，把事情办好办实。坚决避免浅尝辄止，忽冷忽热，做而不深，做而不细，做而不实的问题发生。

（四）认真算好"六笔账"

一要算好"政治帐"，不要自毁前程。每一名党员干部，尤其是领导干部，各项工作业绩和荣誉的取得，都是组织精心培养的结果，更离不开个人的艰苦奋斗。我们每个人都应当加倍珍惜自己的政治生命。常言道："一失足成千古恨"。党员干部特别是党员领导干部一定要加强政治修养,要坚定理想信念,牢固树立正确的世界观、人生观、价值观,以自身的清正廉洁维护党和国家的良好形象。只有这样,才能实现自己的理想抱负,才能不辜负职工群众的厚望。

二要算好"经济帐",不要倾家荡产。俗话说"君子爱财,取之有道"。客观地说,国家给予我们每个党员干部的工资、奖金以及其他福利、待遇已经足以让我们衣食无忧。我们现在生活在一个开放的社会里,每个党员干部,特别是手握一定权力的领导干部,面临的诱惑和风险无处不在、无时不有,而且权力越大诱惑越多、风险越大,而从业不廉则是领导干部人生的最大风险,只要你稍不留神,就有可能乱阵脚、陷泥坑,以致步步跌向深渊。比如,家中有个大事小情,就会有人"雪中送炭""雨中送伞"。你运用手中的权力做了你本应该做的事,又会有人知"恩"图"报",过年过节送上一点"小意思"、一笔"感谢费"。如此等等,对每一个党员干部都是实实在在的考验,更是真真切切的风险。是真廉洁,还是假廉洁,就在这一刻见分晓;是走向光明大道,还是步入万丈深渊,全在贪廉一念之间。抗住了,拒绝了,风险就仅仅是一场考验;抗不住,伸手了,风险就会真正变成危险,所以我们大家一定要算好这笔经济账。

三要算好"名誉帐",不要身败名裂。我们每个党员干部特别是领导干部,都要拼搏多年才能赢得他人的尊重和荣誉,如果不懂得珍重,自毁声名,实在是令人痛惜。

四要算好"家庭帐",不要妻离子散。家是一个人温馨的港湾、幸福的源泉。但是,在什么是家庭幸福,怎样爱家,用什么方式爱家的问题上,观念、心态与方式却各不相同。有的人为追求所谓的"家庭幸福",结果把家庭变成了腐败的大后方,不但让自己受罪,还使家人受牵连;有的人为"恩泽亲属",大搞以权谋私,让亲属也卷入了腐败的漩涡,最后得到的是妻离子散甚至家破人亡的悲剧。

五要算好"亲情帐",不要众叛亲离。贪官都有一个共同特点,就是交友不慎、交友过滥。而我们的领导干部在位时却往往忽视了这一点,他们常以自己交友广、朋友多而在人前炫耀，以显示自己有本事、有人缘、有魅力。殊不知，真到东窗事发，"咬"的最致命、揭发最坚决、提供证据最充分的恰恰就是他们的"铁哥们儿"。现实生活中，一个人一旦有了官位，这样那样的"朋友"就会纷至沓来，有求你办事的，有让你牵线搭桥的，有借机联络沟通、搞长期感情投资的。可领导干部一旦违纪违法被审查，就会门可罗雀，昔日的亲朋好友避而远之，昔日的同窗同学、同事同乡也不再到处炫耀，可谓众叛亲离。既失去了亲情，也失去了友情，脱离了社会。

六要算好"健康帐"，不要身心交瘁。人们常说，这多那多不如快乐多，这好那好不如身体好。众所周知，人生在世，最大的快乐就是身心快乐，最宝贵的财富就是身心健康。健康是立身之本。心胸坦荡，无私奉献，别人快乐自己快乐，必能心旷神怡，身体健康。试想，一个人如果触碰党纪国法的"高压线"，贪赃枉法，心理承受着巨大的压力，怎么会有一个好身体呢？有这样一则真实故事：某领导干部收受别人送给的巨额"感谢费"，藏于房顶，每天上下班都要看看藏钱的地方是否被人动过，晚上睡觉总感到房顶上有动静，常常夜不能寐。这样提心吊胆地挨过一年，身体逐渐消瘦。家人知道原因后，要他交出不义之财，他将这笔钱上交了组织，当晚就睡了一个安稳觉，不禁感叹道："清廉才是身心健康之宝啊！"由此可见，搞腐败的人一怕被偷，二怕被抢，三怕被查。白天食不知味，夜里寐不安息，时时提心吊胆、担惊受怕，承受着沉重的心理负担和巨大的心理负荷，久而久之就垮掉了精神，垮掉了身体。有调查表明，腐败分子是癌症患者的高危人群，50%以上都患有癌症，这个数字深刻地说明了腐败对身心健康之害。所以我们要算好这"六笔账"，这直接关系到我们每一个党员干部的前途命运和政治生命。

问题讨论：

1. （明）年富《官箴》刻石"吏不畏吾严而畏吾廉，民不服吾能而服吾公；公则民不敢慢，廉则吏不敢欺；公生明，廉生威"。有何现实意义？

2. 从身边的事谈谈"私心太重，贪心太大"是为政坏事之害这一看法。

第三节　廉洁自律把好家庭廉政关

家庭是社会的细胞，对于个人价值观、人生观的形成具有重要的影响，家庭成员的相互影响和帮助，对于领导干部预防和抵制腐败具有不可替代的作用。因此，家庭不仅是拒腐防变的一道重要防线，更是预防和抵制腐败的重要阵地，在建立健全教育、制度、监督并重的惩治和预防腐败体系中发挥着重要的作用。

一、淡泊名利，崇尚积极健康的幸福观

每个人都在追求家庭的幸福和美满。那么家庭幸福的标准是什么？可以说众说纷纭，各有理解。我认为，幸福最基本的条件应包括这么几个要素，要有安全感，要快乐。没有安全感、不快乐，即使有了一切，也是徒劳。前不久，新浪网搞了一个中国人的价值取向调查，就反映了这种趋向。在最被人们看重的价值中，从高到低排列前项依次是：健康、家庭、智慧、快乐、爱情。权力、冒险等排位很低。这个调查反映了当今国人的一种追求，也反映了人们的一种幸福观，企盼健康、快乐、诗意地生活。与20世纪8、90年代好多人把对财富、金钱的追求当作幸福的内涵相比，变化很大，说明正确的幸福观正逐步被人们所认同。强调正确的幸福观并不是说追求财富、追求金钱就变得庸俗。幸福离不开金钱，需要金钱来保障。看病需要钱，读书需要钱，改善生活、提高生活质量都需要钱，但对金钱、财富的获取，要取之有道，光明正大。如果企图利用手中权力捞取好处，肯定会犯错误，靠这样得来的幸福是暂时的、虚幻的，是假象，到最后幸福也会毁在金钱手里、权力手里。如今，我们的物质生活条件都有了很大的改善，干部职工年收入都在4、5万元，对于维系一个家庭来说已经比较可观了。家庭是幸福的重要源泉。我们的领导干部既是单位的顶梁柱，也是家庭中的主心骨。方方面面，里里外外，上上下下备受关注。如果在这个节骨眼上，经不住考验，抵不住诱惑，稍有闪失就会失之于组织，失之于家庭，造成事业夭折、家庭离散，实在得不偿失。我们无法设想一个破碎的家庭如何拥有幸福。从另一个角度讲，一些人感觉自己不幸福，不在于他拥有太少，而在于他苛求太多。希望大家能形成共识，少攀比，常知足。如果真心关爱家人、想让家人过得幸福，就要对家庭负起责任，就要尽最大努力避免家庭成员发生违法违纪问题。家庭幸福美满，比什么都强。

二、克俭自律，筑牢家庭廉洁的"内防线"

家庭连社会，家风系党风。廉洁社会风气的形成与领导干部的家风息息相关。廉洁自律，筑牢家庭拒腐的防线，不仅是领导干部的本分，也是每一个家属共同的责任和义务。家庭是预防和抵制腐败的一道不可或缺的重要关口。不少腐败的疮口，都是从家庭，后院开始慢慢扩大的。有些行贿者的，红包、礼品被丈夫拒收之后，继而走"夫人路线"，迂回包抄，请夫人代劳。因此，腐败是影响家庭稳定和家庭幸福的杀手，危及每一个家庭成员的工作和生活。由于利令智昏、贪污腐败而导致家破人亡的案例不在少数，令人触目惊心。广东省湛江市原市委书记陈同庆、在职期间，大量卖官、受贿，其妻温容兰非但不予劝阻，反而成了其专职的家庭会计，最多的一天竟接待了4批行贿者，温容兰连续四次去银行存钱。"贪内助"的贪婪助长了陈同庆私欲的膨胀，几年工夫，其受贿金额竟达112万元，而腐败的最终结果，是陈同庆以受贿罪被判死刑，缓期二年执行，并被剥夺政治权利终身，原本宁静的家庭也随之四分五裂。如果当初妻子少一点贪心、多一份关心，不是推一把，而是拉一把，在关键的时候能够提个醒或帮助丈夫拒腐蚀、永不沾，也许就不会滑向犯罪的深渊！因此，当好"贤内助"，不仅是对党组织负责，也是对自己的亲人和本人家庭负责。"知夫莫如妻"，丈夫的思想变化、行为变化，妻子能够最先察觉、最先发现，及时吹"枕边廉政风"，当好"家庭纪委书记"，才能筑牢反腐倡廉的家庭"内防线"。

如何筑牢家庭廉洁防线呢？

一要增强法纪意识，把准分寸。作为领导干部家属，应该用更高的标准要求自己，平时要学习掌握一些基本的党纪法规知识，知道哪些事情能做，哪些事情不能做；哪些地方能去，哪些地方不能去；哪些人能处，哪些人不能处；哪些活动能参加，哪些活动不能参加，头脑中一定要有自律意识，时刻绷紧廉政这根弦，这样在交往处事中就能把握好分寸。

二要增强监督意识，防微杜渐。一个人犯错误，总有一个从量变到质变的演变过程，从不健康思想的产生到收受小恩小惠，一般来说家属是最早知道的。所以家庭是非常重要的一道防线，防微杜渐就要从家属开始，加强监督，尽好责任。尤其是领导干部与别人进行攀比、工作不思进取、贪图享受的时候，高档消费、经济支出不明的时候，家庭突然有了不明巨额收入的时候，参与不健康娱乐活动的时候，都要及时过问，及时提醒。对领导干部，8小时之外的活动，心里也要有个底，比如，至少与哪些朋友经常相处、相处的朋友品行如何，总要有个大致的了解。当然每个人都有自己的活动空间，不能没有隐私，但也不能放任自流。

三要增强防范意识，守好家门。就是要不让任何贿赂进家门，不让一切不健康的东西进家门。这里提醒大家要注意"感情投资"。人在世上，总有各种关系，总要结交朋友，但不正常的交往、不正常的朋友，一定要注意。特别是对那些打着人情来往旗号来巴结靠拢的要警惕，千万不要以为人情难免，习以为常．思想麻木。天下没有掉下来的馅饼。来而不往非礼也，当断不断，反受其害。家是人生温馨的港湾，是每位同志干事业的大本营，每个领导干部的家属只要都能做到"四多四少"，即：事业上多一分支持，少一份拖累；感情上多一分温暖，少一份埋怨；生活上多一分理解，少一份苛求；廉洁上多一份把关，少一份奢求，给予自己的爱人更多的理解、更大的支持，使他们能够解除后顾之忧，集中精力，全身心地投入工作，做一个廉政勤政的领导干部。《诗经·小雅》中有句诗：妻子好合，如鼓琴瑟。意思就是，家人志同道合，亲密合作，如同弹奏出了一曲动听的乐章。

因此，我们必须以清廉为荣，以不贪为宝，趋福避祸。有人说得好：贪婪的双臂无缘与幸福拥抱，却愿和痛苦牵手；贪婪的黑心拒绝与淡泊联络，却愿跟奢侈通邮。虽然贪婪可以让人暂时富有，但结果是悔泪长流；虽然廉洁有时生活比较清苦，但终归我们是平平安安。让我们牢牢记住"廉是福，贪是祸"的忠告。

问题讨论：

1. 讨论贪官后头有一个贪"家人"说法是否有道理？

2. 为什么说"前悔容易后悔难"是每个被查处腐败分子心头解不开的疙瘩？

3. 被查处腐败分子中忏悔中常有"忘记了党的教诲和人民恩情，放松了警惕"之类的话，或许是真心话，你的看法呢？

第四节　以廉洁修身

随着反腐败工作的深入开展，在惩治腐败的同时，中央提出要更加注重预防，更加注重治本，更加注重制度建设，从构建预防和惩处腐败体系需要的角度，结合实际，严把诸如财务管理、项目审批、建设工程招投标、生态旅游开发建设等重要岗位及环节，加强监督工作。

一、加强政治修养

坚持用正确的思想武装头脑，用先进的理论指导自己的行动，特别是要树立正确的世界观、人生观和价值观，把握好人生的方向和发展前途。要深刻认识新时期党风廉政建设的重大意义，不要片面的以为反腐是当领导者的事情。试问，假如把那些腐败分子的权利放到你身上，你会不会腐败？同时要认清个别社会现象，如将诚实守信、辛勤劳动、艰苦奋斗看作是"傻"，而好逸恶劳、损人利己、见利忘义则被认为是"人之本性"；还有对部分党员干部腐败现象熟视无睹，认为是"正常"，对滥权者换来的荣华富贵不是鄙视而是羡慕；对挥霍浪费以及用不正当手段获取私利，不认为是可耻，而认为是"本事"；对查处的腐败分子不是痛恨，而是认为是倒霉等等。所以作为干部职工,特别是重点岗位的工作人员要看清现实,禁得住诱惑、耐得住寂寞,不要有攀比心理,这是不出问题的基本要求。

二、强化自律意识。

自律对预防腐败起着关键性作用。如果自身机体、免疫能力出了问题,那就是大问题。一个人清正廉洁的也好,贪污腐败的也罢,有一个共同的特点,都是从一点一滴开始的,没有哪个人天生就如何清廉或如何腐败。要说其中的区别,简单地说,其实也就是一字之差,清廉者以严字律己,腐败者以贪字利己。说到这里,不由得想起以前读过的一篇杂文,题目叫《守住你的那口"井"》,讲的是明朝的开国皇帝朱元璋曾给他的手下人算过一笔账:老老实实地当官,守着自己的俸禄过日子,就好像守着一口"井",井水虽不满,但可天天汲取,用之不尽。假如心生贪念,守着自己的"井水"还不满足,偏要惦记着"河"里的,甚至"江"里或"海"里的水,一旦东窗事发,不仅"河"、"江"的水不保,就连自己那口井的"井水"也难保。综观古今中外形形色色的贪官污吏,他们的共同致命弱点就在于守不住自己的那口"井"。这些人贪得无厌,欲壑难填,总是嫌自己的"井水"不满。于是,或利用职权之便,或假借工作之机,只要抓住机会,便会不择手段地时不时出手捞一把"油水"。当他们的不义之财如江河之水滚滚而来之时,往往就是连他们自己也一同毁灭之日。这时候,别说捞来的"油水"享受不到,就连自己那口浅浅的"井水"也丧失了。那么,怎样才能守住自己的那口"井"呢?首先要做到"慎独",严于律己。在履行职能的情况下,要管住自己的心,不要有非分之想;要管住自己的手,不该拿的别拿;要管住自己的腿,不该去的地方别去;该做的事按照规定去做,不该做的事就不要做。其次要做到"慎微",防微杜渐。"千里之堤,毁于蚁穴",不要认为小事做了没关系,小事累积多了就成了大事,这是一个量变到质变的过程。所以一定要慎微,违纪犯法的事再小也不能做,否则一旦铸成大错,就追悔莫及了。牢记"千里之行,始于足下,千里之堤,溃于蚁穴"的道理,像古人所说的那样,莫以善小而不为,莫以恶小而为之。

三、正确看待权力

我们有些同志手中多少有一些权力，但一定要牢记，这是国家和人民赋予我们的权力，是代表单位、政府履行职能，要做到权为民所用，利为民所谋，不能把权力作为捞取私利的工具，把自己的服务对象变成谋取私利的对象。觉得为别人办事情就应该接受人家的感谢，收礼不等同于受贿，是小事一桩。可法律是无情的，司法部门是以法律为准绳、以事实为依据定罪的。大家一定要把握好自己，牢记"莫伸手，伸手必被捉"的警句，深刻体会"人虽有欲切忌贪"的道理，经常进行自省自审，廉政上要如履薄冰，千万不要存侥幸心理、因小失大，"一失足成千古恨"，捡了芝麻、丢了西瓜，最后什么都得不到，得到可能就是一纸判决书。廉政这根弦一定要绷得紧紧的。

四、以廉养性

将廉洁作为一种常态、一种习惯，不仅是必要的，也是必需的。这就需要有坚定的信念，坚强的毅力。努力做到自重，尊重自己的人格，珍惜自己的声誉；自省，发挥"良心"的评价作用，经常反省和检查自己言行；自警，遵守廉洁自律规定，经常警示自己；自励，自我激励、自我鞭策。有位教育家说过："良好的习惯，是人们存在于神经系统中的一种道德资本。这种资本是不断增长的，所以它的利息也是人们终身取用不尽的。"领导干部也好、重点岗位人员也好，若能养成勤政廉洁的好习惯，则受益无穷，是一笔用金钱难以买到的无价之宝。同时，要努力营造廉洁环境，净化自己的工作圈、生活圈和社交圈。在由领导、同事组成的工作圈里，应破除"靠关系吃饭"的庸俗关系学，在"情"上真诚互勉，在"法"上勤鸣警钟；从点滴入手净化自己的生活圈子，洁身自好，学法守法，自觉抵制各种腐朽思想的侵蚀；广交朋友，是做好工作的必要条件，慎交朋友，是保持廉洁的必然要求。俗话说"甘泉知于口渴时，良友识于患难际"，这些充分说明了"与善人交"，如"入芝兰之室，久而不闻其香；与不善人交，如入鲍鱼之肆，久而不闻其臭""近朱者赤，近墨者黑"的道理。

问题讨论：

1. 谈谈你作为一名党员干部的廉洁荣辱观。

2. 谈谈你作为一名党员干部的名利观。

3. 谈谈你的情趣趋向与人生价值观。

推荐阅读书目（文件）

1.《最新中国共产党党内规章制度实用大全》/红旗出版社编辑部编闻D21/2102。

2.《习近平关于严明党的纪律和规矩论述摘编》由中央纪检委、中央文献研究室编，中央文献出版社、中国方正出版社2016年1月出版。

3.《习近平关于党风廉政建设和反腐败斗争论述摘编》（作者：中共中央纪律检查委员会、中共中央文献研究室，中央文献出版社、中国方正出版社，2015年1月）

4.《习近平关于严明党的纪律和规矩论述摘编》（编者：中共中央纪律检查委员会、中共中央文献研究室，中央文献出版社、中国方正出版社，2016年1月）

第十二章

守纪律懂规矩

第一节 党员干部必须恪守党纪和党规

党的规矩究竟包括什么呢？习主席讲到，古人说："欲知平直，则必准绳；欲知方圆，则必规矩。"没有规矩不成其为政党，更不成其为马克思主义政党。我们党的党内规矩是党的各级组织和全体党员必须遵守的行为规范和规则。党的规矩总的包括什么呢？其一，党章是全党必须遵循的总章程，也是总规矩。其二，党的纪律是刚性约束，政治纪律更是全党在政治方向、政治立场、政治言论、政治行动方面必须遵守的刚性约束。其三，国家法律是党员、干部必须遵守的规矩，法律是党领导人民制定的，全党必须模范执行。其四，党在长期实践中形成的优良传统和工作惯例。违纪往往从破坏规矩开始，党内规矩有的有明文规定，有的没有，但作为一个党的干部特别是高级干部应该懂的。不懂的话，那就不具备当干部特别是高级干部的觉悟和水平。没有明文规定一定要报的事项，报还是不报，关键看党的观念强不强、党性强不强。领导干部违纪往往是从破坏规矩开始的。规矩不能立起来、严起来，很多问题就会慢慢产生出来。很多事实都证明了这一点。讲规矩是对党员、干部党性的重要考验，是对党员、干部对党忠诚度的重要检验。任何人都不能心存侥，党纪国法不能成为"橡皮泥""稻草人"，无论是因为"法盲"导致违纪违法，还是故意违规违法，都要受到追究，否则就会形成"破窗效应"。明代冯梦龙在《警世通言》中说："人心似铁，官法如炉。"意思是任人心中冷酷如铁，终扛不住法律的熔炉。法治之下，任何人都不能心存侥幸，都不能指望法外施恩，没有免罪的"丹书铁券"，也没有"铁帽子王"。

党的十八大以来，新一届中央领导集体从履新之始的八项规定到整饬风纪的道道禁令，从全面依法治国到完善党内法规体系，把立规矩、讲规矩作为重要抓手，充分表明从严治党的坚定决心。党中央的表率作用也为广大党员干部树立了"看齐"的标杆。习近平总书记在十八届中央纪委五次全会上强调要把加强纪律建设，把守纪律讲规矩摆在更加重要的位置，讲规矩是对党员、干部党性的重要考验，是对党员、干部对党忠诚度的重要检验。十八届中央纪委六次全会上，习近平总书记强调，要保持坚强政治定力，坚持全面从严治党、依规治党，要把纪律建设摆在更加突出的位置，坚持纪严于法、纪在法前，健全完善制度，深入开展纪律教育，狠抓执纪监督，养成纪律自觉，用纪律管住全体党员。"三严三实"专题教育中专门把"严以律己，严守政治纪律和政治规矩，自觉做政治上的'明白人'"作为深入研讨学习的主题之一，要求党员干部深学、细照、笃行，特别是促使领导干部与中央保持一致而不另搞一套、维护团结而不拉帮结派、遵循程序而不我行我素、服从组织而不讨价还价、管好亲朋严防擅权干政，具有强烈针对性和现实意义。特别是中央政治局"三严三实"专题民主生活会，给各级党组织和广大党员干部树立了严肃党内政治生活、严守党的纪律和规矩的榜样和标杆。党员干部要深刻学习领会习近平总书记关于政治纪律和政治规矩的系列重要论述，深刻认知严守政治纪律和政治规矩的重要性，增强党性意识、纪律意识，让政治纪律和政治规矩真正"带电""生威"。

党的纪律和规矩是党员干部必须恪守的底线。党员干部要认真学习和领会习近平总书记关于严守政治纪律和政治规矩的重要论述，把守纪律讲规矩作为修身做人的基本遵循，作为为官用权的警示箴言，作为干事创业的行为准则。纪律规矩是党员干部的"生命线"。常怀律己之心，既是对党的事业高度负责，也是对广大人民群众负责，更有利于干部的健康成长。无论在工作中，还是在生活上，党员干部都要常怀敬畏之心、常有自省之念，严格执行党的政治纪律、组织纪律、廉洁纪律、群众纪律、工作纪律和生活纪律，永葆党员干部政治本色。做一名合格党员干部最基本的标准就是守纪律讲规矩。党员干部要时常检视自己，真正把纪律规矩作为规范自己言语和行动、检视自己思想和灵魂的"试金石"，切实按照习近平总书记关于"严以律己，就是要心存敬畏、手握戒尺，慎独慎微、勤于自省，遵守党纪国法，做到为政清廉"的要求，律己正人。纪律规矩是党员干部的"防火墙"。党员干部在为政生涯中面临着林林总总的诱惑，"贪如火，不遏则燎原；欲如水，不遏则滔天"。党员干部决不能把纪律规矩当成耳边风，放松自我约束，而是要以"祸患常积于忽微"的警惕性，时刻保持清醒的头脑，把纪律规矩作为工作和生活中拒腐防变的"防火墙""拦河坝"。不断增强严以律己的思想自觉和行动自觉，讲纪律、讲规矩、讲原则，常修为政之德，筑牢思想防线，恪守法纪底线，以良好的党风促政风带民风，在作风建设的路上以高的标准、严的要求砥砺前行。

党员干部必须把严守党的政治纪律政治规矩落实在行动上。要在政治上与党同心同德。自觉把党的政治纪律和政治规矩挺在前面，坚决维护和执行党的路线方针政策，在思想上政治上行动上同党中央保持高度一致，任何时候任何情况下都与党同心同德，做到不讲条件、不打折扣，有令则行、令行禁止。自觉讲政治、顾大局、守纪律，自觉摒弃个人私心杂念，坦荡做事，谦虚谨慎。坚决服从组织决定和安排，自觉遵循组织程序，绝不擅作主张、违背组织决定。要在作风上与人民群众保持密切联系。要根植群众、执政为民，始终把"人民群众满意不满意、赞成不赞成、拥护不拥护"作为检验我们工作的标准，树立正确的权力观、政绩观、事业观，践行好习近平总书记大力倡导的领导干部"四下基层"（信访接待下基层、现场办公下基层、调查研究下基层、宣传党的方针政策下基层），问政于民、问需于民、问计于民，坚持"情为民所系、权为民所用、利为民所谋"。还要敢于担当、狠抓落实，坚决消除"为官不为"、消极懈怠思想，按照"忠诚、干净、担当"

的要求，奋发有为，敢抓敢管，敢作敢当，抢抓发展机遇，奋力开拓前行。要在廉洁上严守底线。要常思贪欲之害，常怀律己之心，常修为政之德，坚守做人的底线，慎权、慎欲、慎情、慎独。正确对待和行使人民赋予的权力，坚持依法办事，秉公用权，决不以权谋私，禁绝权力寻租。要站稳党性立场，做到行所当行、止所当止，确保大事不糊涂、小节不丧失。要自觉净化自己的工作圈、生活圈和朋友圈，保持严谨的生活态度和优良的工作作风。要时刻保持清醒头脑，加强自我规范和约束，常敲自律警钟，在任何情况下都要稳得住心神，始终保持共产党人的党性气节和政治本色。

问题讨论：

1. 如何理解党纪律是铁的纪律的提法？
2. 论述党纪与国法的关系
3. 党的纪律主要包括政治纪律、组织纪律、廉洁纪律、群众纪律、工作纪律，请结合实际工作分别对照检查自身守纪情况，并予以分析。

第二节　懂规矩守底线

守纪律讲政治懂规矩就要守底线，防越线，保红线。底线是事物质变的分界线、做人做事的警戒线，不可踩、更不可越。党员干部必须牢固树立底线意识，时刻牢记越过底线的严重后果，始终警醒自己坚守底线。2016年，习近平在对"两学一做"学习教育的重要指示中强调，要"把做人做事的底线划出来"。党员干部必须坚守"四个"底线。

一、法律底线

法律体现国家意志，是全体中华人民共和国公民的底线，更是党员干部的底线。法是党的主张和人民意愿的统一体现，党领导人民制定宪法法律，党领导人民实施宪法法律，党自身必须在宪法法律范围内活动，这就是党的领导力量的体现。党和法、党的领导和依法治国是高度统一的。我们就是要不折不扣贯彻以中华人民共和国宪法为核心的依宪治国、依宪执政。2015年2月2日,习近平在省部级主要领导干部学习贯彻十八届四中全会精神全面推进依法治国专题研讨班开班式上强调:"领导干部要牢记法律红线不可逾越、法律底线不可触碰,带头遵守法律、执行法律,带头营造办事依法、遇事找法、解决问题用法、化解矛盾靠法的法治环境。谋划工作要运用法治思维,处理问题要运用法治方式,说话做事要先考虑一下是不是合法。"

在现实生活中,一些领导干部法治意识比较淡薄,有的存在有法不依、执法不严、甚至徇私枉法等问题,影响了党和国家的形象和威信,损害了政治、经济、文化、社会、生态文明领域的正常秩序。所有领导干部都要警醒起来、行动起来,坚决纠正和解决法治不彰问题。

要在法律之下行使权力。每个党政组织、每个领导干部必须服从和遵守宪法法律,不能把权力作为个人以言代法、以权压法、徇私枉法的挡箭牌。要增强法治思维和依法办事能力,摒弃人治思想和长官意识,切实做到办事依法、遇事找法、解决问题用法、化解矛盾靠法。要始终坚持法定职责必须为、法无授权不可为,牢记法律红线不可逾越、法律底线不可触碰。习近平在十八届中央纪委二次全会上指出:"各级领导干部都要牢记,任何人都没有法律之外的绝对权力,任何人行使权力都必须为人民服务、对人民负责并自觉接受人民监督。"他强调:"共产党员永远是劳动人民的普通一员,除了法律和政策规定范围内的个人利益和工作职权以外,所有共产党员都不得谋求任何私利和特权。这个问题不仅是党风廉政建设的重要内容,而且是涉及党和国家能不能永葆生机活力的大问题。"

要学法懂法,维护法律权威。党员干部要系统学习中国特色社会主义法治理论,准确把握我们党处理法治问题的基本立场。首要的是学习宪法,还要学习同自己所担负的领导工作密切相关的法律法规。各级领导干部尤其要弄明白法律规定我们怎么用权,什么事能干、什么事不能干,心中高悬法律的明镜,手中紧握法律的戒尺,知晓为官做事的尺度。习近平指出:"领导干部都要牢固树立宪法法律至上、法律面前人人平等、权由法定、权依法使等基本法治观念,对各种危害法治、破坏法治、践踏法治的行为要挺身而出、坚决斗争。"改革开放以来,党的政策好,普通老百姓都知道只要不犯法,什么事都能干,而我们有的党员干部却不明白,有的知法犯法,有的抗法玩法。真是不可思议啊!

二、纪律底线

党规党纪体现着党的理想信念宗旨,是管党治党的尺子,也是党员不可逾越的底线;同时,所有党员干部还必须明白,党规党纪严于国家法律,要求更高,这是党的先进性的必然要求。党的各级组织和广大党员干部不仅要模范遵守国家法律,而且要按照党规党纪以更高标准严格要求自己。2015年10月12日,习近平主持召开中共中央政治局会议,审议通过《中国共产党纪律处分条例》。《条例》把党章对纪律的要求整合成政治纪律、组织纪律、廉洁纪律、群众纪律、工作纪律、生活纪律,开列负面清单,重在立规,划出了党组织和党员不可触碰的底线。

党内规矩既包含成文的规定,也包含一些未成文的党的优良传统和行之有效的习惯做法。2015年1月,习近平在十八届中央纪委五次全会上指出:"党的纪律是刚性约束,政治纪律更是全党在政治方向、政治立场、政治言论、政治行动方面必须遵守的刚性约束。国家法律是党员、干部必须遵守的规矩。党在长期实践中形成的优良传统和工作惯例也是重要的党内规矩。纪律是成文的规矩,一些未明文列入纪律的规矩是不成文的纪律;纪律是刚性的规矩,一些未明文列入纪律的规矩是自我约束的纪律。我们党在长期实践中形成的优良传统和工作惯例,经过实践检验,约定俗成、行之有效,需要全党长期坚持并自觉遵循。"

守住纪律底线,首要的就是守住政治纪律底线。习近平在十八届中央纪委二次全会上强调:"遵守党的政治纪律,最核心的,就是坚持党的领导,坚持党的基本理论、基本路线、基本纲领、基本经验、基本要求,同党中央保持高度一致,自觉维护中央权威。在指导思想和路线方针政策以及关系全局的重大原则问题上,全党必须在思想上政治上行动上同党中央保持高度一致。"

守住纪律底线，就要尊崇和维护党章。党章就是党的根本大法，处在党内制度的顶层和塔尖，规定的是党员和党组织的价值准则和行为规范，是全党必须遵循的总规矩。2012年11月16日，习近平总书记在发表的《认真学习党章严格遵守党章》署名文章中指出："在各级党组织的全部活动中，都要坚持引导广大党员、干部特别是领导干部自觉学习党章、遵守党章、贯彻党章、维护党章，自觉加强党性修养，增强党的意识、宗旨意识、执政意识、大局意识、责任意识，切实做到为党分忧、为国尽责、为民奉献。"习近平在十八届中央纪委二次全会上强调："每一个共产党员特别是领导干部都要牢固树立党章意识，自觉用党章规范自己的一言一行，在任何情况下都要做到政治信仰不变、政治立场不移、政治方向不偏。"

政治规矩是我们党在长期实践中形成的政治规则、组织约束、优良传统和工作习惯。遵守政治规矩是讲党性、讲政治的具体体现。2015年1月，习近平在十八届中央纪委五次全会上指出："讲规矩是对党员、干部党性的重要考验，是对党员、干部对党忠诚度的重要检验。遵守政治纪律和政治规矩，必须维护党中央权威，在任何时候任何情况下都必须在思想上政治上行动上同党中央保持高度一致；必须维护党的团结，坚持五湖四海，团结一切忠实于党的同志；必须遵循组织程序，重大问题该请示的请示，该汇报的汇报，不允许超越权限办事；必须服从组织决定，决不允许搞非组织活动，不得违背组织决定；必须管好亲属和身边工作人员，不得默许他们利用特殊身份谋取非法利益。"

三、政策底线

党的路线方针政策是党的理论、意志、主张在治党治国、执政理政上的具体体现。党的路线方针政策一旦确立，服从和执行就是绝对的、无条件的。党的路线方针政策是全党行动的准则，是党的各级组织和党员干部不可违反、不可变通的底线。习近平在中央党校县委书记研修班学员座谈会上指出："党中央提倡的坚决响应，党中央决定的坚决照办，党中央禁止的坚决杜绝，决不允许上有政策、下有对策，决不允许有令不行、有禁不止，决不允许在贯彻执行中央决策部署上打折扣。"

守好政策底线，党员干部要不折不扣地学习和贯彻执行党的路线方针政策。首先要学好党的路线方针政策，掌握做事的原则和方向。习近平指出："学习党的路线方针政策和国家法律法规，这是领导干部开展工作要做的基本准备，也是很重要的政治素养。不掌握这些，你根据什么制定决策、解决问题呀？"其次要坚决贯彻执行党的路线方针政策，不能以局部或个人利益来决定取舍，有利的就执行，不利的就不执行或变通执行。习近平在新进中央委员会的委员、候补委员学习贯彻党的十八大精神研讨班开班式上指出："我们既要坚定走中国特色社会主义道路的信念，也要胸怀共产主义的崇高理想，矢志不移贯彻执行党在社会主义初级阶段的基本路线和基本纲领，做好当前每一项工作。"

守好政策底线，党员干部要增强党员意识、宗旨意识、大局意识、看齐意识和责任意识，从思想上政治上行动上坚决与党中央保持高度一致，维护政令畅通。习近平在中央政治局2015年12月28日至29日召开的专题民主生活会上指出："必须有很强的看齐意识，经常、主动向党中央看齐，向党的理论和路线方针政策看齐。"思想上保持一致，就要认真学习党的基本理论、基本路线、基本纲领，不断提高政治敏锐性、政治鉴别力和政治定力，提高运用马克思主义认识问题、分析问题、解决问题的能力。工作上保持一致，就要不讲条件、不打折扣，坚决贯彻、自觉执行党的路线方针政策，全面落实中央的各项决策部署。不仅要吃透党的路线方针政策，更需要把中央精神转化落实到具体工作中去，转化到推动具体工作部门、工作单位的发展理念、发展思路中去，为破解发展难点、解决发展难题提供依据。行动上保持一致，就要坚决防止和克服地方和部门保护主义、本位主义，不搞"上有政策、下有对策"，切实做到令行禁止，表里如一，言行一致。

四、道德底线

中国共产党代表着中国先进生产力的发展要求、中国先进文化的前进方向、中国最广大人民的根本利益。对党员和党的干部来说，不仅有明确的法律底线、纪律底线和政策底线，而且还有人民群众心中的道德底线也必须坚守。由数千年中华文明积淀而成的一般性社会公德的就是党员干部必须坚守的道德底线，党员、特别是党的干部的道德修养应在社会公德的一般性要求之上，应该成为普通大众的道德标杆。

"目失镜，则无以正须眉；身失道，则无以知迷惑。"中华民族崇德尚道。做官先做人，做人先立德；"为官先修身，律人先律己"，德乃官之本，为官先修德。《中国共产党廉洁自律准则》提出，中国共产党全体党员和各级党员领导干部自觉培养高尚道德情操，努力弘扬中华民族传统美德。党员要"坚持公私分明，先公后私，克己奉公"；"坚持崇廉拒腐，清白做人，干净做事"；"坚持尚俭戒奢，艰苦朴素，勤俭节约"；"坚持吃苦在前，享受在后，甘于奉献。"党员领导干部要"廉洁从政，自觉保持人民公仆本色"；"廉洁用权，自觉维护人民根本利益"；"廉洁修身，自觉提升思想道德境界"；"廉洁齐家，自觉带头树立良好家风。"习近平说："道德问题是做人的首要的基本问题。古人说：'百行以德为首'，讲的就是这个道理。大量情况表明，道德情操与生活情趣是密切联系在一起的。许多腐败分子走上犯罪道路，大多是从操守不严、品行不端、道德败坏开始的。"2014年5月，习近平在河南考察时指出："面对纷繁复杂的社会现实，党员干部特别是领导干部务必把加强道德修养作为十分重要的人生必修课，以严格标准加强自律、接受他律，努力以道德的力量去赢得人心、赢得事业成就。各级党组织要加强对党员干部的教育、管理、监督，用好选人用人考德这根杠杆，引导党员干部堂堂正正做人、老老实实干事、清清白白为官。"

党员干部必须用社会公德、职业道德、家庭美德等一系列道德规范来约束自己的言行，坚守最基本、最朴素的做人做事道德底线。习近平指出："全党同志特别是领导干部一定要讲修养、讲道德、讲廉耻，追求积极向上的生活情趣，养成共产党人的高风亮节，做到富贵不能淫、贫贱不能移、威武不能屈。"习近平强调："在当前复杂的社会环境下，各级领导干部要加强思想道德修养，注重培养健康的生活情趣，正确选择个人爱好，慎重对待朋友交往，明辨是非，克己慎行，讲操守，重品行，时刻检点自己生活的方方面面，始终保持共产党人的政治本色。"

党员干部还要有官德，清清白白做官，踏踏实实做事。习近平指出："所谓官德，也就是从政道德，是为官当政者从政德行的综合反映，包括思想政治和品德作风等方面的素养。"2016年3月4日，习近平在参加全国政协十二届四次会议的民建、工商联委员联组会时提出新型政商关系，对官德进行了具体化和深化。他强调："新型政商关系，概括起来说就是'亲''清'两个字。对领导干部而言，所谓'亲'，就是要坦荡真诚同民营企业接触交往，特别是在民营企业遇到困难和问题情况下更要积极作为、靠前服务，对非公有制经济人士多关注、多谈心、多引导，帮助解决实际困难。所谓'清'，就是同民营企业家的关系要清白、纯洁，不能有贪心私心，不能以权谋私，不能搞权钱交易。"

明底线、守底线是党员干部修身正德、干事创业的必修课。习近平在十八届中央纪委二次全会上指出："只要能守住做人、处事、用权、交友的底线，就能守住党和人民交给自己的政治责任，守住自己的政治生命线，守住正确的人生价值观。"要把住这四个做人关，守住这个干事"底线"，就要常怀律己之心，常思贪欲之害，在思想上从两点入手。

一要树立正确"三观"。思想是行动的先导。而世界观、人生观和价值观，就是人们思想的总开关，人们思想的先进性取决于这"三观"是否正确，是否科学。世界观、人生观、价值观决定着一个人的人生追求和人生道路，决定着一个人的思想境界、道德情操和行为准则。树立正确的世界观、人生观、价值观，对每个党员干部来说，都是首要的问题。坚持正确的世界观、人生观、价值观，不仅是党的性质和宗旨对党员的基本要求，更是改革开放、发展社会主义市场经济的新形势对党员提出的迫切要求。首先，只有树立正确的世界观、人生观、价值观，才能坚定共产主义理想信念。其次，只有树立正确的世界观、人生观、价值观，才能坚持全心全意为人民服务。一切从人民的利益出发，一切言行向人民负责，全心全意为人民服务，这是我们共产党人的政治立场和态度，也是马克思主义世界观、人生观、价值观的基本要求。战争年代里,广大共产党员之所以能冲锋在前、退却在后,为了劳苦大众的翻身解放,抛头颅、洒热血,就是因为有正确的世界观、人生观、价值观做支撑。但党执政后,有些党员干部高高在上,不把群众疾苦放在心上,甚至以权谋私、贪赃枉法,使老百姓对一些干部产生不满情绪,严重影响了党在人民群众中的威信,追其根源,就是一些党员干部放松了世界观的改造,把人民群众的利益丢在了脑后。再次,只有树立正确的世界观、人生观、价值观,才能自觉抵制各种错误理论和思潮。伴随着改革开放的不断深入,意识形态领域泥沙俱下、鱼目混珠,错误思潮和腐朽思想的侵蚀无处不在,这就迫切要求广大党员干部树立起牢固的马克思主义世界观、人生观和价值观。这些年来不少党员和干部被拜金主义、享乐主义和极端个人主义意识所腐蚀,经不住金钱、权力、美色和腐朽生活方式的引诱,搞钱权交易,行贿受贿,有些甚至违法犯罪,腐化变质,自我毁灭,归根结底,这些人都是从世界观、人生观和价值观上,被打开思想缺口而迷失方向,发生蜕变走向堕落的。世界观、人生观、价值观,是一个人对世界、对人生的基本看法和根本观点,是人们最基本、最重要的精神支柱。三者互相渗透、相辅相成,决定着人们的理想信念,影响着人们的思想境界,指导着人们的行为选择,关系着人们的价值判断。世界观在哲学上又称为宇宙观,是指人们对整个世界总的根本的看法,是人们对于世界的本质和各种关系以及世界上的一切事物的根本观点。世界观一旦形成,就对人的活动发生支配作用,发挥决定作用。人们在现实生活中决定和处理一切问题的具体看法和观点,都是由他们的世界观所决定的。人生观是一个人对人生目的和意义的根本看法和态度,人生观是世界观在人生领域的一种延伸、一种体现,是世界观的重要组成部分,是由世界观决定的,是世界观在人生问题上的体现。一般说来,人生观的基本内容包括人生目的(即为什么活着?或者倒过来说活着为什么?)、人生态度(是积极态度还是消极态度?是及时行乐还是努力奉献?)和人生评价,这些就构成了人生观的基本内容。而我们通常讲的幸福观、苦乐观、荣辱观、生死观等等是人生观得更为具体层次的展开,它们都属于人生观的范畴。价值观是人们对事物有无价值和价值大小的一种认识和评价标准,它也是人生观的集中体现。在"三观"中,世界观带有根本性,对人生观、价值观有着重大和关键性影响。有什么样的世界观,就会有什么样的人生观,从而形成对人生的理想、态度、人生道路等问题的基本看法。

二要自觉自省。党员干部随着职务的变动,地位上升,权力增大,所听到的恭维声、赞扬声就会逐渐增多,而听到的批评声将越来越少。加上环境比较复杂,监督不够有力,如果不能保持清醒的头脑,不经常剖析自己,想一想自己的弱点、缺点和错误,听不得批评意见,久而久之,就会沾沾自喜,得意忘形,忘记了自己的职责,忘记了当初入党的誓词,最终走上以权谋私、贪污受贿的违法犯罪道路。

三要严于自律。贪婪是腐败者通向地狱之门的钥匙,自律是有志者得以自保的利闸。我们千千万万要有自我保护意识,这不仅是对党的事业负责,同样也是对自己的家庭及妻儿老小负责。如何做到自律,不同的人做法会有不同。一个人要做到自律,最重要的是知道自己"不能做什么"。人知道自己能干什么,能做什么,这很关键,是找到事业支点的必需;但更重要的是知道自己不能干什么,不能做什么。如果不知道自己"不能做什么,危险随时会降临"。无论在何时何地、何种情况下,我们都要清楚自己不能做什么,不能干什么,这是自律落到实处的基础。按照《党章》和宪法、法律的规定,自律可以归纳为"六个守住、六个不能":要守住善,不能干伤害百姓的事。要守住正,不能干歪门邪道的事。要守住规,不能干违背制度的事。要守住诚,不能干背义失信的事。要守住实,不能干弄虚作假的事。要守住底,不能干错上加错的事。这里送上陈毅元帅的《七古·手莫伸》一诗。愿大家体会和琢磨。

陈毅《七古·手莫伸》

手莫伸,伸手必被捉。
党与人民在监督,万目睽睽难逃脱。
汝言惧捉手不伸,他道不伸能自觉,
其实想伸不敢伸,人民咫尺手自缩。
岂不爱权位,权位高高耸山岳。

岂不爱粉黛，爱河饮尽犹饥渴。

岂不爱推戴。颂歌盈耳神仙乐。

第一想到不忘本，来自人民莫作恶。

第二想到党培养，无党岂能有所作？

第三想到衣食住，若无人民岂能活？

第四想到虽有功，岂无过失应惭愧。

吁嗟乎，

九牛一毫莫自夸，骄傲自满必翻车。

历览古今多少事，成由谦逊败由奢。

问题讨论：

1. 孔子曰："君子有九思：视思明，听思聪，色思温，貌思恭，言思忠，事思敬，疑思问，忿思难，见得思义。"联系党的纪律要求。谈谈自身在守纪律方面重品性上现实表现。

2. 谈谈你对道德底线、法律底线、纪律底线、制度底线的认识。

3. 品味陈毅元帅的诗，从守纪遵规角度谈谈自己的认识。

第三节 习近平谈党的纪律和规矩

从 2015 年 1 月的十八届中央纪委五次全会，指出"把守纪律讲规矩摆在更加重要的位置"；到 2015 年 12 月末，在刚结束的中央政治局专题民主生活会上，"不折不扣执行党的纪律和规矩"再一次被强调。可以看到，在全面从严治党的要求下，纪律和规矩已经成为贯穿党风廉政建设的主线。

而自今年 1 月 1 日起，《中国共产党廉洁自律准则》和《中国共产党纪律处分条例》两大党规开始施行，更加明确了对党员干部的廉洁自律要求和纪律要求，是党内法规建设的与时俱进。可以预见，在未来，党的纪律和规矩将更受重视。作为党的最高领导人，习近平是如何谈中共的纪律和规矩的呢？本书从近期出版的《习近平关于严明党的纪律和规矩论述摘编》一书中，整理出了6个重点方面。

一、治党之本：讲规矩明纪律

党的规矩包括什么？古人说："欲知平直，则必准绳；欲知方圆，则必规矩。"没有规矩不成其为政党，更不成其为马克思主义政党。我认为，我们党的党内规矩是党的各级组织和全体党员必须遵守的行为规范和规则。党的规矩总的包括什么呢？其一，党章是全党必须遵循的总章程，也是总规矩。其二，党的纪律是刚性约束，政治纪律更是全党在政治方向、政治立场、政治言论、政治行动方面必须遵守的刚性约束。其三，国家法律是党员、干部必须遵守的规矩，法律是党领导人民制定的，全党必须模范执行。其四，党在长期实践中形成的优良传统和工作惯例。（2015年1月13日，习近平在第十八届中央纪律检查委员会第五次全体会议上的讲话）。

违纪往往从破坏规矩开始。党内规矩有的有明文规定，有的没有，但作为一个党的干部特别是高级干部应该懂的。不懂的话，那就不具备当干部特别是高级干部的觉悟和水平。没有明文规定一定要报的事项，报还是不报，关键看党的观念强不强、党性强不强。领导干部违纪往往是从破坏规矩开始的。规矩不能立起来、严起来，很多问题就会慢慢产生出来。很多事实都证明了这一点。讲规矩是对党员、干部党性的重要考验，是对党员、干部对党忠诚度的重要检验。（2015年1月13日，在第十八届中央纪律检查委员会第五次全体会议上的讲话）

加强纪律建设是治本之策。加强纪律建设是全面从严治党的治本之策。我们党是用革命理想和铁的纪律组织起来的马克思主义政党，组织严密、纪律严明是党的优良传统和政治优势，也是我们的力量所在。全面从严治党，重在加强纪律建设。我们现在要强调的是扎紧党规党纪的笼子，把党的纪律刻印在全体党员特别是党员领导干部的心上。（2015年10月8日，在十八届中央政治局常委会第一百一十九次会议关于审议中国共产党廉政准则、党纪处分条例修订稿时的讲话）。

二、重中之首：政治纪律和政治规矩

要坚持问题导向，把严守政治纪律和政治规矩放在首位。加强党的纪律建设，要针对现阶段党纪存在的主要问题，更加强调政治纪律和政治规矩。这次修订的条例将纪律整合为政治纪律、组织纪律、廉洁纪律、群众纪律、工作纪律和生活纪律，其中政治纪律是打头、管总的。实际上你违反哪方面的纪律，最终都会侵蚀党的执政基础，说到底都是破坏党的政治纪律。因此，讲政治、遵守政治纪律和政治规矩永远排在首要位置。要抓住这个纲，把严肃其他纪律带起来。(2015年10月8日，在十八届中央政治局常委会第一百一十九次会议关于审议中国共产党廉政准则、党纪处分条例修订稿时的讲话)。

搞团团伙伙违反政治纪律。党内绝不允许搞团团伙伙、结党营私、拉帮结派，搞了就是违反政治纪律。如何防微杜渐？要从规矩抓起，要有这个意识。(2015年1月13日，在第十八届中央纪律检查委员会第五次全体会议上的讲话)。

按民主集中制处理党内关系。要坚持按民主集中制原则处理党内组织和组织、组织和个人、同志和同志、集体领导和个人分工负责等重要关系，发扬党内民主、增进党内和谐，实行正确集中、维护党的团结统一。(2014年5月9日，在参加河南省兰考县委常委班子专题民主生活会时的讲话)。

自觉坚守岗位也是规矩。有的干部脱岗离岗了，不向组织汇报，借口说有些是私事，应该有"自由空间"。我在地方工作时，逢年过节都得值班，生怕出了什么事。很多地方和部门的负责同志一到节假日就不见了，到外地去休假了。跑到那么远的地方怎么放得下心？一旦有个什么事怎么办？当领导干部就要有强烈的责任感，节假日尤其要自觉坚守岗位。没有说不让休息，但关键是如何休息、在哪儿休息，有没有考虑到自己肩负的职责。大部分领导干部在这个问题上做得是好的，节假日都能自觉坚守岗位。这不也是一种规矩吗(2015年1月13日，在第十八届中央纪律检查委员会第五次全体会议上的讲话)。

三、规矩确立：创新法规制度

深化纪律检查体制改革，强化党内监督。产生腐败问题的一个重要原因，是一些体制机制存在漏洞，必须坚持以改革思路推进工作，加强制度创新。(2015年1月13日，在第十八届中央纪律检查委员会第五次全体会议上的讲话。)

发挥巡视震慑遏制治本作用。实践证明，巡视制度可以有效、管用，关键是要用好。巡视成为党风廉政建设和反腐败斗争的重要平台，是党内监督与群众监督结合的重要方式，是上级党组织对下级党组织监督的重要抓手，为全面从严治党提供了有力支撑。改进巡视工作，首要的一条，就是落实全面从严治党的要求，做到有规在先、抓早抓小，不搞不教而诛，使党内监督不留死角、没有空白。修订条例把这些要求形成刚性约束，有利于更好发挥巡视震慑遏制治本作用。(2015年6月26日，在中央政治局会议审议巡视工作条例修订稿时的讲话)。

坚持依法严厉惩治。中外经验告诉我们，只有坚持依法严厉惩治、形成不敢腐的惩戒机制和威慑力，坚持完善法规制度、形成不能腐的防范机制和预防作用，坚持加强思想教育、形成不想腐的自律意识和思想道德防线，才能有效铲除腐败现象的生存空间和滋生土壤。要贯彻全面深化改革、全面依法治国的要求，加大反腐倡廉法规制度建设力度，把中央要求、群众期盼、实际需要、新鲜经验结合起来，本着于法周延、于事有效的原则制定新的法规制度、完善已有的法规制度、废止不适应的法规制度，努力形成系统完备的反腐倡廉法规制度体系。(2015年6月26日，在十八届中央政治局第二十四次集体学习时的讲话)。

法规制度要系统集成。这些年来，从中央到地方搞了不少制度性规范，但有的过于原则、缺乏具体的量化标准，形同摆设；有的相互脱节、彼此缺乏衔接和协调配合，形不成系统化的制度链条，产生不了综合效应；有的过于笼统、弹性空间大，牛栏关猫，很多腐败问题不仅没有遏制住，反而愈演愈烈。要把反腐倡廉法规制度的笼子扎细扎密扎牢，必须做到前后衔接、左右联动、上下配套、系统集成。(2015年6月26日,在十八届中央政治局第二十四次集体学习时的讲话)。

四、制度执行:没有法外施恩

做政治上的"明白人"。明制度于前,重威刑于后。各级党组织要把严守纪律、严明规矩放到重要位置来抓,努力在全党营造守纪律、讲规矩的氛围。对政治纪律和政治规矩,要十分明确地强调、十分坚定地执行,不要语焉不详、闪烁其词。各级领导干部特别是高级干部要牢固树立纪律和规矩意识,在守纪律、讲规矩上做表率,自觉做政治上的"明白人"(2015年1月13日,在第十八届中央纪律检查委员会第五次全体会议上的讲话)。

任何人都不能心存侥幸。党纪国法不能成为"橡皮泥""稻草人",无论是因为"法盲"导致违纪违法,还是故意违规违法,都要受到追究,否则就会形成"破窗效应"。明代冯梦龙在《警世通言》中说:"人心似铁,官法如炉。"意思是任人心中冷酷如铁,终扛不住法律的熔炉。法治之下,任何人都不能心存侥幸,都不能指望法外施恩,没有免罪的"丹书铁券",也没有"铁帽子王"。(2015年2月2日,在省部级主要领导干部学习贯彻党的十八届四中全会精神全面推进依法治国专题研讨班上的讲话)。

制度不是稻草人。巡视发现问题要深挖线索、顺藤摸瓜,既要叫板,也要较真。发现了问题,查处要到位,如果迂回而过,发现了跟没发现问题一样,或者发现了解决不了,还不如不巡视。人们常说,"人在做、天在看"。"天"是什么?"天"就是党和人民。党内监督和人民群众的监督起作用了,制度不是稻草人,效果就出来了。(2015年6月26日,在中央政治局会议审议巡视工作条例修订稿时的讲话)。

法规制度的生命力在执行。法规制度的生命力在于执行。"盖天下之事,不难于立法,而难于法之必行。"现在,我们有法规制度不够健全、不够完善的问题,但更值得注意的是已有的法规制度并没有得到严格执行。(2015年6月26日,在十八届中央政治局第二十四次集体学习时的讲话)

五、责任落实：监督、考核和追责结合

理清责任、落实责任。落实党委的主体责任和纪委的监督责任，强化责任追究。反腐败体制机制改革，一个很重要的方面是理清责任、落实责任。不讲责任，不追究责任，再好的制度也会成为纸老虎、稻草人。这次三中全会提出，落实党风廉政建设责任制，党委负主体责任，纪委负监督责任。(2014年1月14日，在第十八届中央纪律检查委员会第三次全体会议上的讲话)。

把法规制度执行纳入考核。坚持有责必问、问责必严，把监督检查、目标考核、责任追究有机结合起来，形成法规制度执行强大推动力。问责的内容、对象、事项、主体、程序、方式都要制度化、程序化。问责既要对事、也要对人，要问到具体人头上。要把法规制度执行情况纳入党风廉政建设责任制检查考核和党政领导干部述职述廉范围，通过严肃追究主体责任、监督责任、领导责任，让法规制度的力量在反腐倡廉建设中得到充分释放。纪律检查机关要加大监督检查力度，对有令不行、有禁不止的，不仅要严肃查处直接责任人，而且要严肃追究相关领导人员的责任。(2015年6月26日，在十八届中央政治局第二十四次集体学习时的讲话)

各级纪委要强化监督执纪。监督执纪问责是党章赋予纪律检查机关的根本职责。各级纪委要找准在全面从严治党中的职能定位，强化监督执纪，加大问责力度。要以贯彻落实《中国共产党廉洁自律准则》和《中国共产党纪律处分条例》为契机，探索建立不敢腐、不能腐、不想腐的有效机制，为推动全面从严治党、协调推进"四个全面"战略布局提供坚强纪律保证。(2015年10月8日，在十八届中央政治局常委会第一百一十九次会议关于审议中国共产党廉政准则、党纪处分条例修订稿时的讲话)

各级党组织不抓整改是渎职。各级党组织整改不力是失职，不抓整改是渎职。中央巡视组是代表中央去反馈，要找党委（党组）书记直接说事，坚决把责任压下去。细化整改问责制度，建立问题清单、任务清单、责任清单。对敷衍整改、整改不力、拒不整改的，抓住典型严肃追责。(2015年10

月 15 日，在听取二〇一五年中央第二轮专项巡视情况汇报时的讲话）

坚持原则敢抓敢管。要落实管党治党责任。要在思想认识、责任担当、方法措施上贯彻全面从严治党要求，增强管党治党的使命感和紧迫感，担负起主体责任，把加强党的领导体现在党的建设、管理、监督之中，坚持原则、敢抓敢管，切实抓早抓小，运用批评和自我批评的武器，自觉同一切违纪行为做斗争。（2015 年 10 月 29 日，在中共十八届五中全会第二次全体会议上的讲话）。

六、"关键少数"：从领导干部抓起

从各级领导干部做起。营造良好从政环境，要从人抓起，从人做起，也就是要从各级领导干部首先是高级干部做起。（2014 年 6 月 30 日，在十八届中央政治局第十六次集体学习时的讲话）。

抓住领导干部这个"关键少数"。从严治党，关键是要抓住领导干部这个"关键少数"，从严管好各级领导干部。从严管理干部，要坚持思想建党和制度治党紧密结合，既从思想教育上严起来，又从制度上严起来。（2015 年 3 月 5 日，在参加十二届全国人大三次会议上海代表团审议时的讲话）。

发财就不要当官。我一直说，鱼和熊掌不可兼得，当官就不要发财，发财就不要当官，这是两股道上跑的车。对领导干部配偶和子女等经商办企业，党纪国法都有明确规定，问题是没有落实好。对领导干部，要求就是要严一些，正所谓"其身正，不令而行；其身不正，虽令不从"。（2015 年 3 月 5 日，在参加十二届全国人大三次会议上海代表团审议时的讲话）。

法规制度面前人人平等。领导干部不论职务多高、资历多深、贡献多大，都要严格按法规制度办事，坚持法规制度面前人人平等、遵守法规制度没有特权、执行法规制度没有例外。越是领导干部，越是主要领导干部，越要自觉增强法规制度意识，以身作则，以上率下，尤其要善于依法规制度谋事、依法规制度管人、依法规制度用权，自觉维护法规制度的严肃性和权威性。（2015 年 6 月 26 日，在十八届中央政治局第二十四次集体学习时的讲话）。

像珍惜生命一样珍惜名节和操守。中央委员会的同志要在党言党、在党忧党、在党为党，带好头、做好表率。大家要清醒认识高级干部岗位对党和国家的特殊重要性，自觉按党提出的标准要求自己、磨炼自己、提高自己。职位越高，越要夙兴夜寐工作，越要毫无私心把自己的一切奉献给党和人民，越要按规则正确用权、谨慎用权、干净用权，越要像珍惜生命一样珍惜名节和操守，扎扎实实改造主观世界，诚心诚意接受监督帮助，努力使自己成为一名党和人民信赖的好干部。（2015年10月29日，在中共十八届五中全会第二次全体会议上的讲话）

问题讨论：

1. 谈谈你对党的"政治规矩"的认识

2. 从严治党，关键是要抓住领导干部这个"关键少数"，为什么？

3. 谈谈对"政治明白人"的理解。

4. 联系实际谈谈"其身正，不令而行；其身不正，虽令不从"对一个领导干部来说的特殊意义，以及普通党员干部对广大群众的影响。

阅读书目（文件）推荐：

1. 《中国共产党纪律处分条例》

2. 《习近平关于严明党的纪律和规矩论述摘编》，2016年1月，中共中央纪律检查委员会、中共中央文献研究室编著，中央文献出版社、中国方正出版社出版

3. 《中国共产党廉洁自律准则》

4. 《关于新形势下党内政治生活的若干准则》

5. 《中国共产党党内监督条例》

6. 《中国共产党党务公开条例（试行）》

7. 中华人民共和国宪法

8. 中华人民共和国监察法

本书参考资料

1. 党的十九大报告
2. 中宣部理论局，2012－2017年《理论热点面对面》丛书
3. 《习近平总书记系列重要讲话读本》，中共中央宣传部主编，学习出版社、人民出版社出版，2016年版。
4. 《习近平关于实现中华民族伟大复兴的中国梦论述摘编》，中央文献出版社2013年12月出版。
5. 《习近平关于全面深化改革论述摘编》，中央文献出版社2014年5月出版。
6. 《习近平谈治国理政》，外文出版社2014年9月出版。
7. 《习近平关于全面依法治国论述摘编》中央文献出版社2015年4月出版。
8. 《学习习近平同志关于机关党建重要论述》，党建读物出版社2014年4月出版。
9. 《习近平关于党风廉政建设和反腐败斗争论述摘编》。中央文献出版社、中国方正出版社，时2015年1月出版。
10. 《习近平关于严明党的纪律和规矩论述摘编》，中央文献出版社、中国方正出版社2016年1月出版。
11. 《习近平关于培养"四有"新一代革命军人重要论述摘编》，解放军出版社2015年6月出版。
12. 《干在实处走在前列——推进浙江新发展的思考与实践》，中共中央

党校出版社 2006 年 12 月出版。

13. 《习近平总书记系列重要讲话读本》,学习出版社、人民出版社 2014 年 6 月出版。

14. 《习近平用典》,人民日报出版社 2015 年 2 月出版。

15. 《做焦裕禄式的县委书记》,中央文献出版社 2015 年 8 月出版。

16. 《知之深 爱之切》,河北人民出版社 2015 年 12 月出版。

17. 中共平凉市委党史研究室著,《中国共产党平凉历史》,中央党史出版社,2010 年 7 月版;

18. 《中国共产党泾川历史.第一卷》(1921-1978),中共泾川县委党史资料征集办公室著,中共党史出版社,2011 年 9 月第一版。

编后记

　　基层党校是广大基层党员干部接受教育和培训的主阵地，党的十九大召开后，党校工作面临着许多新目标、新任务、新要求，对党校人在新形势下做好党校工作提出了新挑战，如何用好党校这一平台，如何引导党员干部爱学习、会学习、能学习……努力增加干部才干，增强党性，提高能力？是摆在基层党员干部面前的突出问题，基于此，笔者集三十载基层党校教学实践经验与素材，编著《新时代基层党校党性教育教学专题实务》一书，与大家共勉。

　　本书以习近平新时代中国特色社会主义思想为指导，以新时代党的干部教育培训工作新任务新要求为目标，以适应新形势下党员干部教育教学新常态为需要，围绕基层党校党性教育教学主题，以专题教学模式为特色，以理论灌输、问题导向、自学提升、实践总结为思路编写而成。

　　全书历时二年多时间，谋篇布局，整理资料，编辑修改，十易其稿，终于成书。共5编、12章、54节，每节后有"推荐阅读书目"和"问题讨论"若干，列书目80本，供学员自主阅读，问题175个，供学习思考，合计23.6万字。本书围绕党性教育，以习近平新时代中国特色社会主义思想为指导，理论结合实践，回答了基层党员干部"学什么、想什么、怎么干"等问题，具有一定教学参考价值。

　　本书从编撰到出版，得到编者所在单位领导的指导和同事们的支持；得到于贵平、张金红、党永锋、陈晓勇等众友人的关心；得到甘婧同志在文字编辑上的帮助；得到我父母双亲、妻、子在精神上的鼓励；得到出版社张金良、范晓虹老师及其他编务人员的关照，在此一并表示衷心感谢。

　　由于水平有限，书中难免有疏漏和错误之处，敬请批评指正，不胜感激！

编者：郭志龙

2019年3月9日